“十二五”普通高等教育本科国家级规划教材配套辅导书

# 统计学学习与实验指导

（第二版）

主　编　吴风庆

副主编　杨秀艳　马　乐

科学出版社

北　京

## 内 容 简 介

知识体系的更新、教学方式与手段的多样性，以及经管类各专业对统计学实践教学设置的不同需求，特别是“十二五”普通高等教育本科国家级规划教材《统计学》（第三版）的出版，对统计学实验课程建设提出了更高、更新的要求。

本书是在上一版使用4年的基础上，吸收各位教师提出的许多宝贵意见并进行了多次修改后完成的。本书包括上篇Excel在统计学中的应用和下篇SPSS在统计学中的应用。基于普遍性和易操作性这一认识，本书设计了数据的来源、数据的整理与显示、数据分布特征的测度、抽样与参数估计、假设检验、方差分析、相关与回归分析、时间序列分析等8个常见问题的实验，每个实验均包括实验目的、实验要求、实验内容及实验操作步骤。除了介绍实验的具体操作步骤，还特别强调对软件分析结果的解释、需要注意的事项。

本书既可作为高等院校经济管理类各专业本（专）科生教材，也可作为广大实际工作者的参考书。

**图书在版编目（CIP）数据**

统计学学习与实验指导 / 吴风庆主编. —2版. —北京：科学出版社，2018.2

“十二五”普通高等教育本科国家级规划教材配套辅导书

ISBN 978-7-03-056394-1

Ⅰ. ①统… Ⅱ. ①吴… Ⅲ. ①统计学-高等学校-教学参考资料 Ⅳ. ①C8

中国版本图书馆CIP数据核字（2018）第012410号

责任编辑：兰 鹏 / 责任校对：彭 涛
责任印制：张 伟 / 封面设计：蓝正设计

**科学出版社** 出版
北京东黄城根北街16号
邮政编码：100717
http://www.sciencep.com
**北京中石油彩色印刷有限责任公司** 印刷
科学出版社发行 各地新华书店经销
*
2013年9月第 一 版 开本：787×1092 1/16
2018年2月第 二 版 印张：9 1/4
2023年8月第七次印刷 字数：219 000

**定价：22.00元**

（如有印装质量问题，我社负责调换）

# 前　言

《统计学学习与实验指导》自出版以来，得到各兄弟院校的厚爱。尽管每一次印刷之前，我们都做了修订，但仍存在不足。知识体系的更新、教学方式与手段的多样性，以及经管类各专业对统计学实践教学设置的不同需求，特别是“十二五”普通高等教育本科国家级规划教材《统计学》（第三版）的出版，对统计学实验课程建设提出了更高、更新的要求。

与第一版相比，第二版修订的内容与特点主要体现在以下几方面。

第一，结构上，本书包括上篇和下篇，上篇为 Excel 在统计学中的应用，由 9 章组成；下篇为 SPSS 在统计学中的应用，由 7 章组成。

第二，内容上，本书增加了 SPSS 在数据整理与显示、分布特征的测度、参数估计与检验、相关与回归分析、时间序列分析与预测等方面的实现；将 Excel 的操作更新为最新版本。

第三，本书是在上一版使用 4 年后编写的最新成果，以期更适应新时期经管类各专业统计学教学的需要。

第四，通过本书的学习，强化了学生的统计思想，结合大量的实际数据和调查数据，运用不同软件掌握统计方法的特点、应用条件和适用场合，提升运用统计方法分析和解决实际问题的能力。

第五，写法上，简明易懂，提高学生学习的兴趣和学习效率。各实验内容给出了所使用软件进行统计计算和分析的步骤，将统计方法与软件有机结合，减轻了学生的计算负担。

本书的主编为吴风庆，各章执笔人为吴风庆、杨秀艳、马乐。

本书的编写与出版得到了山东工商学院统计学院全体教师的鼎力支持和帮助，各位专家提出了许多宝贵意见，并进行了多次修改；同时也得到了科学出版社的大力支持，兰鹏同志为本书的组稿、编辑做了大量工作，在此表示诚挚的感谢。当然，尽管我们为提高本书质量，做了很多努力，但由于水平有限，书中难免有疏漏或错误之处，恳请同行专家和读者不吝赐教，以便今后进一步修改与完善。

编　者

2018 年 1 月

# 前言

# 目 录

# 目 录

# 上　　篇

# Excel 在统计学中的应用

# 第一章 导 论

## 一、内容提要

| 节次 | 主要内容 | 知识要点 | 重点、难点 |
|---|---|---|---|
| 统计基本问题 | 统计是什么、统计干什么、统计怎么干 | ◆识记：统计学、统计活动、统计设计、统计数据收集、整理、分析、发布、积累、开发等<br>◆领会：统计学、统计活动<br>◆简单应用：统计学在社会经济领域中的简单应用 | 统计学的含义 |
| 统计数据 | 统计数据的计量尺度及其类型 | ◆识记：定类尺度、定序尺度、定距尺度、定比尺度、分类数据、顺序数据、数值型数据、截面数据、时间序列数据、截面数据、观测数据、实验数据<br>◆领会：分类数据、顺序数据、数值型数据、截面数据、时间序列数据<br>◆简单应用：针对不同问题，用不同数据表达 | 重点：统计数据的类型<br>难点：各种不同类型数据的区分 |
| 统计学中的几个基本概念 | 基本概念 | ◆识记：统计总体、个体、样本、参数、统计量、变量、连续变量、离散变量、确定性变量、随机变量、分类变量、顺序变量、数值型变量、统计指标、指标体系<br>◆领会：统计总体、样本、参数、统计量、变量、统计指标、指标体系<br>◆简单应用：对统计指标进行设计<br>◆综合应用：能够用统计指标描述研究问题 | 重点：统计学中的基本概念的理解<br>难点：统计学的基本概念之间的关系 |
| 常用统计分析软件 | 常用统计分析软件 | ◆识记：SAS、SPSS、Statistics、MiniTab、马克威分析系统、Excel 软件<br>◆领会：Excel 软件<br>◆简单应用：Excel 常用统计分析软件的简单操作<br>◆综合应用：Excel 常用统计分析软件的操作与应用 | Excel 软件的操作与应用 |

识记：要求学生知道本章的名词、概念、原理的含义，并能正确认识或识别。

领会：要求在识记的基础上，能把握本章中的基本概念、基本原理、基本方法，掌握有关概念、原理、方法的区别与联系。

简单应用：要求在领会的基础上，运用本章中的基本概念、基本原理、基本方法中的知识点，分析和解决一般理论问题与实际问题。

综合应用：要求在简单运用基础上，运用本章中的多个知识点，综合分析和解决较复杂的实际问题。

## 二、Excel 简介

Excel 是 Windows 环境下运行的电子表格系统，集数据的编辑整理、统计分析、图表绘制于一身。计算机只要安装了 Office 软件，就能使用 Excel 进行各种运算与绘制图表。Excel 发展至今，已有多个不同的版本，本书采用的是 Excel 2010 中文版。

### （一）Excel 中的基本概念

#### 1. 文件

文件就是存储在磁盘上的信息实体。不同类型的文件需要不同的应用程序才能打开，Windows 环境下运行的电子表格系统需要安装 Excel 应用程序。

#### 2. 工作簿

工作簿是一种由 Excel 创建的文件，是 Excel 存储和管理数据的基本工作形式，可以由多个工作表组成。

#### 3. 工作表

工作表则是工作簿的组成部分，是 Excel 存储和管理数据的基本单元，由多个单元格组成，操作和使用 Excel，绝大部分工作是在工作表中进行的。当打开一个 Excel 工作簿时，默认有 3 张 Sheet 工作表，也可以根据需要在菜单栏上单击“插入”“工作表”增添新的工作表。当需要根据工作表的内容对工作表命名时，在 Sheet 处单击鼠标右键，选择“重命名”，输入名称即可。

#### 4. 单元格

单元格是 Excel 存储和管理数据的最小单元，是组成工作表的基本结构，一个单元格只能存放一个数据。一张工作表最多可由 1048 576×16 384 个单元格组成。

#### 5. 数据清单

数据清单是 Excel 中管理统计台账的一种快捷、便利的方式。数据清单将数据逐条地以纵向而非横向的方式组织在工作表中，并同时提供对数据的录入、浏览、查询等基本功能。

#### 6. Excel 的保护功能

Excel 的保护功能有两个不同的层次，一是防止没有授权的用户查看 Excel 中的数据，一是防止用户随意修改 Excel 中的数据。其中，后者包括工作簿保护、工作表保护和单元格保护。Excel 的保护功能是通过设置密码来实现的。

#### 7. 公式

公式是 Excel 中功能强大且极具特色的工具之一，而 Excel 实现派生新数据的有效工具则是公式。Excel 的公式是由算术运算符、单元格地址引用、数值和函数等组成的式子。

### 8. 公式中的函数

函数是公式的重要组成部分，通过使用函数能够完成复杂的计算工作。函数是具有特定计算功能的程序段。

### 9. 数组计算方式

数组计算方式将工作表中的一批单元格区域看成一个整体，且该整体有统一的计算公式。

## （二）Excel 的常用操作

### 1. 数据的输入输出

可以通过手动、公式、复制等方式输入数据。如建立一个新的 Excel 文件后，便可以进行数据的输入操作。在 Excel 中以单元格为单位进行数据的输入操作，一般用上下左右光标键、Tab 键或用鼠标选中某一单元格，然后输入数据。

### 2. 快速启动 Excel

如果想在启动系统自动运行 Excel，可以按以下方式操作。

（1）双击“我的电脑”图标，进入 Windows 目录，依次打开“Start Menu\Programs\启动”文件夹。

（2）打开 Excel 所在的文件夹，用鼠标将 Excel 图标拖到“启动”文件夹，这时 Excel 的快捷方式就被复制到“启动”文件夹中，下次启动 Windows 就可快速启动 Excel 了。

### 3. 快速删除选定区域数据

如果用鼠标右键向上或向左（反向）拖动选定单元格区域的填充柄，没有将其拖出选定区域即释放了鼠标右键，则将删除选定区域中的部分或全部数据（拖动过程中变成灰色模糊的单元格区域，在释放了鼠标右键后其内容将被删除）。

### 4. 快速移动/复制单元格

先选定单元格，然后移动鼠标指针到单元格边框上，按下鼠标左键并拖动到新位置，然后释放按键即可移动。若要复制单元格，在释放鼠标之前按下 Ctrl 即可。

### 5. 快速修改单元格内容的次序

在拖放选定的一个或多个单元格至新位置的同时，按住 Shift 键可以快速修改单元格内容的次序。方法为：选定单元格，按下 Shift 键，移动鼠标指针至单元格边缘，直至出现拖放指针箭头，然后进行拖放操作。上下拖拉时鼠标在单元格间边界处会变成一个水平“工”状标志，左右拖拉时会变成垂直“工”状标志，释放鼠标按键完成操作后，单元格内容的次序即发生了变化。

### 6. 快速删除空行

当需要删除 Excel 工作簿中的空行时，若将空行一一找出然后删除，这样非常不方便。你可以利用自动筛选功能来实现，方法是：先在表中插入新的一行（全空），然后选择表中所有的行，单击“数据→筛选→自动筛选”命令，在每一列的顶部，从下拉列表中选择“空白”。

在所有空行都被选中的情况下，单击“编辑→删除行”，然后单击“确定”按钮，所有的空行将被删去。

**注意**：插入一个空行是为了避免删除第一行数据。

### 7. 移动和复制工作表

不仅可以在一个工作簿里移动和复制工作表，还可以把工作表移动或复制到其他工作簿里。若要移动工作表，只需用鼠标单击要移动的表的标签，然后拖到新的位置即可。若要复制工作表，只需先选定工作表，按下 Ctrl 键，然后拖动工作表到新位置即可。当然，用这种方法可以同时移动和复制几个工作表。移动后，以前不相邻的工作表可变成相邻工作表。

### 8. 备份工作簿

单击“文件→保存”命令，打开“另存为”对话框，单击右下角的“工具”旁的下拉按钮，单击“常规选项”，在随后弹出的对话框中，选中“生成备份文件”，单击“确定”按钮保存。以后修改该工作簿后再保存，系统会自动生成一份备份工作簿，且能直接打开使用。

### 9. 将文本变为数字

在工作中，发现一些通过文本文件或其他财务软件生成的数据导入 Excel 中后居然是以文本形式存在的（数字默认是右对齐，而文本是左对齐的），即使是重新设置单元格格式为数字也无济于事。

有一个办法可以快速地将这些文本转变回数字：在空白的单元格中填入数字 1，然后选中这个单元格，执行“复制”命令，再选中所要转换的范围，选择“选择性粘贴”中的“乘”，你就会发现它们都变为数字了。

### 10. 在单元格中输入 0 值

一般情况下，在 Excel 表格中输入诸如“05”“4.00”之类的数字后，只要光标一移出该单元格，单元格中数字就会自动变成“5”“4”，Excel 默认的这种做法让人使用非常不便，我们可以通过下面的方法来避免出现这种情况：先选定要输入诸如“05”“4.00”之类数字的单元格，鼠标右键单击，在弹出的快捷菜单中单击“设置单元格格式”，在接着出现的界面中选“数字”标签页，在列表框中选择“文本”，单击“确定”按钮。这样，在这些单元格中，我们就可以输入诸如“05”“4.00”之类的数字了。

### 11. 编辑单元格内容

双击要键入数据的单元格，直接输入数据或对其中内容进行修改，完成后若要确认所做的改动，按 Enter 键即可；若要取消所做的改动，按 Esc 键。另外，你还可以单击单元格，再单击工作表上边的编辑栏，就可以在编辑栏中编辑单元格中的数据了。

### （三）Excel的主要特征

Excel具有四大特征：19个数据分析工具、80个统计功能、智能制表和趋势线。其优势在于：强大的数据与公式自动填充功能，方便的数据编辑与透视分析功能，灵活的单元格绝对引用与相对引用功能，完美的图形绘制系统与丰富的内置函数功能。

目前各高校都开设了“计算机文化基础”课程，大学生已经具备了Excel的操作基础；加之Excel的统计功能能够满足现有统计学的学习要求，故本书选择了易获得、普及率较高、操作简单的Excel应用软件。

我们使用Excel处理数据主要涉及两方面：一是Excel的公式与函数，二是Excel的数据分析工具。

公式与函数是Excel工作表的核心，公式是连续的一组数据和运算符组成的序列；函数只要我们输入相应的参数，就会自动地计算出需要的函数值。

数据分析工具实际上是一个外部宏（程序）模块，它提供了19种专门用于数据分析的实用工具。进行数据分析时，打开“数据”菜单，使用“数据分析”命令即可。如果没有，需要加载。

# 第二章 数据的来源

## 一、内容提要

| 节次 | 主要内容 | 知识要点 | 重点、难点 |
|---|---|---|---|
| 数据的来源 | 数据的直接来源与间接来源 | ◆识记：普查、统计报表、概率抽样、简单随机抽样、分层随机抽样、系统抽样、整群抽样和多阶段抽样、非概率抽样、方便抽样、志愿者抽样、滚雪球抽样、配额抽样<br>◆领会：简单随机抽样、分层随机抽样、系统抽样、整群抽样<br>◆简单应用：方便抽样、志愿者抽样、滚雪球抽样、配额抽样<br>◆综合应用：各种抽样方法的结合应用 | 重点：各种抽样方法的优缺点以及适用场合<br>难点：几种概率抽样方法 |
| 调查方案设计 | 调查方案 | ◆识记：调查方案、调查目的、调查对象、调查单位、调查表、单一表、一览表、调查时间、调查方法、调查组织实施<br>◆领会：调查对象、调查单位、单一表、一览表、调查时间、调查方法<br>◆简单应用：设计调查方案 | 重点：调查方案包括的内容<br>难点：调查方案的设计 |
| 调查问卷设计 | 调查问卷 | ◆识记：问卷的结构，包括卷首语、编码、问题的过滤、开放式问题、封闭式问题<br>◆领会：问卷的结构<br>◆简单应用：问卷设计<br>◆综合应用：结合调查方案设计结构完整的问卷 | 重点：封闭式问题设计<br>难点：问题的设计 |
| 数据质量 | 数据误差 | ◆识记：抽样误差、调查方案误差、调查者误差<br>◆领会：抽样误差、调查方案误差、调查者误差 | 重点：数据误差的分类<br>难点：数据质量的控制 |

## 二、实验

### （一）实验目的及要求

（1）熟悉间接数据的收集方法、收集途径，能够熟练通过网络收集间接数据。

（2）掌握直接数据的收集，特别是熟悉一项调查工作的各个环节，包括调查方案的设计、调查问卷的设计。

（3）通过组织学生参与上述实践过程，使学生掌握数据收集的方法和途径，从而具备分析问题、解决问题的能力。

## （二）实验内容

### 实验一：间接数据的收集

间接数据的收集可以通过传统来源渠道和电子数据产品渠道等方式取得。

#### 1. 传统来源

统计数据的传统来源主要指公开出版的或公开报道的数据。在我国，公开出版或报道的统计数据主要来自国家和地方的统计部门以及各种报刊媒介。例如，公开的出版物有《中国统计年鉴》《中国统计摘要》《中国社会统计年鉴》《中国工业经济统计年鉴》等，以及各省、市、地区的统计年鉴等；提供世界各国社会和经济数据的出版物也有许多，如《世界经济年鉴》《对外经济统计资料》等，世界银行各年度的《世界发展报告》等；联合国的有关部门及世界各国也定期出版各种统计数据。还有各种报纸、杂志、图书、广播、电视传媒中的数据资料等。

#### 2. 电子数据产品

电子数据产品主要指通过互联网取得的数据。目前互联网在我国已基本普及，用户的数量增长迅速，互联网已成为收集外部数据的不可或缺的重要来源。如搜狐、新浪、政府机构网络等已成为众多用户在互联网上查询、收集信息的首选网站（表 2-1）。

表 2-1　一些可供选择的政府机构的网址及可获取的数据

| 组织机构 | 网址 | 可获得的数据 | 网站首页 |
|---|---|---|---|
| 中华人民共和国国家统计局 | http://www.stats.gov.cn/ | 全国和各省、自治区、直辖市经济、社会各方面的月度数据、季度数据、年度数据、普查数据、专题数据、部门数据以及国际数据等 |   |
| 中国统计信息网 | http://www.tjcn.org/ | 统计年鉴下载、统计年鉴索引、统计公报、统计公报索引、经济分析等 |  |
| 中华人民共和国商务部 | http://www.mofcom.gov.cn/ | 全国利用外资、进出口、国外经济合作、服务贸易、汽车市场、茧丝绸行业等以及亚洲国家、欧洲国家、美洲国家等贸易统计数据 |   |
| 国务院发展研究中心信息网 | http://www.drcnet.com.cn/ | “国研报告”“宏观经济”“金融中国”“行业报告”“财经数据”“世界经济与金融评论”“国有资产管理”等数据库以及企业排行榜等 |  |

续表

| 组织机构 | 网址 | 可获得的数据 | 网站首页 |
|---|---|---|---|
| 中华人民共和国财政部 | http://www.mof.gov.cn/index.htm | 财政预算决算收入及支出、国家财政债务还本付息支出、全国彩票销售情况、国有及国有控股企业经济运行情况、社会保险基金收支情况等 |  |
| 中华人民共和国教育部 | http://www.moe.edu.cn/ | 历年教育发展统计、基础教育、高等教育、成人教育、民族教育、教育考试、教材建设等 |  |
| 中国人口信息网 | http://www.cpirc.org.cn/ | 有关中国人口数据表、世界人口数据表、人口方面的统计公报数据、历次有关人口抽样调查原始数据、常用的人口数据等 |  |
| 各地方统计局，如山东省统计局 | http://www.stats-sd.gov.cn | 山东省各地区经济、社会各方面的月度数据、季度数据、年度数据、普查数据、专题数据、部门数据以及国际数据等 |  |

如要通过中华人民共和国国家统计局网站收集数据，具体操作步骤如下。

第一步，输入中华人民共和国国家统计局网址 http://www.stats.gov.cn/，回车，页面显示如图 2-1 所示。

图 2-1　中华人民共和国国家统计局网站首页

第二步，单击“数据查询”栏目，界面显示如图 2-2 所示。

图 2-2　“数据查询”界面

第三步，如需要“年度数据”，单击“年度数据”，界面显示如图 2-3 所示。

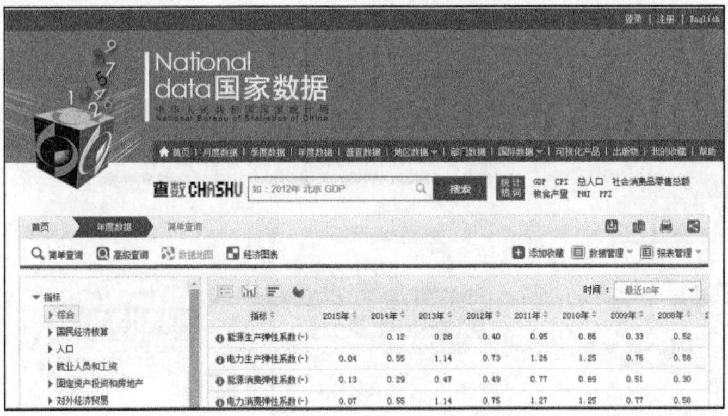


图 2-3　“年度数据”查询界面

这时显示出默认的近 10 年数据，打开左侧栏中的“指标”即可得到相应的指标，如图 2-4 所示。

图 2-4　相关指标查询

如果需要《2016 年中国统计年鉴》上一年的数据，则需要从主页进入“统计数据”。单击“中国统计年鉴”，如图 2-5 所示。

图 2-5 某年数据查询

单击“2016 年”，显示如图 2-6 所示界面。

图 2-6 2016 年数据查询

如需要查阅“国内生产总值”，单击“国民经济核算”，其界面如图 2-7 所示。

图 2-7 “国民经济核算”界面

单击“国内生产总值”，即显示如图 2-8 所示界面。

图 2-8　“国内生产总值”界面

如需要 Excel 格式的数据，单击左上角的“连接 Excel”即可形成该格式。

### 实验二：直接数据的收集

直接数据主要是通过调查和实验收集，调查是取得社会经济领域数据的主要途径。调查方法主要有抽样调查、普查、统计报表等。

#### 1. 调查方案的设计（略）

#### 2. 调查问卷的设计（略）

### 实验三：数据的编码及录入

#### 1. 数据的编码

编码是对一个问题的不同回答进行分组和确定数字代码的过程。封闭式问题的答案属于前编码，即调查之前就进行预先编码，如“你的性别是：1.男；2.女”，回答“男”用编码“1”，回答“女”用编码“2”。开放性问题答案属于后编码，即调查完成后再对答案进行编码。

#### 2. 数据的录入

数据的录入既要讲求效率，又要保证质量。录入数据时最好由 2 人一组共同完成，重要数据还可以由不同的人录入两次，如同一数据两次录入结果不一致，则需要修改。

# 第三章 数据的整理与显示

## 一、内容提要

| 节次 | 主要内容 | 知识要点 | 重点、难点 |
|---|---|---|---|
| 数据的预处理 | 数据的审核、筛选和排序 | ◆识记：数据的完整性审核、准确性审核、逻辑性检查、计算性检查、自动筛选、高级筛选、排序<br>◆领会：数据排序、自动筛选、高级筛选<br>◆简单应用：在 Excel 中实现数据的排序<br>◆综合应用：在 Excel 中实现数据的自动筛选和高级筛选 | 重点：数据筛选<br>难点：数据高级筛选 |
| 分类数据和顺序数据的整理与显示 | 分类数据与顺序数据的整理和显示 | ◆识记：频数、频率、累计频数、累计频率、向上累计、向下累计、频数分布<br>◆领会：频数、频率、累计频数、累计频率、频数分布<br>◆简单应用：选择一个标准在 Excel 中实现分类数据与顺序数据的频数分布<br>◆综合应用：选择多个标准在 Excel 中实现分类数据与顺序数据的频数分布 | 分类数据与顺序数据频数分布表述 |
| 数值型数据的整理与显示 | 单变量值分组、组距分组 | ◆识记：分组、分组数据、单变量值分组、组距分组、组限、上限、下限、组距、组数、全距、组中值、开口组、等距分组、异距分组、频数密度、正态分布、偏态分布<br>◆领会：单变量值分组、组距分组、组限、组距、组数、组中值、开口组、等距分组、异距分组、频数密度<br>◆简单应用：在 Excel 中实现单变量值分组形成的频数分布<br>◆综合应用：在 Excel 中实现组距分组形成的频数分布 | 重点：分组数据的频数分布<br>难点：组距分组的频数分布 |
| 合理使用统计表和图 | 统计表和统计图 | ◆识记：统计表、主词栏、宾词栏、表头、行标题、列标题、简单统计表、分组统计表、统计图<br>◆领会：统计表、主词栏、宾词栏、表头、行标题、列标题、简单统计表、分组统计表、统计图<br>◆简单应用：统计表的设计<br>◆综合应用：合理选择统计图表并运用 Excel 实现其制作 | 重点：统计表的设计、各种统计图的制作<br>难点：合理统计图的选择 |

## 二、主要公式

| 内容 | 名称 | 公式 |
|---|---|---|
| 数据分组 | 频率 | $p_i = \dfrac{f_i}{\sum_{i=1}^{k} f_i}$ |
| | 全距 | $R = x_{\max} - x_{\min}$ |
| | 组数 | $K = 1 + \dfrac{\lg N}{\lg 2} \approx 1 + 3.3\lg N$ |
| | 组距 | $组距 = \dfrac{最大变量值 - 最小变量值}{组数}$ |

续表

| 内容 | 名称 | 公式 |
|---|---|---|
| 数据分组 | 组中值 | 组中值 $= \frac{本组上限+本组下限}{2}$ |
| | 下开口组中值 | 下开口组中值 = 本组上限 $-\frac{1}{2}$ 邻组组距 |
| | 上开口组中值 | 上开口组中值 = 本组下限 $+\frac{1}{2}$ 邻组组距 |
| | 频数密度 | 频数密度 $= \frac{频数（次数）}{组距}$ |

## 三、实验

### （一）实验目的及要求

（1）熟悉数据录入的有效性检验、数据的筛选与排序。

（2）熟练掌握统计分组的方法。

（3）熟练掌握各种图形的制作及其应用场合。

（4）通过学习与实践，使学生掌握数据整理的方法及其表达方式，从而具备分析问题、解决问题的能力。

### （二）实验内容

**实验一：数据筛选**

数据筛选包括两方面内容：一是将某些不符合要求的数据或有明显错误的数据予以剔除；二是将符合某种特定条件的数据筛选出来，对不符合特定条件的数据予以剔除。

图 3-1 是财务管理专业 101-4 班所有同学的有关数据，使用 Excel“筛选”命令分别完成以下工作。

（1）同学 20 岁年龄的数据筛选。

（2）财务管理成绩前三名的同学。

（3）年龄在 18~20 岁的同学。

（4）女生、考研、年龄 20 岁、身高 160 厘米以上、财务管理成绩 80 分以上的同学。

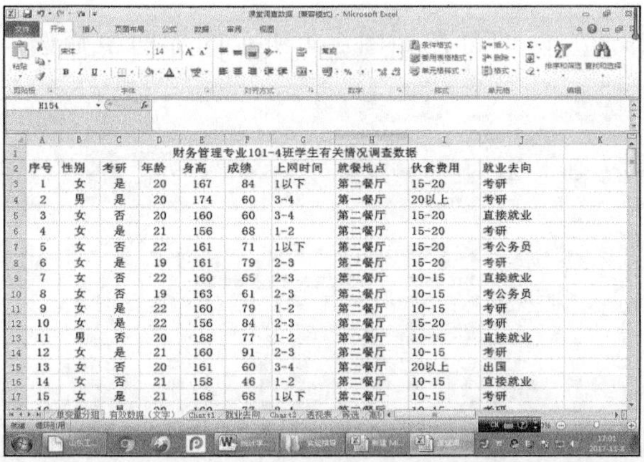

财务管理专业101-4班学生有关情况调查数据

| 序号 | 性别 | 考研 | 年龄 | 身高 | 成绩 | 上网时间 | 就餐地点 | 伙食费用 | 就业去向 |
|---|---|---|---|---|---|---|---|---|---|
| 1 | 女 | 是 | 20 | 167 | 84 | 1以下 | 第二餐厅 | 15-20 | 考研 |
| 2 | 男 | 是 | 20 | 174 | 60 | 3-4 | 第一餐厅 | 20以上 | 考研 |
| 3 | 女 | 否 | 20 | 160 | 60 | 3-4 | 第二餐厅 | 15-20 | 直接就业 |
| 4 | 女 | 是 | 21 | 156 | 68 | 1-2 | 第二餐厅 | 15-20 | 考研 |
| 5 | 女 | 否 | 22 | 161 | 71 | 1以下 | 第二餐厅 | 15-20 | 考公务员 |
| 6 | 女 | 是 | 19 | 161 | 79 | 2-3 | 第二餐厅 | 15-20 | 考研 |
| 7 | 女 | 否 | 22 | 160 | 65 | 2-3 | 第二餐厅 | 10-15 | 直接就业 |
| 8 | 女 | 否 | 19 | 163 | 61 | 2-3 | 第二餐厅 | 10-15 | 考公务员 |
| 9 | 女 | 是 | 22 | 160 | 79 | 1-2 | 第二餐厅 | 10-15 | 考研 |
| 10 | 女 | 是 | 22 | 156 | 84 | 2-3 | 第二餐厅 | 15-20 | 考研 |
| 11 | 男 | 否 | 20 | 168 | 77 | 1-2 | 第二餐厅 | 10-15 | 直接就业 |
| 12 | 女 | 是 | 21 | 160 | 91 | 2-3 | 第二餐厅 | 10-15 | 考研 |
| 13 | 女 | 否 | 20 | 161 | 60 | 3-4 | 第二餐厅 | 20以上 | 出国 |
| 14 | 女 | 否 | 21 | 158 | 46 | 1-2 | 第二餐厅 | 10-15 | 直接就业 |
| 15 | 女 | 是 | 21 | 168 | 68 | 1以下 | 第二餐厅 | 10-15 | 考研 |

图 3-1 财务管理专业 101-4 班所有同学的有关数据

Excel 提供了两种筛选命令：“自动筛选”（适用于一个项目的数据）和“高级筛选”（适用于多个项目的数据）。

### 1. 自动筛选

（1）同学 20 岁年龄的数据筛选。

第一步，在 Excel 工作表中，将表格中的数据区域选定或者只需确保活动单元格处于数据区域即可（如图 3-2 所示，活动单元格为 D2）。单击“排序和筛选”，出现如图 3-2 所示界面。

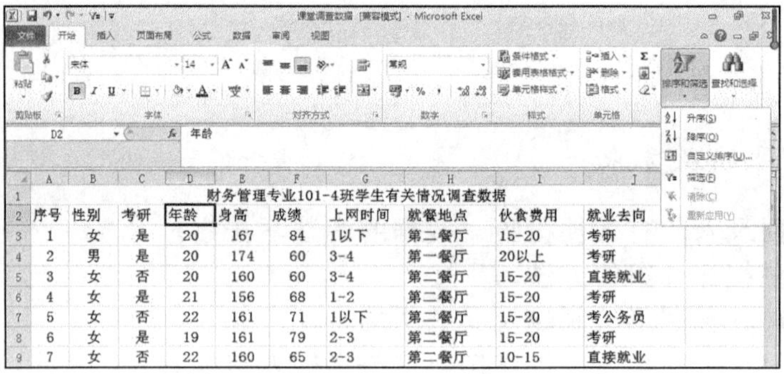


图 3-2 “排序和筛选”界面

这一步也可以打开菜单栏中的“数据”，单击“筛选”，出现如图 3-3 所示界面。

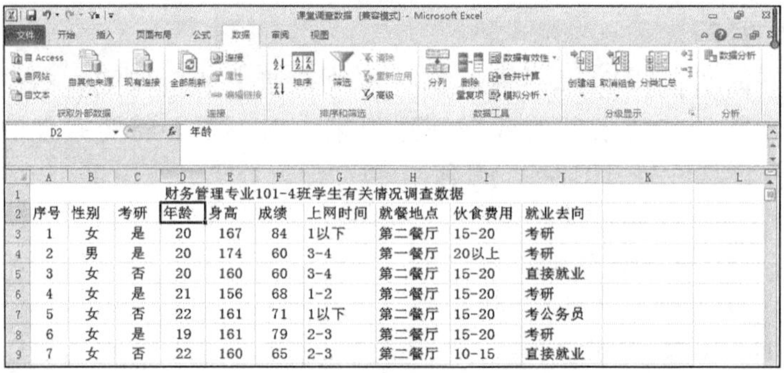


图 3-3 “数据筛选”界面

第二步，单击“筛选”，即可在如图 3-4 所示的界面中筛选。

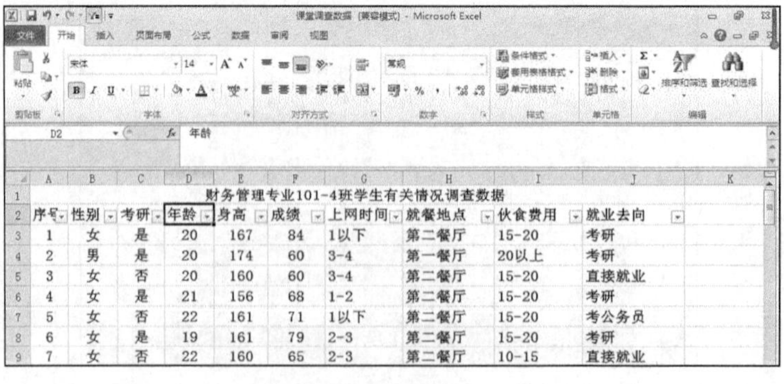


图 3-4 筛选界面

第三步，单击“年龄”活动框按钮，即可在如图 3-5 所示的界面中筛选。

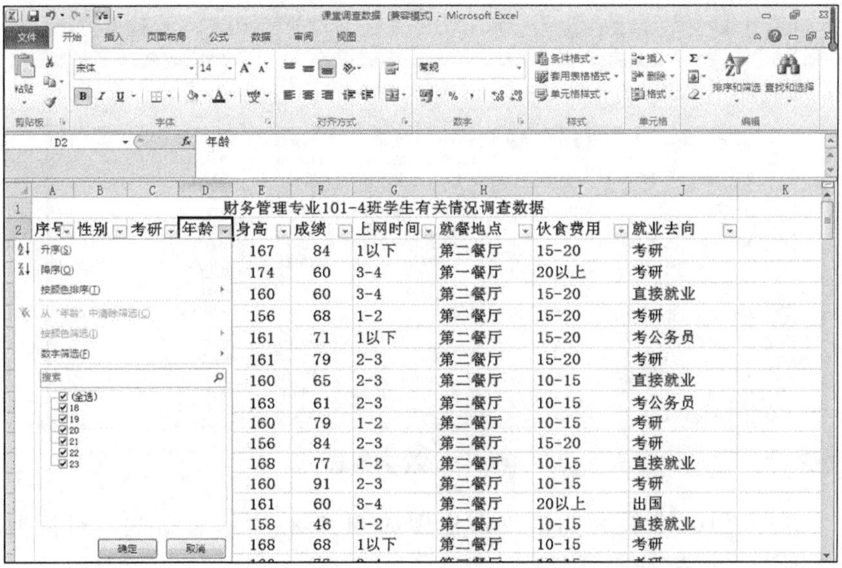


图 3-5 数据的自动筛选

第四步，如果选择“20 岁”的人数，则单击“20”，即可得到图 3-6 所示的筛选结果。

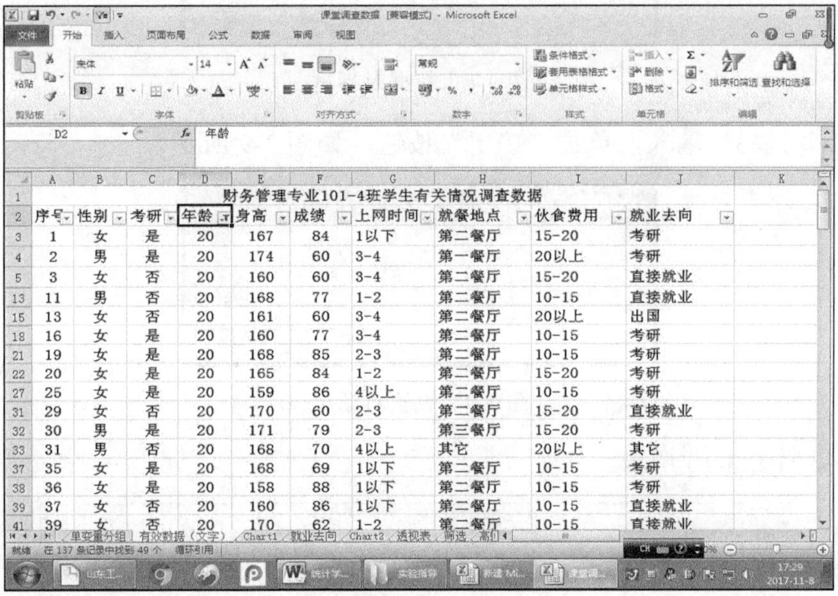


图 3-6 数据的自动筛选结果

（2）筛选出财务管理成绩前三名的同学。

第一步，在 Excel 工作表中，将表格中的数据区域选定或者只需确保活动单元格处于数据区域即可（如图 3-6 所示）。单击“排序和筛选”，选择“数字筛选”，出现如图 3-7 所示界面。

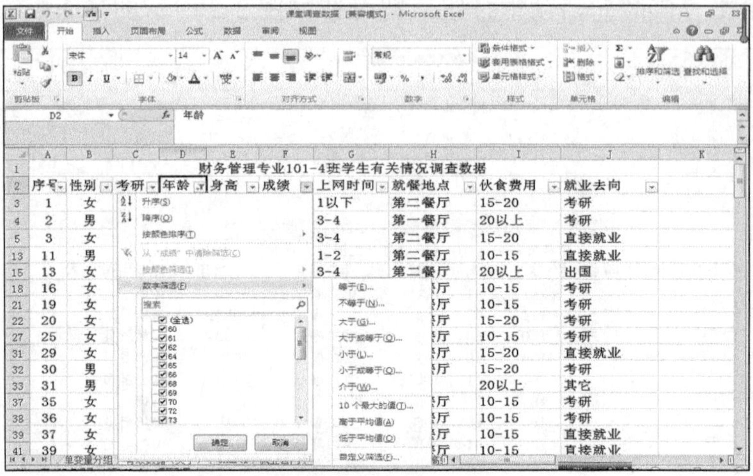


图 3-7 数字筛选

第二步，单击“10 个最大的值”即出现如图 3-8 所示对话框。对话框默认是“最大”“10”“项”，可根据需要选择。

图 3-8 数据对话框

第三步，将“3”输入，单击“确定”按钮，如图 3-9 所示。

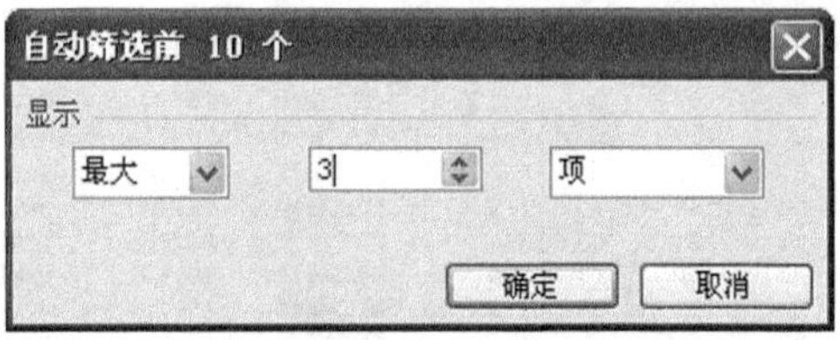


图 3-9 设置对话框

筛选结果如图 3-10 所示。

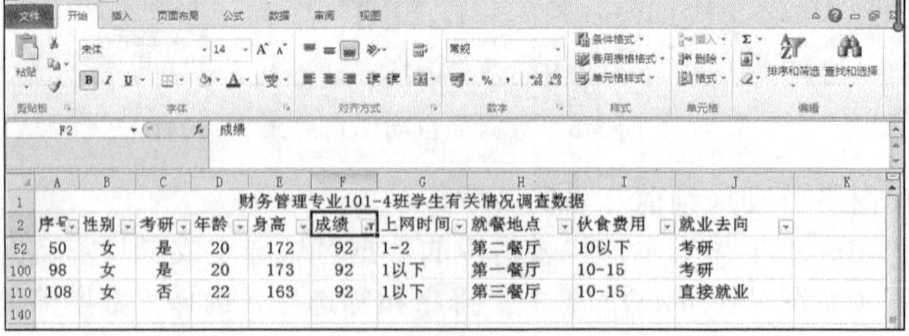


图 3-10 筛选结果

（3）年龄在 18~20 岁的同学。

第一步，在 Excel 工作表中，将表格中的数据区域选定或者只需确保活动单元格处于数据区域即可。单击“排序和筛选”，在“年龄”活动框下单击“数字筛选”，再单击“自定义筛选”，出现如图 3-11 所示的对话框。

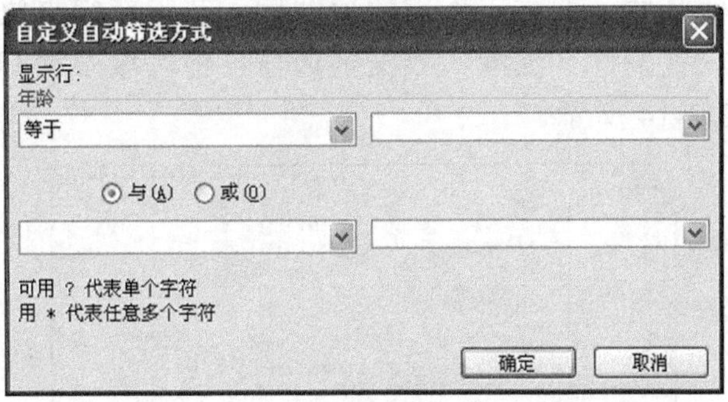


图 3-11　“自定义自动筛选方式”对话框

第二步，“18~20 岁”意味着不包括 20 岁的同学，在对话框中选择“大于或等于18”和“小于 20”，出现如图 3-12 所示对话框。

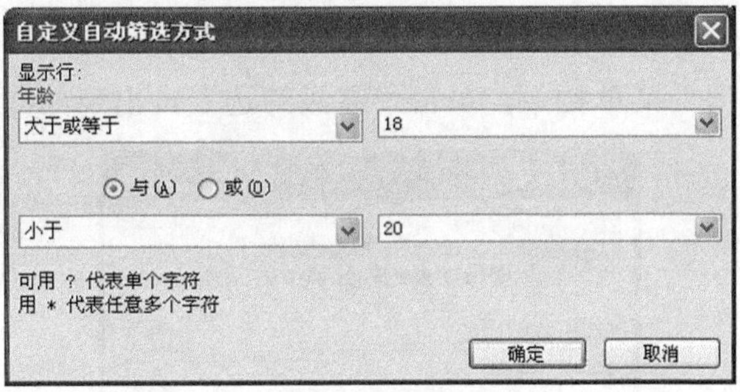


图 3-12　设置“自定义自动筛选方式”对话框

第三步，单击“确定”，出现如图 3-13 所示结果。

D2　fx 年龄

| | A | B | C | D | E | F | G |
|---|---|---|---|---|---|---|---|
| 1 | | | | 财务管理专业101-4班学生有关 | | | |
| 2 | 序号 | 性别 | 考研 | 年龄 | 身高 | 成绩 | 上网时间 |
| 8 | 6 | 女 | 是 | 19 | 161 | 79 | 2-3 |
| 10 | 8 | 女 | 否 | 19 | 163 | 61 | 2-3 |
| 26 | 24 | 女 | 是 | 19 | 168 | 60 | 1-2 |
| 78 | 76 | 女 | 否 | 19 | 163 | 60 | 1以下 |
| 108 | 106 | 男 | 否 | 18 | 182 | 64 | 2-3 |
| 140 | | | | | | | |

图 3-13　筛选结果

### 2. 高级筛选

对于设定条件大于两个或两个以上的筛选，则需要使用“高级筛选”命令。与“自动筛选”命令不同的是，它要求在一个工作表区域内单独指定条件区域（也称筛选区域），与数据区域区分开来。通常的做法是把条件区域放在数据区域的上面，一个筛选区域至少要包含两行。如果第一行是列标题，则筛选将从第二行及其下面的行开始执行，需要注意的是条件区域的标题应和数据区域的标题一致。

如筛选出具有“女生、考研、年龄 20 岁、身高 160 厘米以上、财务管理成绩 80 分以上”特征的同学。

第一步，建立条件区域，即在工作表的顶端插入若干新行来放置条件。具体到本例至少需要插入四行来放置条件（注意：数据区域与条件区域必须有一行间隔，条件区域不能包括序号）。如图 3-14 所示。

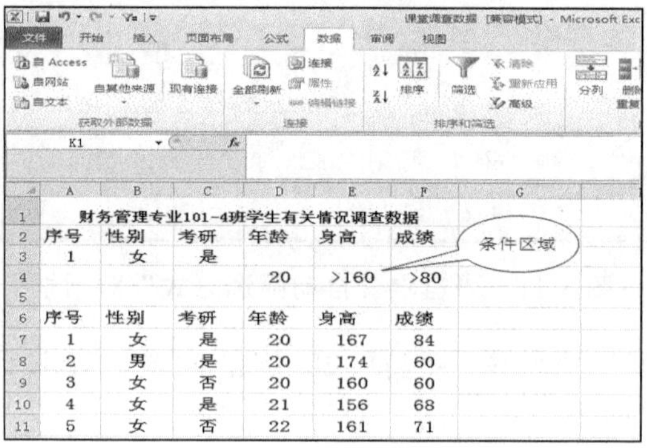


图 3-14 高级筛选条件的设置

第二步，在“数据”菜单栏中，单击“高级筛选”，出现如图 3-15 所示对话框。

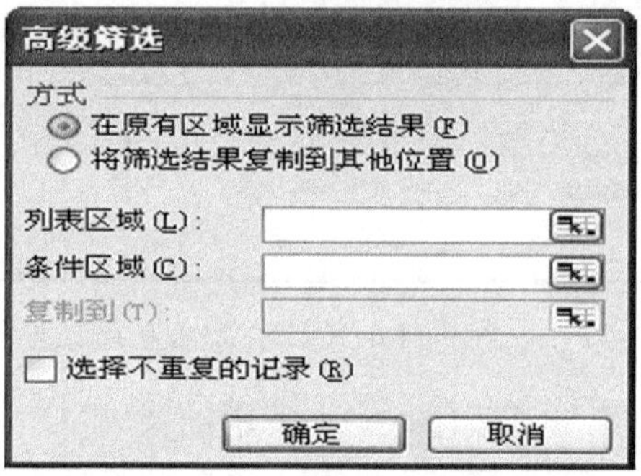


图 3-15 “高级筛选”对话框

第三步，在列表区域，选择所有数据，在条件区域，设置好条件，如图 3-16 所示。

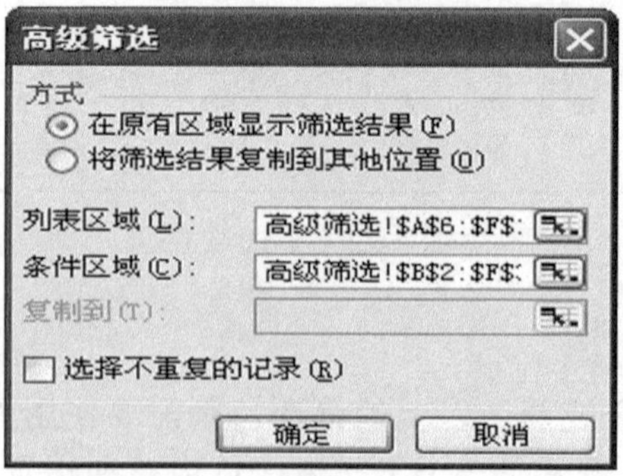


图 3-16 设置“高级筛选”对话框

第四步，单击“确定”，显示如图 3-17 所示筛选结果。

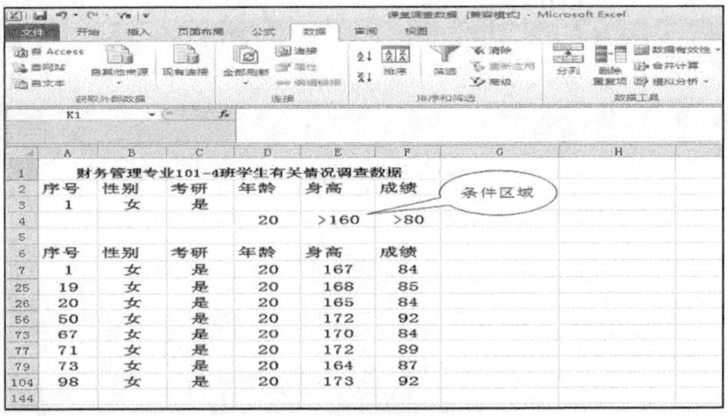

| 序号 | 性别 | 考研 | 年龄 | 身高 | 成绩 |
|---|---|---|---|---|---|
| 1 | 女 | 是 | | | |
| | | | 20 | >160 | >80 |
| 序号 | 性别 | 考研 | 年龄 | 身高 | 成绩 |
| 1 | 女 | 是 | 20 | 167 | 84 |
| 19 | 女 | 是 | 20 | 168 | 85 |
| 20 | 女 | 是 | 20 | 165 | 84 |
| 50 | 女 | 是 | 20 | 172 | 92 |
| 67 | 女 | 是 | 20 | 170 | 84 |
| 71 | 女 | 是 | 20 | 172 | 89 |
| 73 | 女 | 是 | 20 | 164 | 87 |
| 98 | 女 | 是 | 20 | 173 | 92 |



图 3-17　高级筛选结果

## 实验二：数据的排序

数据排序是按一定的顺序将数据排列，以便研究者通过排序后数据的特征或趋势，找出解决问题的线索。对于数值型数据的排序，包括 Excel 的“分析工具——排位和百分比排位”和“数据——排序”。

### 1. Excel 的“分析工具——排位和百分比排位”

使用 Excel 的“分析工具——排位和百分比排位”，首先需要加载“数据分析”。

Excel 菜单栏“数据”中的“数据分析”工具是统计分析时经常需要用到的，在初次使用时会发现在 Excel 相应位置中找不到这一选项，其原因在于在安装 Office 办公集成软件或 Microsoft Excel 时，一般使用的是“自动”或“典型”安装。为此，需要使用者自己加载这一功能。

操作步骤：在 Excel 界面中，单击“文件”菜单，单击“选项”条目，选中“加载宏”命令，在弹出的“加载宏”对话框中选择“分析工具库”，单击“转到（GO）”，即可出现“数据分析”。如图 3-18～图 3-22 所示。

图 3-18　在“文件”菜单中显示“选项”

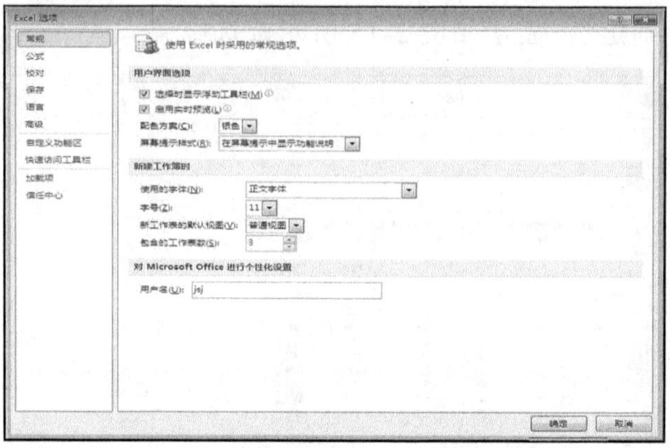

图 3-19　在“选项”中显示“加载宏”

图 3-20　在“加载宏”中显示“分析工具库”

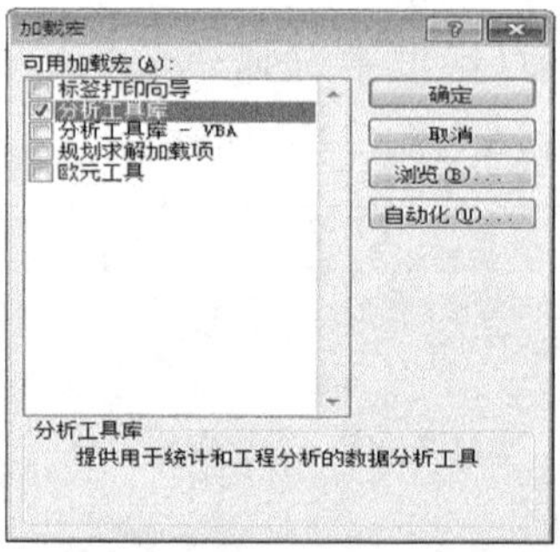


图 3-21　选择“分析工具库”

图 3-22　“数据分析”活动栏

第一步，单击“数据分析”，显示如图 3-23 所示的对话框，选择“排位和百分比排位”，单击“确定”按钮。

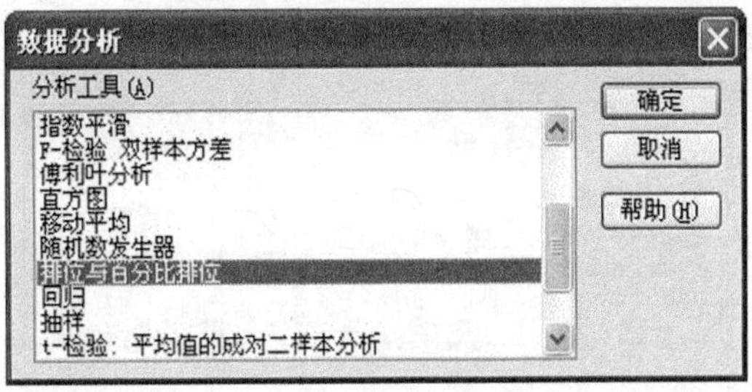


图 3-23　设置“数据分析”对话框

第二步，显示如图 3-24 所示对话框，对“排位和百分比排位”对话框进行相应设置。在“输入区域（I）”输入“F2:F139”（在 Excel 执行过程中自动更换为绝对引用形式，即在字符和数字前加$号，使用者没有必要考虑这两种形式的不同），“分组方式”要求指出输入区域中的数据是按行还是按列排列，默认设置为“列”。如果“输入区域（I）”的第一行包含了标志项，则需勾选“标志位于第一行（L）”复选框，本例显然要勾选此项。输出选项中，按照需要相应选择，默认设置为“输出区域（O）”，选择“输出区域（O）”输入“D146”。

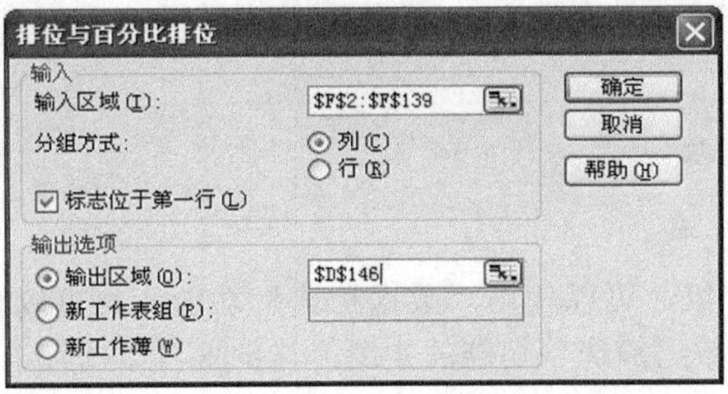


图 3-24　设置“排位和百分比排位”对话框

第三步，单击“确定”按钮，显示如图 3-25 所示结果。

| 146 | 点 | 成绩 | 排位 | 百分比 |
|---|---|---|---|---|
| 147 | 50 | 92 | 1 | 98.50% |
| 148 | 98 | 92 | 1 | 98.50% |
| 149 | 108 | 92 | 1 | 98.50% |
| 150 | 12 | 91 | 4 | 97.00% |
| 151 | 91 | 91 | 4 | 97.00% |
| 152 | 89 | 90 | 6 | 95.50% |
| 153 | 126 | 90 | 6 | 95.50% |

图 3-25　排序结果

结果包括四列：第一列“点”为数据原来的排列顺序；后三列依次为成绩排序、数据值排序和百分比排序。百分比排序的数值指的是“好于多少的”数据，如成绩 90 的百分比排序值为 95.5%，指的是其成绩好于 95.5%的其他数据。

### 2. Excel 的“数据——排序”

当对数据清单按列进行排序且只有一个排序关键字时，可以直接使用“开始”中的“排序和筛选”或“数据”中的“排序”，如图 3-26 和图 3-27 所示。

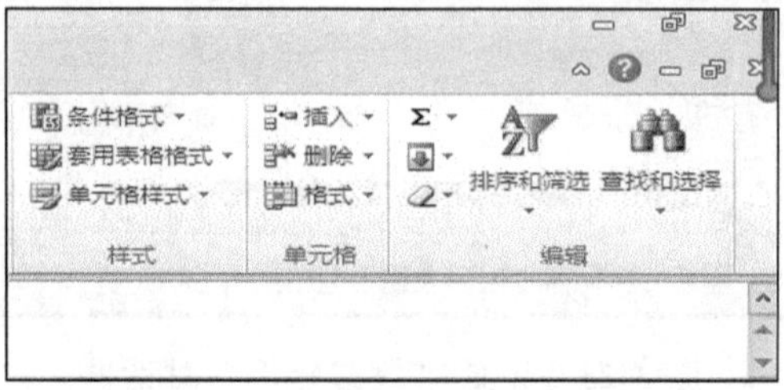


图 3-26 “排序和筛选”工具按钮

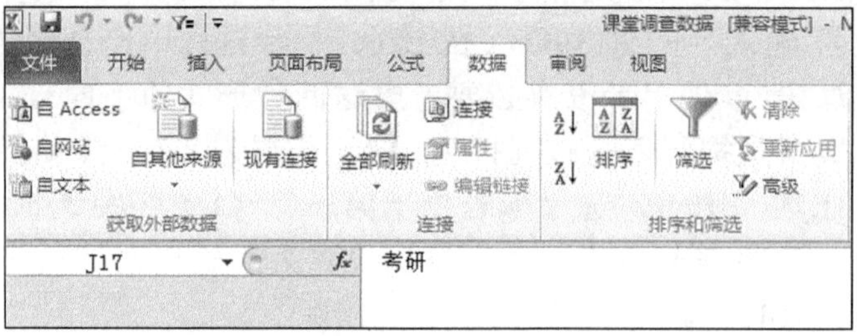


图 3-27 “排序”工具按钮

操作步骤略。

**实验三：统计分组**

### 1. 非数值数据的分组

对于非数值数据分组，可以使用“数据筛选”功能，也可以使用 Countif 函数以及“数据分析”功能。“数据筛选”功能的实现，其步骤与数据筛选一致，就不赘述了。这里，主要介绍 Countif 函数和“数据分析”功能。下面通过一个具体的例子来说明如何使用 Excel 来对非数值数据进行分组。

在财务管理专业 101-4 班学生中按照“就业去向”进行分组，具体数据如图 3-28 所示。

| | A | B | C | D | J |
|---|---|---|---|---|---|
| 1 | 财务管理专业101-4班学生有关情况调查数据 | | | | |
| 2 | 序号 | 性别 | 考研 | 年龄 | 就业去向 |
| 3 | 1 | 女 | 是 | 20 | 考研 |
| 4 | 2 | 男 | 是 | 20 | 考研 |
| 5 | 3 | 女 | 否 | 20 | 直接就业 |
| 6 | 4 | 女 | 是 | 21 | 考研 |
| 7 | 5 | 女 | 否 | 22 | 考公务员 |
| 8 | 6 | 女 | 是 | 19 | 考研 |
| 9 | 7 | 女 | 否 | 22 | 直接就业 |
| 10 | 8 | 女 | 否 | 19 | 考公务员 |
| 11 | 9 | 女 | 是 | 22 | 考研 |
| 12 | 10 | 女 | 是 | 22 | 考研 |
| 13 | 11 | 男 | 否 | 20 | 直接就业 |
| 14 | 12 | 女 | 是 | 21 | 考研 |
| 15 | 13 | 女 | 否 | 20 | 出国 |
| 16 | 14 | 女 | 否 | 21 | 直接就业 |
| 17 | 15 | 女 | 是 | 21 | 考研 |
| 18 | 16 | 女 | 是 | 20 | 考研 |

图 3-28 整理数据

（1）利用 Excel 的 Countif 函数制作频数分布表。

第一步，将频数分布表的框架建好，如图 3-29 所示。

J11 考研

| | A | B | C | D | J | K | L | M | N |
|---|---|---|---|---|---|---|---|---|---|
| 1 | 务管理专业101-4班学生有关情况调查数 | | | | | | | | |
| 2 | 序号 | 性别 | 考研 | 年龄 | 就业去向 | | 就业去向 | 人数 | 比重% |
| 3 | 1 | 女 | 是 | 20 | 考研 | | 考研 | | |
| 4 | 2 | 男 | 是 | 20 | 考研 | | 考公务员 | | |
| 5 | 3 | 女 | 否 | 20 | 直接就业 | | 出国 | | |
| 6 | 4 | 女 | 是 | 21 | 考研 | | 直接就业 | | |
| 7 | 5 | 女 | 否 | 22 | 考公务员 | | 其他 | | |
| 8 | 6 | 女 | 是 | 19 | 考研 | | | | |
| 9 | 7 | 女 | 否 | 22 | 直接就业 | | | | |
| 10 | 8 | 女 | 否 | 19 | 考公务员 | | | | |
| 11 | 9 | 女 | 是 | 22 | 考研 | | | | |
| 12 | 10 | 女 | 是 | 22 | 考研 | | | | |
| 13 | 11 | 男 | 否 | 20 | 直接就业 | | | | |

图 3-29 频数分布表框架

第二步，在“考研”对应的频数单元格（M3）中输入“=countif（$J3：$J139，J3）”，体会这个公式的含义。“$J3：$J139”代表的是原始数据的单元格（注意$符号），“J3”代表的是“考研”（单元格的代码一定要根据自己实际进行调整）。

回车后，得到“考研”的频数 76，如图 3-30 所示。以此类推，做其他的四个就业去向的最终结果。

D5 20

| | A | B | C | D | J | K | L | M | N |
|---|---|---|---|---|---|---|---|---|---|
| 1 | 财务管理专业101-4班学生有关情况调查数据 | | | | | | | | |
| 2 | 序号 | 性别 | 考研 | 年龄 | 就业去向 | | 就业去向 | 人数 | 比重% |
| 3 | 1 | 女 | 是 | 20 | 考研 | | 考研 | 76 | |
| 4 | 2 | 男 | 是 | 20 | 考研 | | 考公务员 | | |
| 5 | 3 | 女 | 否 | 20 | 直接就业 | | 出国 | | |
| 6 | 4 | 女 | 是 | 21 | 考研 | | 直接就业 | | |
| 7 | 5 | 女 | 否 | 22 | 考公务员 | | 其他 | | |
| 8 | 6 | 女 | 是 | 19 | 考研 | | | | |
| 9 | 7 | 女 | 否 | 22 | 直接就业 | | | | |

图 3-30 就业去向频数分布（一）

第三步，逐一计算比例，如图 3-31 所示。

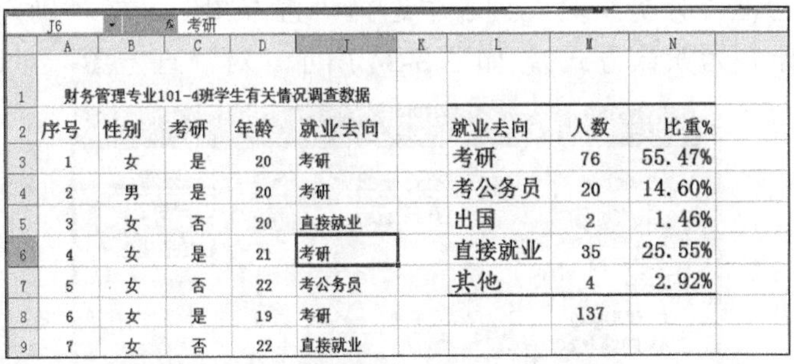

J6 考研

| | A | B | C | D | J | K | L | M | N |
|---|---|---|---|---|---|---|---|---|---|
| 1 | 财务管理专业101-4班学生有关情况调查数据 | | | | | | | | |
| 2 | 序号 | 性别 | 考研 | 年龄 | 就业去向 | | 就业去向 | 人数 | 比重% |
| 3 | 1 | 女 | 是 | 20 | 考研 | | 考研 | 76 | 55.47% |
| 4 | 2 | 男 | 是 | 20 | 考研 | | 考公务员 | 20 | 14.60% |
| 5 | 3 | 女 | 否 | 20 | 直接就业 | | 出国 | 2 | 1.46% |
| 6 | 4 | 女 | 是 | 21 | 考研 | | 直接就业 | 35 | 25.55% |
| 7 | 5 | 女 | 否 | 22 | 考公务员 | | 其他 | 4 | 2.92% |
| 8 | 6 | 女 | 是 | 19 | 考研 | | | 137 | |
| 9 | 7 | 女 | 否 | 22 | 直接就业 | | | | |

图 3-31 就业去向频数分布（二）

（2）“数据分析”功能。

因为 Excel 无法识别非数值型数据，所以为了用 Excel 建立就业去向的频数分布，首先需要将非数字的数据数字化。为此，通常的做法是将不同就业去向用一个数字代码来表示。本例对就业去向指定的代码是：

1—直接就业；2—考研；3—考公务员；4—出国；5—其他。

然后，将就业去向的代码输入到 Excel 工作表中。假定这里已将就业去向代码输入到 Excel 工作表中的 K3:K139，这样就将非数值数据转化为数值型数据。为建立频数分布表和条形图，Excel 还要求将每个就业去向的代码作为分类标志单独输入到任何一列，这里将代码输入到工作表的 L3:L7，如图 3-32 所示。这样，Excel 就可以对数值小于或等于每一就业去向代码的数据进行计算，得到相应的频数分布。

| | A | B | C | D | J | K | L | M |
|---|---|---|---|---|---|---|---|---|
| 1 | 财务管理专业101-4班学生有关情况调查数据 | | | | | | | |
| 2 | 序号 | 性别 | 考研 | 年龄 | 就业去向 | 代码 | | |
| 3 | 1 | 女 | 是 | 20 | 考研 | 2 | 1 | |
| 4 | 2 | 男 | 是 | 20 | 考研 | 2 | 2 | |
| 5 | 3 | 女 | 否 | 20 | 直接就业 | 1 | 3 | |
| 6 | 4 | 女 | 是 | 21 | 考研 | 2 | 4 | |
| 7 | 5 | 女 | 否 | 22 | 考公务员 | 3 | 5 | |
| 8 | 6 | 女 | 是 | 19 | 考研 | 2 | | |
| 9 | 7 | 女 | 否 | 22 | 直接就业 | 1 | | |
| 10 | 8 | 女 | 否 | 19 | 考公务员 | 3 | | |
| 11 | 9 | 女 | 是 | 22 | 考研 | 2 | | |
| 12 | 10 | 女 | 是 | 22 | 考研 | 2 | | |



图 3-32 输入就业代码

第一步，在“数据”菜单中单击“数据分析”，出现如图 3-33 所示界面。

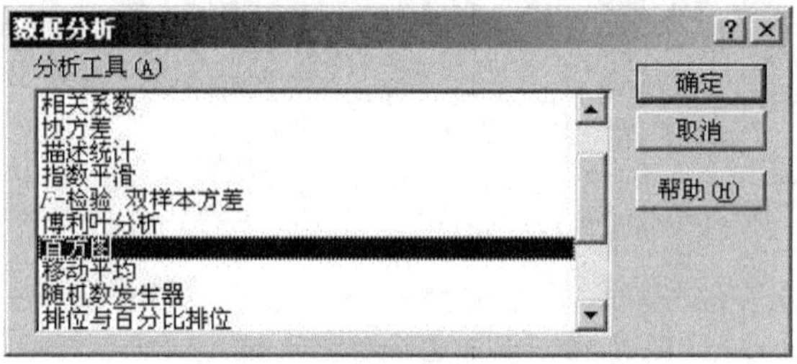


图 3-33 “数据分析”对话框

第二步，从对话框“分析工具”列表中选择“直方图”，按“确定”按钮打开其对话框（一般“描述统计”为默认方式），如图 3-34 所示。对“直方图”对话框进行相应设置。

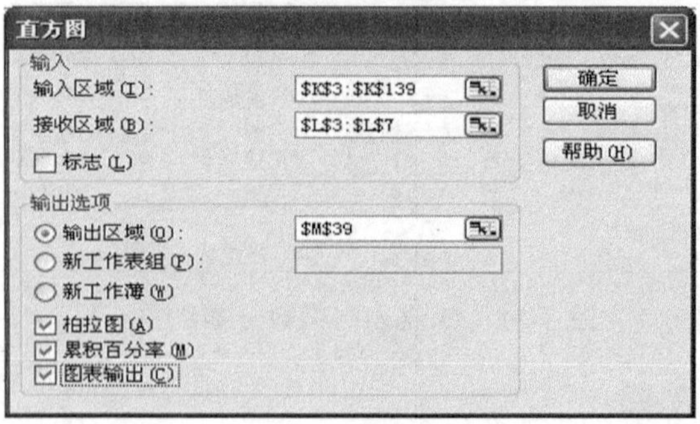


图 3-34 设置“直方图”对话框

**注意：**“输入区域（I）”输入 K3:K139 是转换后代码的区域，而不是 J3:J139 字符的区域；“接收区域（B）”为 L3:L7，即分类标志的区域，“接收区域（B）”不能为空且内容必须正确。只有这样 Excel 才能识别任务，程序可以统计出数字“1”“2”等分类标志的个数，即每一类别的个数；还可以统计出小于等于数字“2”“3”“4”“5”的个数，从而达到统计累积频率的目的。在输出选项中可根据自己的需要确定，本例选择输出区域并键入 M39（意思是从本工作表 M39 位置开始输出结果）。勾选“累积百分率”（若不需要时，此项可不勾选）和“图表输出”。

第三步，单击“确定”按钮，显示如图 3-35 所示结果。

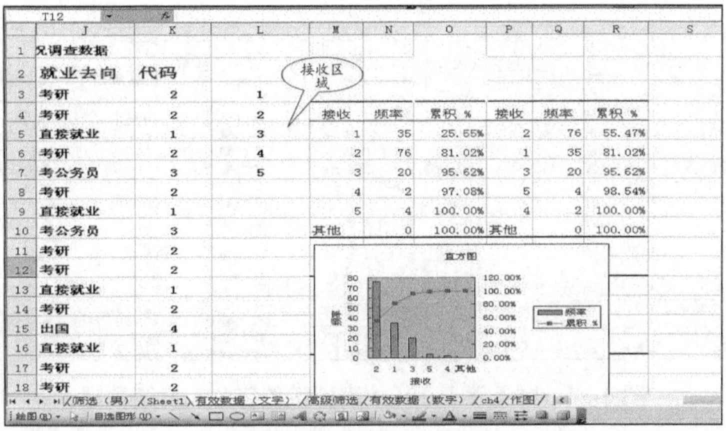


图 3-35　频数分布结果

**注意：**对输出结果需进行一定的修改和修饰。这里可以将频数分布表中的“接收”用描述性标题“就业去向”来代替，将“频率”改为“频数”（输出结果的频率实际上是频数），将就业去向的代码 1、2、3、4、5 用相应就业去向中的直接就业、考研、考公务员、出国、其他来代替；并将“其他”行（Excel 的一个固定输出形式）去掉，换以相应的“合计”内容，结果如图 3-36 所示（这里提醒读者的是，因为图 3-35 频数分布结果中，频数分布表和频数分布图为一个相关联的整体，所以当对频数分布表进行修改时，分布图也会相应地变化。如将就业去向的代码 1、2、3、4、5 用相应就业去向的名称代替后，分布图中的分组标志也相应地变成就业去向的不同类别了）。

| 就业去向 | 频数（人） | 频率（%） | 累计频率（%） |
|---|---|---|---|
| 直接就业 | 35 | 25.55 | 25.55 |
| 考研 | 76 | 55.47 | 81.02 |
| 考公务员 | 20 | 14.60 | 95.62 |
| 出国 | 2 | 1.46 | 97.08 |
| 其他 | 4 | 2.92 | 100.00 |
| 合计 | 137 | 100.00 | 100.00 |

图 3-36　就业去向的频数分布

对于频数分布图，读者可以自己设计，如图形的背景、颜色、字体、坐标的刻度等。Excel 可以很容易地绘制出漂亮的图形。需要注意的是，初学者往往会在图形的修饰上花费太多的时间和精力，这样做得不偿失，也未必合理，或许会画蛇添足。图形的绘制应尽可能简洁，以能够清晰地显示数据、合理地表达统计目的为依据。爱德华 • R. 塔夫特（Edward R. Tufte）在其著作 *The Visual Display of Quantitative Information*（1983）中使用“图优性”（graphical excellent）来描述一个好图，即图能够在最短的时间内，用最少的笔墨，在最小的空间里给观众最多的思想。在他看来，一个好图能够把复杂的思想在图中清楚、准确、有效地表达出来。

**2. 数值型数据的分组**

下面结合财务管理 101-4 班同学的年龄、身高来说明数值型数据的分组。其相关数据如图 3-37 所示。

D2 年龄

| | A | B | C | D | E | F | G | H | I | J |
|---|---|---|---|---|---|---|---|---|---|---|
| 1 | 财务管理专业101-4班学生有关情况调查数据 | | | | | | | | | |
| 2 | 序号 | 性别 | 考研 | 年龄 | 身高 | 成绩 | 上网时间 | 就餐地点 | 伙食费用 | 就业去向 |
| 3 | 1 | 女 | 是 | 20 | 167 | 84 | 1以下 | 第二餐厅 | 15-20 | 考研 |
| 4 | 2 | 男 | 是 | 20 | 174 | 60 | 3-4 | 第一餐厅 | 20以上 | 考研 |
| 5 | 3 | 女 | 否 | 20 | 160 | 60 | 3-4 | 第二餐厅 | 15-20 | 直接就业 |
| 6 | 4 | 女 | 是 | 21 | 156 | 68 | 1-2 | 第二餐厅 | 15-20 | 考研 |
| 7 | 5 | 女 | 否 | 22 | 161 | 71 | 1以下 | 第二餐厅 | 15-20 | 考公务员 |
| 8 | 6 | 女 | 是 | 19 | 161 | 79 | 2-3 | 第二餐厅 | 15-20 | 考研 |
| 9 | 7 | 女 | 否 | 22 | 160 | 65 | 2-3 | 第二餐厅 | 10-15 | 直接就业 |
| 10 | 8 | 女 | 否 | 19 | 163 | 61 | 2-3 | 第二餐厅 | 10-15 | 考公务员 |
| 11 | 9 | 女 | 是 | 22 | 160 | 79 | 1-2 | 第二餐厅 | 10-15 | 考研 |
| 12 | 10 | 女 | 是 | 22 | 156 | 84 | 2-3 | 第二餐厅 | 15-20 | 考研 |
| 13 | 11 | 男 | 否 | 20 | 168 | 77 | 1-2 | 第二餐厅 | 10-15 | 直接就业 |
| 14 | 12 | 女 | 是 | 21 | 160 | 91 | 2-3 | 第二餐厅 | 10-15 | 考研 |
| 15 | 13 | 女 | 否 | 20 | 161 | 60 | 3-4 | 第二餐厅 | 20以上 | 出国 |
| 16 | 14 | 女 | 否 | 21 | 158 | 46 | 1-2 | 第二餐厅 | 10-15 | 直接就业 |
| 17 | 15 | 女 | 是 | 21 | 168 | 68 | 1以下 | 第二餐厅 | 10-15 | 考研 |
| 18 | 16 | 女 | 是 | 20 | 160 | 77 | 3-4 | 第二餐厅 | 10-15 | 考研 |

图 3-37 财务管理 101-4 班同学的年龄、身高数据

（1）单变量值分组。

单变量值分组就是把每一个变量值分别作为一组进行的分组，适合于离散变量。在进行分组前，需要将分组的组数列出，即“接收区域”，Excel 工作表中的 H4:H10，如图 3-38 所示。

H4 年龄

| | A | B | C | D | E | F | G | H | I | J | K |
|---|---|---|---|---|---|---|---|---|---|---|---|
| 1 | 财务管理专业101-4班学生有关情况调查数据 | | | | | | | | | | |
| 2 | 序号 | 性别 | 考研 | 年龄 | 身高 | 成绩 | | | | | |
| 3 | 1 | 女 | 是 | 20 | 167 | 84 | | | 接收区域 | | |
| 4 | 2 | 男 | 是 | 20 | 174 | 60 | | 年龄 | | | |
| 5 | 3 | 女 | 否 | 20 | 160 | 60 | | 18 | | | |
| 6 | 4 | 女 | 是 | 21 | 156 | 68 | | 19 | | | |
| 7 | 5 | 女 | 否 | 22 | 161 | 71 | | 20 | | | |
| 8 | 6 | 女 | 是 | 19 | 161 | 79 | | 21 | | | |
| 9 | 7 | 女 | 否 | 22 | 160 | 65 | | 22 | | | |
| 10 | 8 | 女 | 否 | 19 | 163 | 61 | | 23 | | | |
| 11 | 9 | 女 | 是 | 22 | 160 | 79 | | | | | |
| 12 | 10 | 女 | 是 | 22 | 156 | 84 | | | | | |
| 13 | 11 | 男 | 否 | 20 | 168 | 77 | | | | | |
| 14 | 12 | 女 | 是 | 21 | 160 | 91 | | | | | |

图 3-38 列出接收区域

第一步，单击“数据分析”，出现如图 3-39 所示对话框。

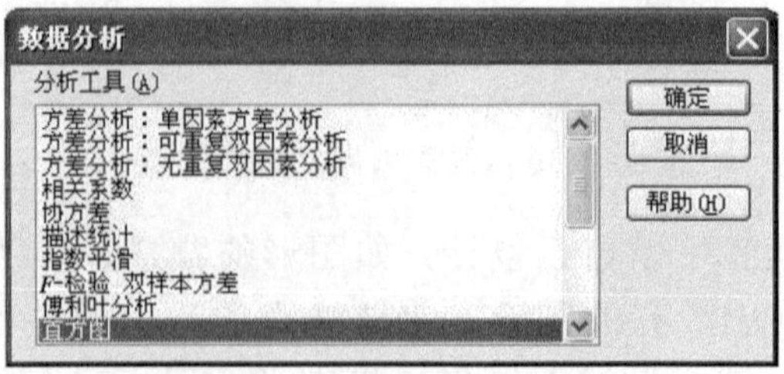


图 3-39 “数据分析”对话框

第二步，从对话框“分析工具”列表中选择“直方图”，单击“确定”按钮打开其对话框，对对话框进行相应设置，如图 3-40 所示。

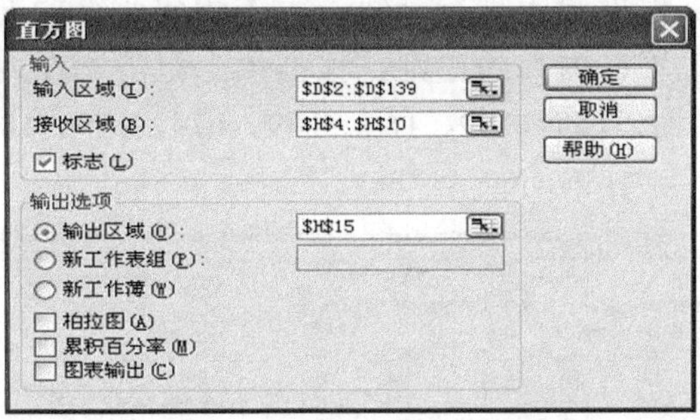


图 3-40 在“分析工具”列表中选择“直方图”

**注意：**如果在“输入区域（I）”输入“年龄”，年龄为所研究问题的名称，该名称就需要在“标志位于第一行（L）”中显示，即勾选其前面的方框，如果在“输入区域（I）”没有输入“年龄”，则不需要显示“标志位于第一行（L）”。

第三步，单击“确定”按钮，其分组结果如图 3-41 所示。

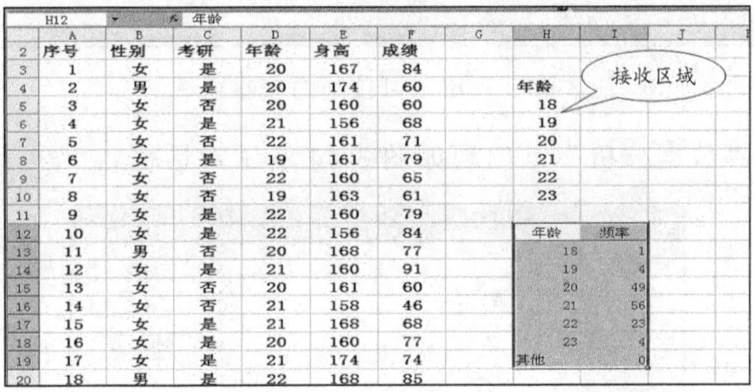

H12 年龄

| | A | B | C | D | E | F | G | H | I |
|---|---|---|---|---|---|---|---|---|---|
| 2 | 序号 | 性别 | 考研 | 年龄 | 身高 | 成绩 | | | |
| 3 | 1 | 女 | 是 | 20 | 167 | 84 | | | |
| 4 | 2 | 男 | 是 | 20 | 174 | 60 | | 年龄 | |
| 5 | 3 | 女 | 否 | 20 | 160 | 60 | | 18 | |
| 6 | 4 | 女 | 是 | 21 | 156 | 68 | | 19 | |
| 7 | 5 | 女 | 否 | 22 | 161 | 71 | | 20 | |
| 8 | 6 | 女 | 是 | 19 | 161 | 79 | | 21 | |
| 9 | 7 | 女 | 否 | 22 | 160 | 65 | | 22 | |
| 10 | 8 | 女 | 否 | 19 | 163 | 61 | | 23 | |
| 11 | 9 | 女 | 是 | 22 | 160 | 79 | | | |
| 12 | 10 | 女 | 是 | 22 | 156 | 84 | | 年龄 | 频率 |
| 13 | 11 | 男 | 否 | 20 | 168 | 77 | | 18 | 1 |
| 14 | 12 | 女 | 是 | 21 | 160 | 91 | | 19 | 4 |
| 15 | 13 | 女 | 否 | 20 | 161 | 60 | | 20 | 49 |
| 16 | 14 | 女 | 否 | 21 | 158 | 46 | | 21 | 56 |
| 17 | 15 | 女 | 是 | 21 | 168 | 68 | | 22 | 23 |
| 18 | 16 | 女 | 是 | 20 | 160 | 77 | | 23 | 4 |
| 19 | 17 | 女 | 是 | 21 | 174 | 74 | | 其他 | 0 |
| 20 | 18 | 男 | 是 | 22 | 168 | 85 | | | |



图 3-41 分组结果

**注意：**对输出结果需进行一定的修改和修饰。

（2）组距分组。

组距分组就是按照一定的组距为一组进行的分组。在进行分组前，需要将分组的组数列出，即“接收区域”，Excel 工作表中的 H3:H11，如图 3-42 所示。

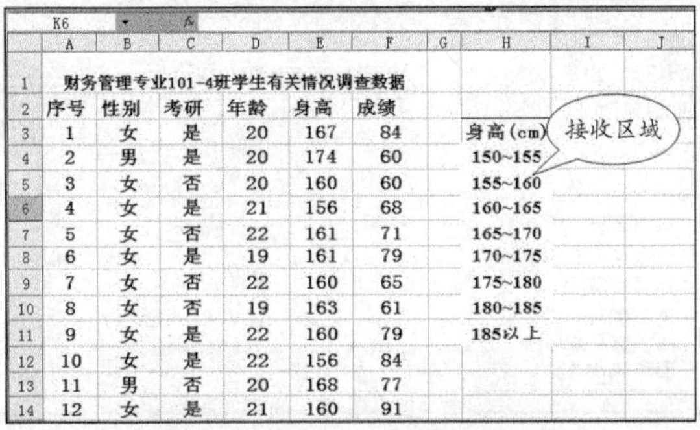

K6

| | A | B | C | D | E | F | G | H |
|---|---|---|---|---|---|---|---|---|
| 1 | 财务管理专业101-4班学生有关情况调查数据 | | | | | | | |
| 2 | 序号 | 性别 | 考研 | 年龄 | 身高 | 成绩 | | |
| 3 | 1 | 女 | 是 | 20 | 167 | 84 | | 身高(cm) |
| 4 | 2 | 男 | 是 | 20 | 174 | 60 | | 150~155 |
| 5 | 3 | 女 | 否 | 20 | 160 | 60 | | 155~160 |
| 6 | 4 | 女 | 是 | 21 | 156 | 68 | | 160~165 |
| 7 | 5 | 女 | 否 | 22 | 161 | 71 | | 165~170 |
| 8 | 6 | 女 | 是 | 19 | 161 | 79 | | 170~175 |
| 9 | 7 | 女 | 否 | 22 | 160 | 65 | | 175~180 |
| 10 | 8 | 女 | 否 | 19 | 163 | 61 | | 180~185 |
| 11 | 9 | 女 | 是 | 22 | 160 | 79 | | 185以上 |
| 12 | 10 | 女 | 是 | 22 | 156 | 84 | | |
| 13 | 11 | 男 | 否 | 20 | 168 | 77 | | |
| 14 | 12 | 女 | 是 | 21 | 160 | 91 | | |



图 3-42 列出“接收区域”

Excel不能识别非数值型字符，但在每一组中都存在“~”字符即非数值数据，所以，不能直接把150~155，150~160，160~165，165~170，170~175，175~180，180~185，185以上作为“接收区域”，根据组距进行分组。由于相邻两组的上下组限重叠，为了避免重复，通常采用“上组限不在内”的原则。根据“上组限不在内”的原则，即将上组限都减去1，各组上限依次为：154、159、164、169、174、179、184、194，放到H13:H21，如图3-43所示。

| | A | B | C | D | E | F | G | H |
|---|---|---|---|---|---|---|---|---|
| 1 | 财务管理专业101-4班学生有关情况调查数据 | | | | | | | |
| 2 | 序号 | 性别 | 考研 | 年龄 | 身高 | 成绩 | | |
| 3 | 1 | 女 | 是 | 20 | 167 | 84 | | 身高(cm) |
| 4 | 2 | 男 | 是 | 20 | 174 | 60 | | 150~155 |
| 5 | 3 | 女 | 否 | 20 | 160 | 60 | | 155~160 |
| 6 | 4 | 女 | 是 | 21 | 156 | 68 | | 160~165 |
| 7 | 5 | 女 | 否 | 22 | 161 | 71 | | 165~170 |
| 8 | 6 | 女 | 是 | 19 | 161 | 79 | | 170~175 |
| 9 | 7 | 女 | 否 | 22 | 160 | 65 | | 175~180 |
| 10 | 8 | 女 | 否 | 19 | 163 | 61 | | 180~185 |
| 11 | 9 | 女 | 是 | 22 | 160 | 79 | | 185以上 |
| 12 | 10 | 女 | 是 | 22 | 156 | 84 | | |
| 13 | 11 | 男 | 否 | 20 | 168 | 77 | | 身高(cm) |
| 14 | 12 | 女 | 是 | 21 | 160 | 91 | | 154 |
| 15 | 13 | 女 | 否 | 20 | 161 | 60 | | 159 |
| 16 | 14 | 女 | 否 | 21 | 158 | 46 | | 164 |
| 17 | 15 | 女 | 是 | 21 | 168 | 68 | | 169 |
| 18 | 16 | 女 | 是 | 20 | 160 | 77 | | 174 |
| 19 | 17 | 女 | 是 | 21 | 174 | 74 | | 179 |
| 20 | 18 | 男 | 是 | 22 | 168 | 85 | | 184 |
| 21 | 19 | 女 | 是 | 20 | 168 | 85 | | 194 |



图3-43 列出“可接纳的接收区域”

第一步，单击“数据分析”，出现如图3-44所示对话框。

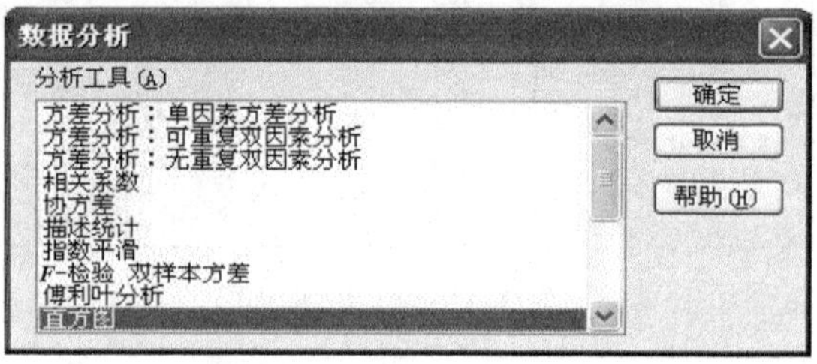


图3-44 “数据分析”对话框

第二步，从对话框“分析工具”列表中选择“直方图”，单击“确定”按钮打开其对话框，对对话框进行相应设置，如图3-45所示。

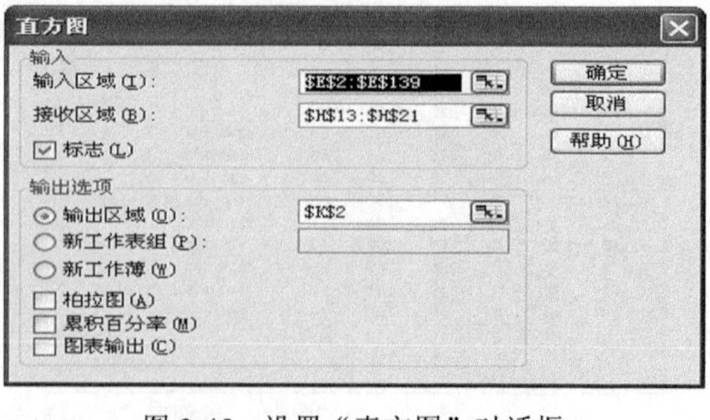


图3-45 设置“直方图”对话框

第三步，单击“确定”按钮，输出结果如图 3-46 所示。对输出结果需进行一定的修改和修饰。

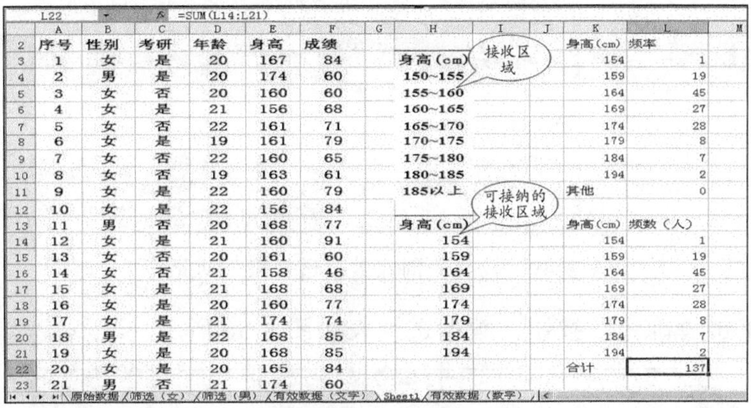


| | A | B | C | D | E | F | H | K | L |
|---|---|---|---|---|---|---|---|---|---|
| 2 | 序号 | 性别 | 考研 | 年龄 | 身高 | 成绩 | | 身高(cm) | 频率 |
| 3 | 1 | 女 | 是 | 20 | 167 | 84 | 身高(cm) | 154 | 1 |
| 4 | 2 | 男 | 是 | 20 | 174 | 60 | 150~155 | 159 | 19 |
| 5 | 3 | 女 | 否 | 20 | 160 | 60 | 155~160 | 164 | 45 |
| 6 | 4 | 女 | 是 | 21 | 156 | 68 | 160~165 | 169 | 27 |
| 7 | 5 | 女 | 否 | 22 | 161 | 71 | 165~170 | 174 | 28 |
| 8 | 6 | 女 | 是 | 19 | 161 | 79 | 170~175 | 179 | 8 |
| 9 | 7 | 女 | 否 | 22 | 160 | 65 | 175~180 | 184 | 7 |
| 10 | 8 | 女 | 否 | 19 | 163 | 61 | 180~185 | 194 | 2 |
| 11 | 9 | 女 | 是 | 22 | 160 | 79 | 185以上 | 其他 | 0 |
| 12 | 10 | 女 | 是 | 22 | 156 | 84 | | | |
| 13 | 11 | 男 | 否 | 20 | 168 | 77 | 身高(cm) | 身高(cm) | 频数(人) |
| 14 | 12 | 女 | 是 | 21 | 160 | 91 | 154 | 154 | 1 |
| 15 | 13 | 女 | 否 | 20 | 161 | 60 | 159 | 159 | 19 |
| 16 | 14 | 女 | 否 | 21 | 158 | 46 | 164 | 164 | 45 |
| 17 | 15 | 女 | 是 | 21 | 168 | 68 | 169 | 169 | 27 |
| 18 | 16 | 女 | 是 | 20 | 160 | 77 | 174 | 174 | 28 |
| 19 | 17 | 女 | 是 | 21 | 174 | 74 | 179 | 179 | 8 |
| 20 | 18 | 男 | 是 | 22 | 168 | 85 | 184 | 184 | 7 |
| 21 | 19 | 女 | 是 | 20 | 168 | 85 | 194 | 194 | 2 |
| 22 | 20 | 女 | 是 | 20 | 165 | 84 | | 合计 | 137 |
| 23 | 21 | 男 | 否 | 21 | 174 | 60 | | | |

图 3-46　输出结果

**实验四：数据透视表和数据透视图**

数据透视表和数据透视图将排序、筛选及分类汇总功能结合起来，对各种数据重新组织和计算，并以多种不同形式将数据显示出来。通过数据透视表和数据透视图，可以更直观地显示数据。

**1. 数据透视表**

若按“性别”统计学生“就业去向”“上网时间”“伙食费用”，建立一个交叉式的复合分组统计表，可使用数据透视表功能。其步骤如下：

第一步，在“插入”菜单中，选择“数据透视表”，如图 3-47 所示。

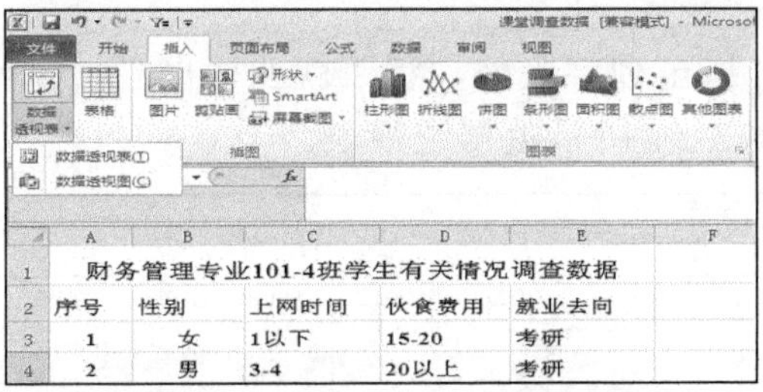


图 3-47　选择“数据透视表”

第二步，进入“创建数据透视表”对话框，如图 3-48 所示。

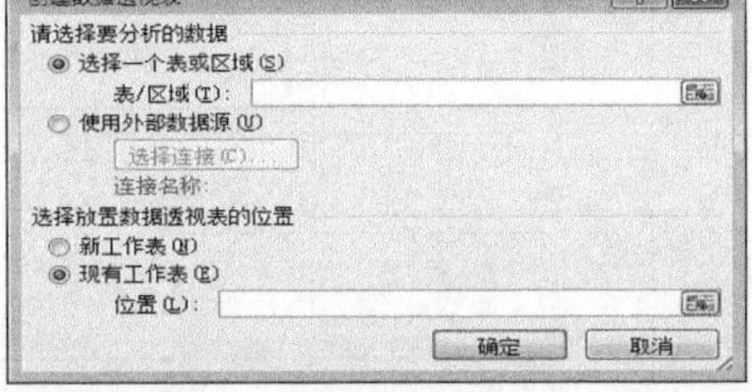


图 3-48　进入创建“数据透视表”对话框

设置“创建数据透视表”对话框，如图 3-49 所示。

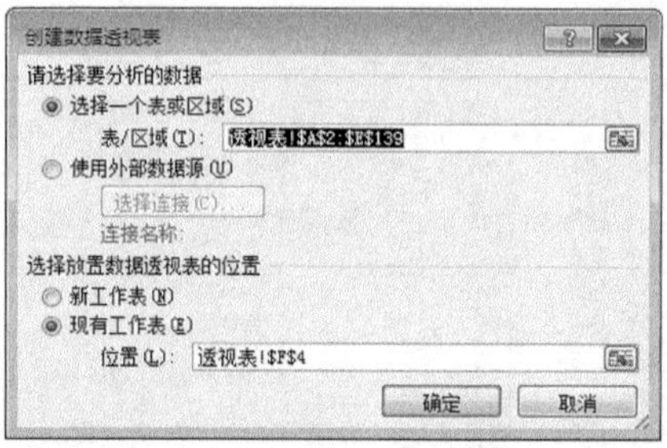


图 3-49 设置“创建数据透视表”对话框

第三步，单击“确定”按钮，数据透视表如图 3-50 所示。

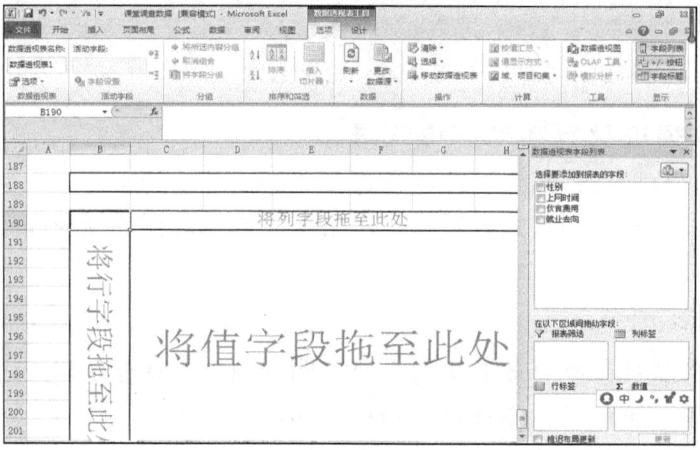


图 3-50 设置“创建”数据透视表

第四步，将“性别”拖至列字段处，将“就业去向”“上网时间”“伙食费用”拖至数据项处，即得到如图 3-51 所示数据透视表。

| 计数项:性别 | | | 伙食费用 | | | | |
|---|---|---|---|---|---|---|---|
| 性别 | 就业去向 | 上网时间 | 10-15 | 10以下 | 15-20 | 20以上 | 总计 |
| 男 | 考公务员 | 1-2 | 1 | | 2 | 1 | 4 |
| | | 2-3 | | | | 1 | 1 |
| | | 3-4 | | | 2 | | 2 |
| | 考公务员 汇总 | | 1 | | 4 | 2 | 7 |
| | 考研 | 1-2 | 1 | 1 | 2 | 1 | 5 |
| | | 1以下 | 1 | | 1 | 1 | 3 |
| | | 2-3 | | | 1 | 1 | 2 |
| | | 3-4 | 2 | | | 1 | 3 |
| | 考研 汇总 | | 4 | 1 | 4 | 4 | 13 |
| | 其他 | 1-2 | | | 1 | | 1 |
| | | 2-3 | | | | 1 | 1 |
| | | 4以上 | | | | 1 | 1 |
| | 其他 汇总 | | | | 1 | 2 | 3 |
| | 直接就业 | 1-2 | 2 | 1 | | | 3 |
| | | 2-3 | 1 | | 2 | 1 | 4 |
| | | 3-4 | | | 1 | | 1 |
| | | 4以上 | 1 | | 2 | | 3 |
| | 直接就业 汇总 | | 4 | 1 | 5 | 1 | 11 |
| 男 汇总 | | | 9 | 2 | 14 | 9 | 34 |
| 女 | 出国 | 2-3 | 1 | | | | 1 |
| | | 3-4 | | | | 1 | 1 |
| | 出国 汇总 | | 1 | | | 1 | 2 |
| | 考公务员 | 1-2 | 3 | | 1 | | 4 |
| | | 1以下 | 2 | | 2 | | 4 |
| | | 2-3 | 5 | | | | 5 |

图 3-51 数据透视表最终结果

## 2. 数据透视图

第一步、第二步与“数据透视表”步骤一致。

第三步，单击“确定”按钮，数据透视图如图 3-52 所示。

图 3-52　数据透视图

第四步，将“性别”“上网时间”“伙食费用”拖至数据项处，即得到如图 3-53 所示数据透视图。

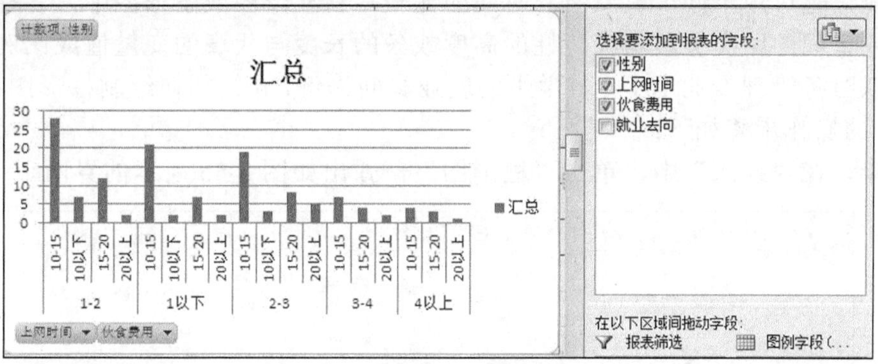


图 3-53　数据透视图最终结果

**实验五：统计图**

Excel 的图形在“插入”活动栏中，打开“图表”右下角的活动标，就会出现柱形图、折线图、饼图、条形图、面积图、散点图、股价图、曲面图、圆形图、气泡图、雷达图等，如图 3-54 所示。

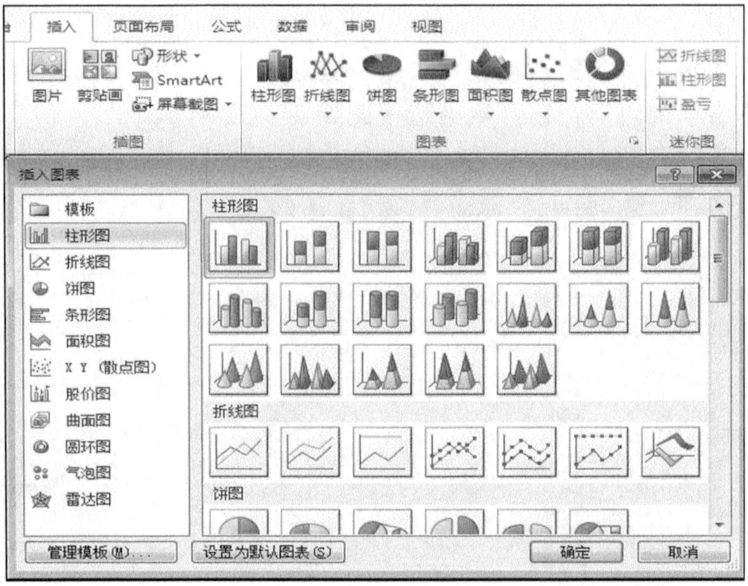

图 3-54　图表类型

## 1. 柱形图和条形图

Excel 的柱形图为竖直条形图，而条形图是水平条形图。两种图都可以用来表示一组或几组分类相关的数值，它主要在非数值数据以及离散变量的数据中使用，用于不同现象的比较，也可用于同一现象不同时间的比较。在柱形图或条形图中，各柱或条的宽度、各柱或条间的距离彼此均等，柱的高度或条的长度与代表的变量值成比例。

下面以财务管理专业 101-4 班学生的就业去向为例，介绍如何绘制柱形图和条形图。

Excel 的操作步骤如下：

第一步，在“插入”中，单击“柱形图”，弹出如图 3-55 所示的界面。

图 3-55　“柱形图”界面

第二步，选中作图数据，在图表类型中单击“柱形图”，即可完成，如图 3-56 所示。

这里，需要在图中做出相应调整，如加入坐标轴的名称、图例等（后面所有的图形都存在这一问题，以后就不赘述）。

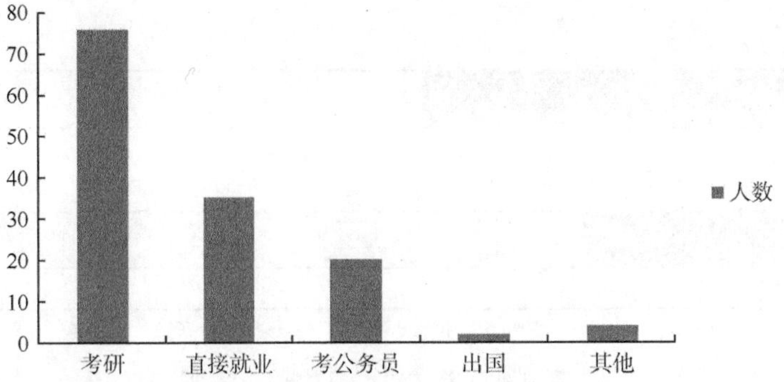


图 3-56　调整柱形图

选中柱形图即会出现如图 3-57 界面。

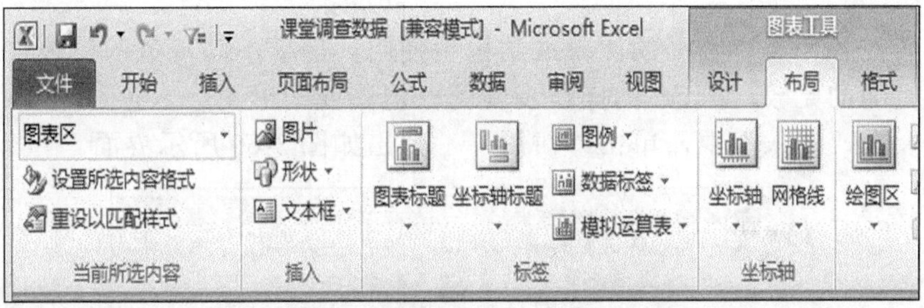


图 3-57　“布局”界面

打开“布局”活动框，单击“坐标轴标题”，增添坐标轴标题即可，如图 3-58 所示。

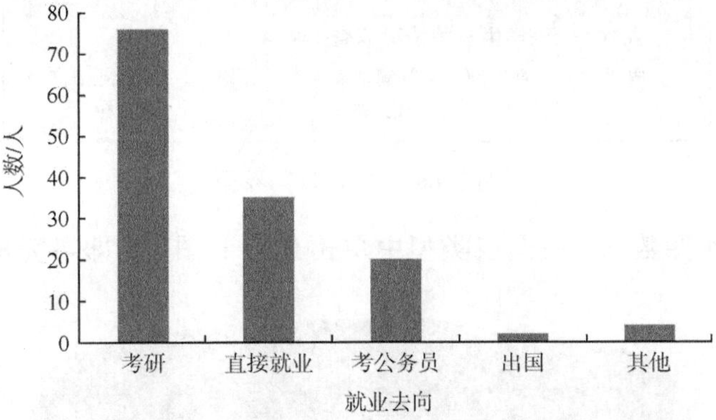


图 3-58　柱形图结果

绘制条形图的步骤与柱形图相同。如北京、天津、上海、重庆 4 个直辖市三次产业的比较条形图如图 3-59 所示。

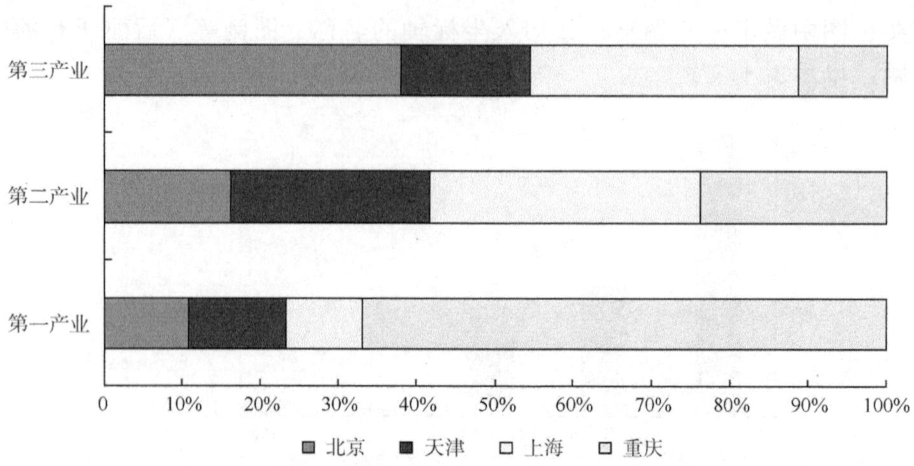


图 3-59 4 个直辖市三次产业的比较条形图

## 2. 饼图

饼图主要在各种类型数据的比率或结构中使用，用于不同现象的比较，也可用于同一现象不同时间的比较。Excel 的操作步骤同柱形图或条形图。

第一步，在“插入”中，单击“饼图”，弹出如图 3-60 所示界面。

图 3-60 “饼图”界面

第二步，选中作图数据，在图表类型中单击任意一图形，即可完成。如图 3-61 所示。

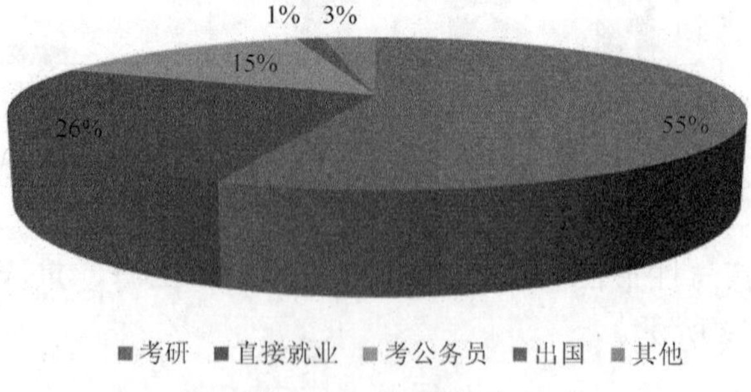


图 3-61 饼图结果

### 3. 环形图

环形图主要在各种类型数据的比率或结构进行比较时使用，用于不同现象的比较，也可用于同一现象不同时间的比较。

第一步，在“插入”中，打开“其他图表”，单击“环形图”，弹出如图 3-62 所示界面。

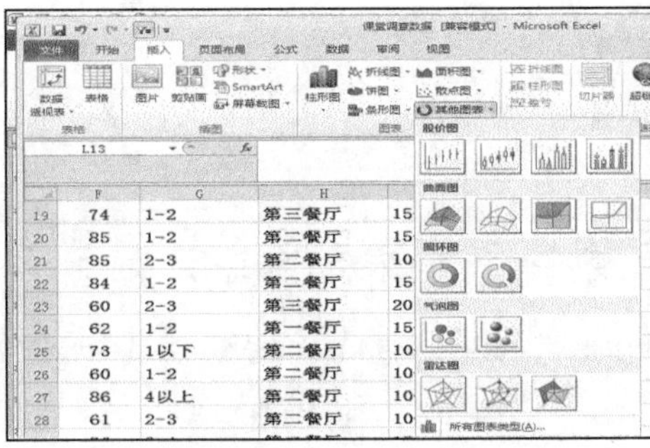


图 3-62　“环形图”界面

第二步，选中作图数据，在图表类型中单击任意一图形，即可完成。如图 3-63 所示。

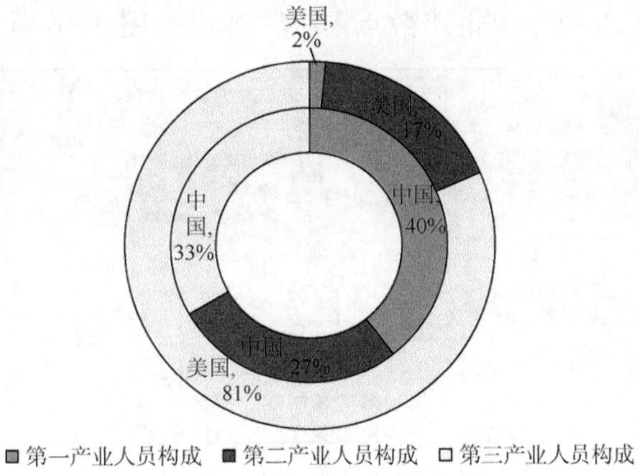


图 3-63　环形图结果

### 4. 折线图

折线图主要在时间序列数据中使用，用于不同现象的比较，也可用于同一现象不同时间的比较。

第一步，在“插入”中，单击“折线图”，弹出如图 3-64 所示界面。

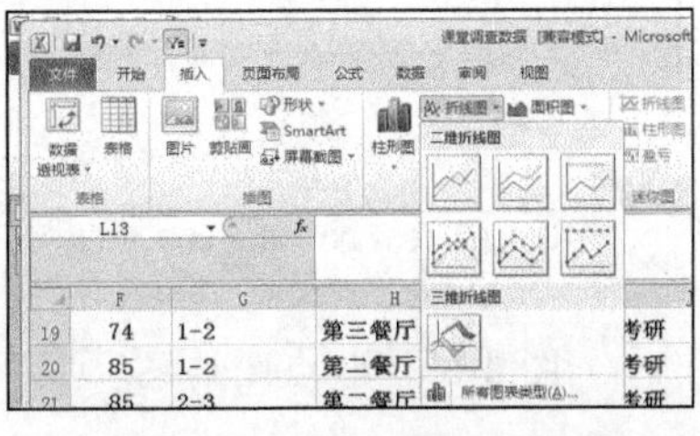


图 3-64　“折线图”界面

第二步，选中作图数据，在图表类型中单击任意一图形，即可完成。如图 3-65 所示。

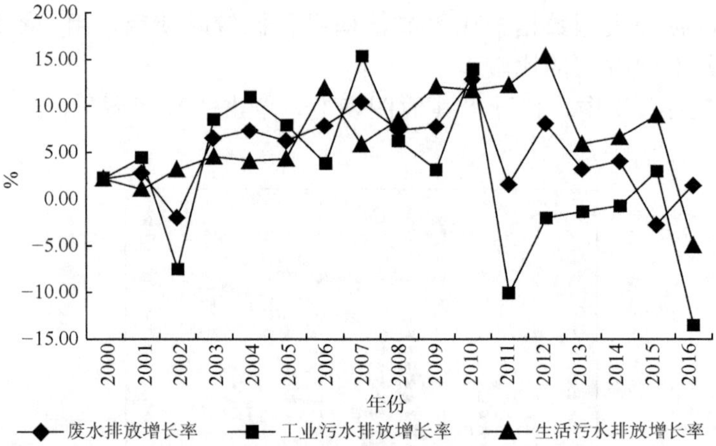


图 3-65 折线图结果

## 5. 散点图

散点图主要在两个变量以及两个变量以上的数据中使用，反映变量之间的关系。

第一步，在“插入”中，单击“散点图”，弹出如图 3-66 所示界面。

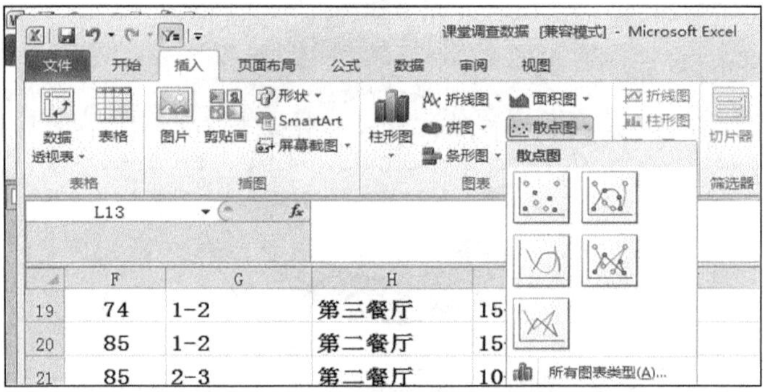


图 3-66 “散点图”界面

第二步，选中作图数据，在图表类型中单击任意一图形，即可完成。如图 3-67 所示。

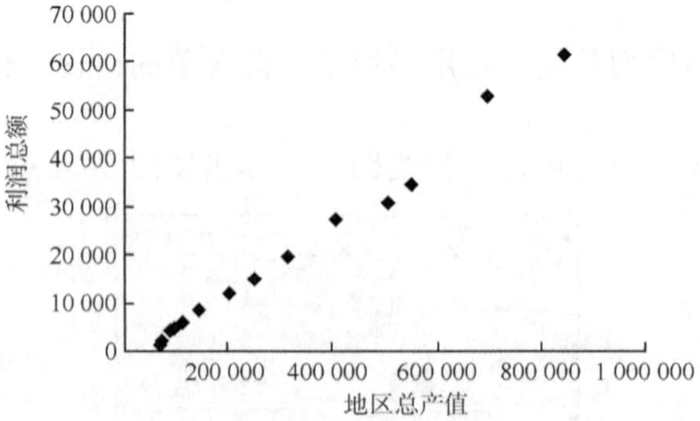


图 3-67 散点图结果

### 6. 直方图

直方图主要用于连续型数值型数据。利用 Excel 绘制直方图可以采用“插入”中的“柱形图”，也可以采用“数据→数据分析”中的“直方图”，这两种方法做出的图都不是真正的直方图，需要修改。

（1）采用“插入”中的“柱形图”。

第一步，在“插入”中，单击“柱形图”，弹出如图 3-68 所示界面。

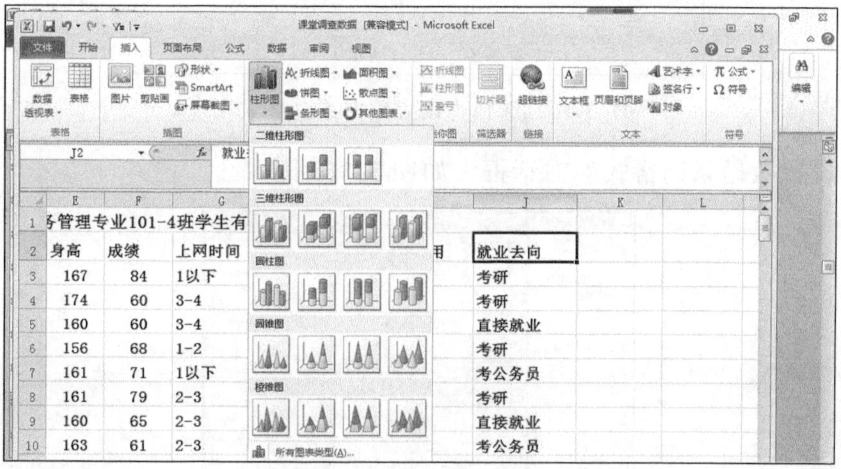

图 3-68 “柱形图”界面

第二步，选中作图数据，在图表类型中单击柱形图，即可完成。如图 3-69 所示。

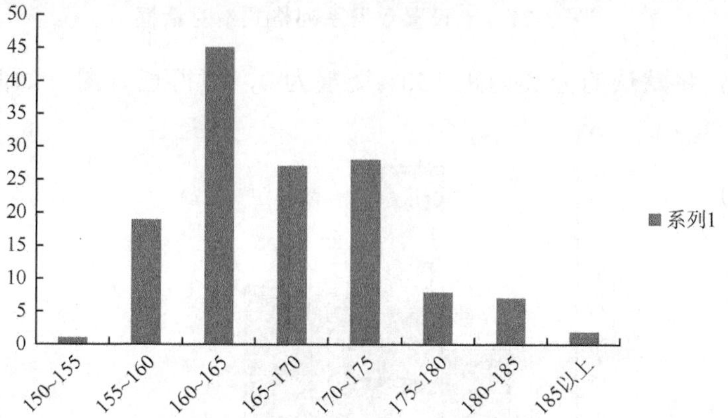


图 3-69 柱形图结果

第三步，修改柱形图为直方图。选中图中的某个柱形，单击右键，在弹出的菜单中，选择“设置数据系列格式”，如图 3-70 所示。

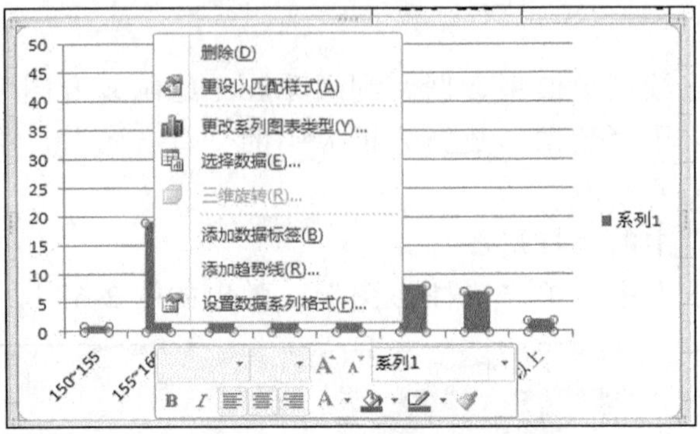


图 3-70　选择“设置数据系列格式”

出现“设置数据系列格式”对话框，如图 3-71 所示。

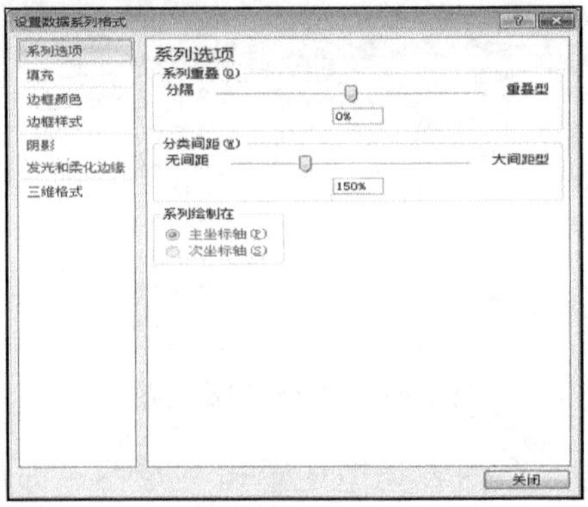


图 3-71　“设置数据系列格式”对话框

在对话框中，将默认的分类间距 150%调整为 0，即得直方图，如图 3-72 所示。

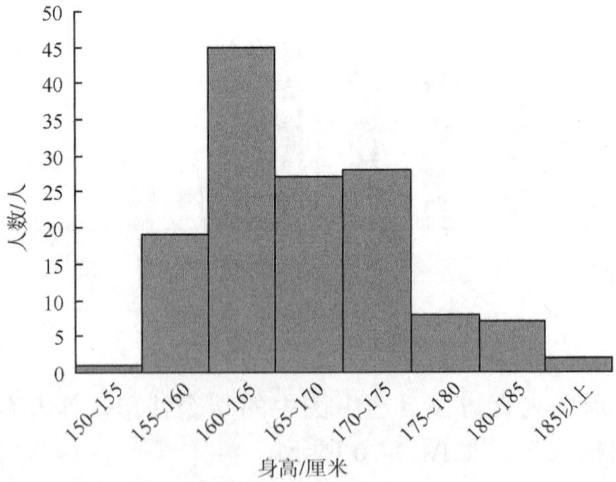


图 3-72　直方图结果

（2）采用“数据→数据分析”中的“直方图”。

第一步，单击“数据→数据分析”，弹出“数据分析”对话框，如图 3-73 所示。

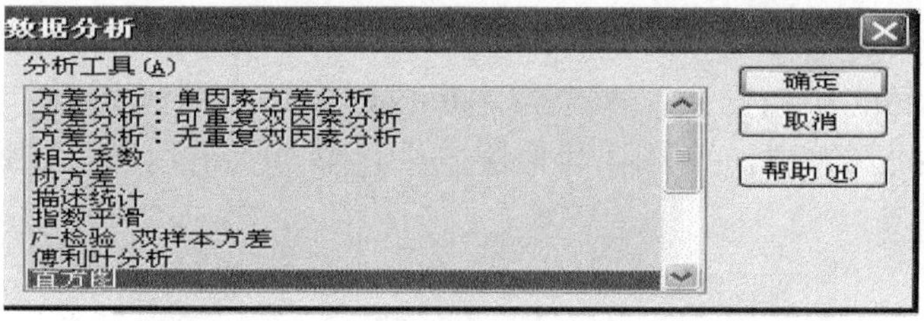


图 3-73 “数据分析”对话框

第二步，在弹出的“数据分析”对话框中，选择“直方图”，再单击“确定”按钮，进入“直方图”对话框，如图 3-74 所示。

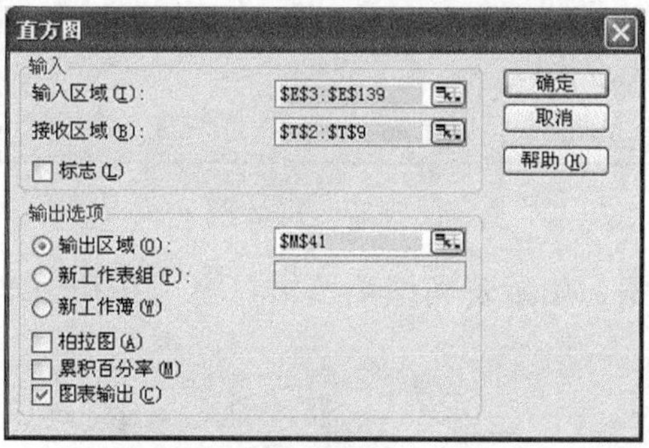


图 3-74 “直方图”对话框

第三步，在“直方图”对话框中，设置相应的项目，再单击“确定”按钮，就得到如图 3-75 所示的结果。

第四步，修改图 3-75。修改方法与柱形图一致，最终结果如图 3-76 所示。

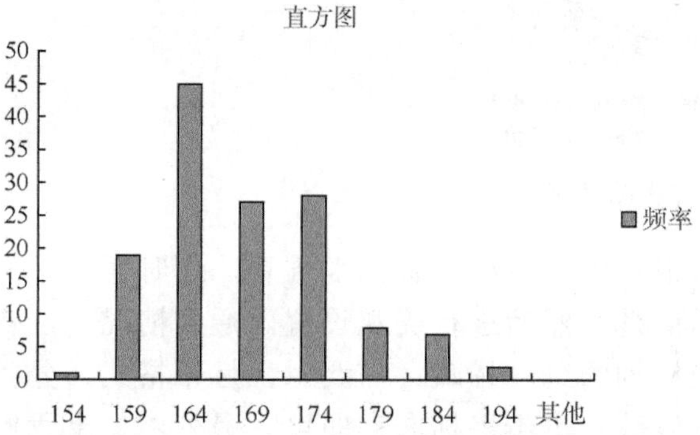


图 3-75 “数据分析”在直方图中的结果

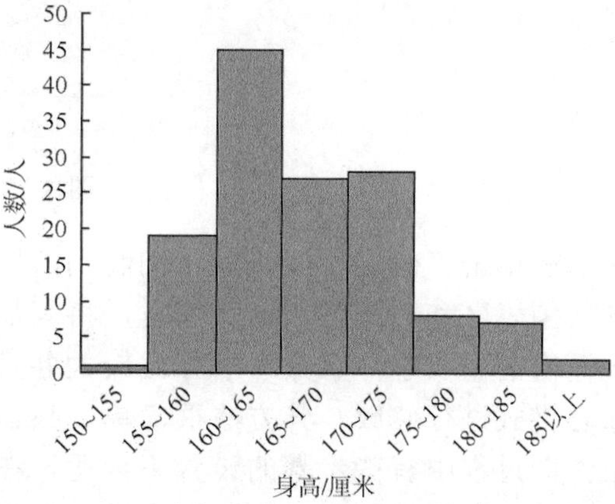


图 3-76 直方图结果

### 7. 雷达图

当研究的变量只有两个时，可以在平面直角坐标中进行绘图；当有 3 个变量时，可以在三维坐标里绘图，但让人看起来很不方便，特别是当变量多于 3 个时，利用一般的点图方法就很难做到了。雷达图在显示或对比各变量的数值总和时十分有用。假定各变量的取值具有相同的正负号，则总的绝对值与图形围成的面积成正比。另外，利用雷达图可以研究样本之间的相似程度，两个样本形成的多边形图越相似，其相似程度越高。

第一步，在“插入”中，打开“其他图表”，单击“雷达图”，弹出如图 3-77 所示界面。

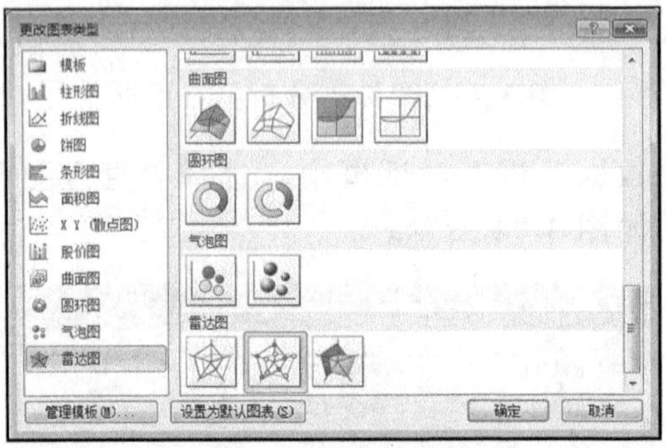


图 3-77 雷达图

第二步，选中做图数据，在图表类型中单击任意一图形，即可完成。如图 3-78 所示。

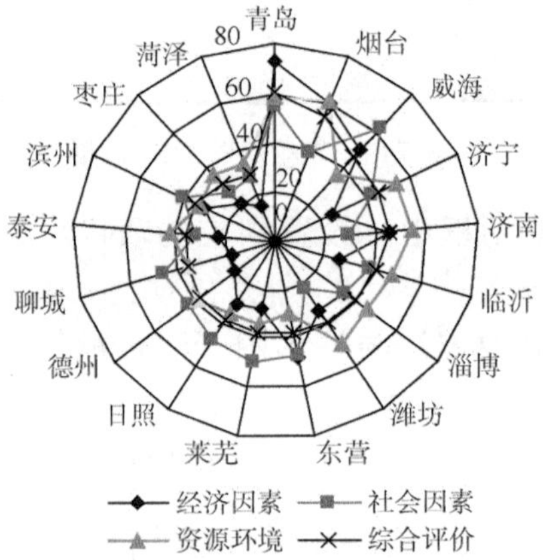


图 3-78 雷达图结果

在单击“确定”按钮后我们看到的图形很粗糙、模糊，甚至很难看，这时需要对图形（图表区和绘图区）进行拖拉，将其显示清楚，然后进行美观设置。通常情况下，初次输出的图表字体、数字字号比较大并且坐标轴的刻度稀疏，需要对坐标轴格式、分类标志格式进行修改。其方法很简单，只需在修改处单击鼠标右键即可。另外，如果我们在作图过程中有些步骤的设置不合适，在图形输出后还可以返回进行修改。具体做法也很简单，在图表区域单击鼠标右键，在弹出的菜单中选择图表类型、数据来源或图表选项即可（读者可自己体会）。

# 第四章

# 数据分布特征的测度

## 一、内容提要

| 节次 | 主要内容 | 知识要点 | 重点、难点 |
|---|---|---|---|
| 分布的集中趋势 | 集中趋势的测度方法 | ◆识记：众数、中位数、分位数、四分位数、下四分位数、上四分位数、均值、简单均值、加权均值、修整均值、几何平均数、对称分布、右偏分布、左偏分布<br>◆领会：众数、中位数、分位数、简单均值、加权均值、修整均值、几何平均数<br>◆简单应用：众数、中位数、四分位数、下四分位数、上四分位数、简单均值、加权均值、修整均值、几何平均数的计算与应用<br>◆综合应用：加权均值的计算与应用 | 重点：各种方法的优缺点以及适用场合<br>难点：众数、中位数及均值的关系 |
| 分布的离散程度 | 离散程度的测度方法 | ◆识记：异众比例、四分位差、极差、方差、标准差、变异系数<br>◆领会：四分位差、方差、标准差、变异系数<br>◆简单应用：方差、标准差、变异系数的计算与应用<br>◆综合应用：标准差、变异系数的计算与应用 | 重点：各种方法的优缺点以及适用场合<br>难点：标准差、变异系数与均值的关系 |
| 偏度与峰度 | 偏度与峰度的测度 | ◆识记：偏度、偏度系数、峰度、峰度系数<br>◆领会：偏度、偏度系数、峰度、峰度系数<br>◆综合应用：偏度系数、峰度系数 | 偏度与峰度的优缺点以及适用场合 |

## 二、主要公式

| 内容 | 名称 | | 公式 |
|---|---|---|---|
| 集中趋势的测度 | 众数（下限公式） | | $M_0 = L + \frac{f_m - f_{m-1}}{(f_m - f_{m-1}) + (f_{m+1} - f_m)} \times d$ |
| | 中位数 | 非数值数据 | 中位数位置$=\frac{n}{2}$ |
| | | 数值数据 | 中位数位置$=\frac{n+1}{2}$ |
| | | 分组数据（下限公式，向上累计） | $M_e = L + \frac{\frac{\sum f}{2} - S_{m-1}}{f_m} \times d$ |
| | 四分位数 | 下四分位数 | $Q_L$的位置$=\frac{n+1}{4}$ |
| | | 上四分位数 | $Q_U$的位置$=\frac{3(n+1)}{4}$ |
| | 均值 | 未分组的简单均值 | $\bar{x} = \frac{x_1 + x_2 + \cdots + x_n}{n} = \frac{\sum_{i=1}^{n} x_i}{n}$ |

续表

| 内容 | 名称 | | 公式 |
|---|---|---|---|
| 集中趋势的测度 | 均值 | 分组的加权均值 | $\bar{x}=\frac{x_1f_1+x_2f_2+\cdots+x_kf_k}{f_1+f_2+\cdots+f_k}=\frac{\sum_{i=1}^{k}x_if_i}{\sum_{i=1}^{k}f_i}$ 或 $\bar{x}=\frac{\sum_{i=1}^{k}x_if_i}{\sum_{i=1}^{k}f_i}=\sum_{i=1}^{k}x_i\frac{f_i}{\sum_{i=1}^{k}f_i}$ |
| | 几何平均数 | | $G=\sqrt[n]{x_1\cdot x_2\bullet\cdots\bullet x_n}=\sqrt[n]{\prod_{i=1}^{n}x_i}$ |
| 离散程度的测度 | 异众比率 | | $V_r=\frac{\sum f_i-f_m}{\sum f_i}=1-\frac{f_m}{\sum f_i}$ |
| | 四分位差 | | $Q_d=Q_U-Q_L$ |
| | 极差 | | $R=\max(x_i)-\min(x_i)$ |
| | 样本方差 | 未分组的简单方差 | $s^2=\frac{\sum_{i=1}^{n}(x_i-\bar{x})^2}{n-1}$ |
| | | 分组的加权方差 | $s^2=\frac{\sum_{i=1}^{k}(x_i-\bar{x})^2f_i}{(\sum_{i=1}^{k}f_i)-1}$ |
| | 样本标准差 | 未分组的简单标准差 | $s=\sqrt{\frac{\sum_{i=1}^{n}(x_i-\bar{x})^2}{n-1}}$ |
| | | 分组的加权标准差 | $s=\sqrt{\frac{\sum_{i=1}^{k}(x_i-\bar{x})^2f_i}{(\sum_{i=1}^{k}f_i)-1}}$ |
| | 总体方差 | 未分组的简单方差 | $\sigma^2=\frac{\sum_{i=1}^{N}(X_i-\bar{X})^2}{N}$ |
| | | 分组的加权方差 | $\sigma^2=\frac{\sum_{i=1}^{k}(X_i-\bar{X})^2f_i}{\sum_{i=1}^{k}f_i}$ |
| | 总体标准差 | 未分组的简单标准差 | $\sigma=\sqrt{\frac{\sum_{i=1}^{N}(X_i-\bar{X})^2}{N}}$ |
| | | 分组的加权标准差 | $\sigma=\sqrt{\frac{\sum_{i=1}^{n}(X_i-\bar{X})^2f_i}{\sum_{i=1}^{k}f_i}}$ |
| | 0-1 变量 | 比例 | $p=\frac{n_1}{n}$ |
| | | 方差 | $s_p^2\approx p(1-p)$ |
| | | 标准差 | $s_p\approx\sqrt{p(1-p)}$ |
| | 标准分数 | | $Z=\frac{\bar{x}-\mu}{\sigma}$ |
| | 变异系数 | 样本 | $v=\frac{s}{\bar{x}}\times100\%$ |

续表

| 内容 | 名称 | | 公式 |
|---|---|---|---|
| 离散程度的测度 | 变异系数 | 总体 | $v=\frac{\sigma}{\bar{x}}\times 100\%$ |
| 偏度与峰度的测度 | 偏度 | | $SK=\frac{m_3}{\sigma^3}$ |
| | 峰度 | | $K=\frac{m_4}{\sigma^4}-3$ |

## 三、实验

### （一）实验目的及要求

（1）熟练掌握利用函数对各种描述统计量的计算。

（2）熟练运用“描述统计”工具对数据进行计算，并对其结果进行正确解释，从而提高分析问题、解决问题的能力。

### （二）实验内容

#### 运用函数法进行描述统计

Excel 为用户提供了数学函数、三角函数、统计函数、数据库函数、财务函数、工程函数、逻辑函数、文本函数、时间和日期函数、信息函数、查找和引用函数等 10 多类 300 多种函数，可以满足多方面的需要。其中，统计函数最多达 78 种；此外还有 14 种数据库函数，以及在统计中经常使用的数学函数 20 种，合计 112 种。表 4-1 已将这些函数的名称及功能列示出来。

表 4-1　可用于统计分析的函数

| 函数名称 | 函数功能介绍 |
|---|---|
| 1. 用于数据整理的函数 | |
| FREQUENCY | 求分组数据的频数 |
| 2. 用于描述统计的函数 | |
| MODE | 求一组数据的众数 |
| MEDIAN | 求一组数据的中位数 |
| AVERAGE | 求一组数据的均值 |
| HARMEAN | 求调和平均数 |
| GEOMEAN | 求几何平均数 |
| MAX | 求一组数据中的最大值 |
| MIN | 求一组数据中的最小值 |
| QUARTILE | 求一组数据中的四分位数 |
| STDEV | 求样本标准差 |
| STDEVP | 求总体标准差 |
| VAR | 求样本方差 |
| VARP | 求总体方差 |
| KURT | 求一组数据的峰度 |
| SKEW | 求一组数据的偏度 |

续表

| 函数名称 | 函数功能介绍 |
|---|---|
| 3. 用于概率分布的函数 | |
| BINOMDIST | 求二项分布的概率 |
| PISSON | 求泊松分布的概率 |
| NORMDIST | 求非标准正态分布的累积函数 |
| NORMINV | 求非标准正态分布累积函数的逆函数 |
| NORMSDIST | 求标准正态分布的累积函数 |
| NORMSINV | 求标准正态分布累积函数的逆函数 |
| STANDARDIZE | 求 Z 分布的正态化数值 |
| 4. 用于区间估计的函数 | |
| CONFIDENCE | 求总体均值的置信区间 |
| 5. 用于假设检验的函数 | |
| CHIDIST | 求 $\chi^2$ 分布的单尾概率 |
| CHIINV | 求 $\chi^2$ 分布单尾概率的逆函数 |
| CHITEST | 求 $\chi^2$ 分布的统计量和相应的自由度 |
| ZTEST | 求 $Z$ 检验的双尾概率 |
| TDIST | 求 $t$ 分布 |
| TINV | 求 $t$ 分布的逆函数 |
| TTEST | 求 $t$ 检验的概率值 |
| FDIST | 求 $F$ 分布 |
| FINV | 求 $F$ 分布的逆函数 |
| FTEST | 求 $F$ 检验的单尾概率 |
| 6. 用于相关和回归的函数 | |
| CORREL | 求相关系数 |
| PEARSON | 求皮尔逊乘积矩相关系数 |
| RSQ | 求皮尔逊乘积矩相关系数的平方 |
| FISHER | 求费雪变换值（用于相关系数的假设检验） |
| FISHERIVE | 求费雪变换的逆函数 |
| LINEST | 建立直线方程 |
| INTERCEPT | 求直线方程的截距 |
| SLOPE | 求直线方程的斜率 |
| FORECAST | 求线性趋势值（预测值） |
| TREND | 求线性趋势值（预测值） |
| STEYX | 求趋势值的标准误差 |
| LOGEST | 建立指数曲线方程 |
| GROWTH | 求指数曲线趋势值（预测值） |
| 7. 其他统计函数 | |
| COUNT | 求数组中数据的个数（只计算数字型数据） |
| COUNTA | 求数组中数据的个数（包含逻辑值、文本值等） |
| RANK | 求某一数值在一组数据中的排位 |
| PERCENTRANK | 求某一数值在一组数据中的百分比排位 |
| PERCENTILE | 求数组的 K 百分比数值点 |

1. 函数的语法

工作表函数包括两个部分：函数名和紧跟的一个或多个参数。函数名，例如 SUM 和 AVERAGE，表明函数要执行的操作；参数则指定函数所使用的值或单元格。例如，在公式=SUM（C3：C5）中，SUM 为函数名，C3：C5 为参数。此函数计算单元格 C3、C4 和 C5 中值的总和。函数的参数可以为数值类型。例如，公式“=SUM（327，209，176）”中的 SUM 函数将数字 327、209 和 176 求和。不过通常的做法是，先在工作表的单元格中输入使用的数字，然后将这些单元格作为函数的参数使用。请注意函数参数两端的括号：开括号表示参数的开始，必须紧跟在函数名后。如果在函数名和括号之间输入了空格或其他字符，那么 Excel 会显示错误信息：“Microsoft Excel 在公式中发现了错误。建议更正如下：是否接受建议的修改？”如果单击“是”按钮，则 Excel 会自动更新公式；如果单击“否”按钮，则单元格中将显示错误值“#NAME？”。

如果在函数中使用多个参数，则要用逗号将参数隔开。例如，公式“=PRODUCT（C1，C2，C5）”告诉 Excel 将单元格 C1、C2 和 C5 的数值相乘。函数中可使用的参数多达 30 个，但公式的长度不能超过 1024 个字符。参数可以是工作表中包括任意数目单元格的区域。例如，函数“=SUM（A1：A5，C2：C10，D3：D7）”只有 3 个参数，但对 29 个单元格的数据进行求和运算（第一个参数 A1：A5，指从 A1 到 A5 的所有单元格，以此类推）。反过来，引用的单元格中也可以包括公式，这些公式引用更多的单元格或单元格区域。使用这些参数，就可以轻松地创建复杂的公式来执行功能强大的各种操作。

2. 函数的输入

对一些单变量和比较简单的函数，可用键盘直接输入。其方法与在单元格中输入公式相同，首先输入一个“=”号，然后将函数的正确形式输入即可。例如：“=SUM（B2：B5）”。

对于一些复杂或参数较多的函数，其形式难以记忆，可用“粘贴函数”对话框。其步骤如下：

第一步，选中某个单元格并选择“公式”菜单中的“函数”命令，弹出“插入函数”对话框（图 4-1）。

第二步，从对话框左侧的“函数分类”列表中选择所需要的函数类别（表中除前述 10 类函数外，还有“常用”和“全部”两项）；从对话框右侧的“函数名”列表中选择所需要的函数，单击“确定”按钮，屏幕上即出现该函数的对话框。本例从“统计”函数分类中，选择 AVERAGE（平均数函数），如图 4-1 和图 4-2 所示。

图 4-2 中 AVERAGE 函数对话框包括两个参数，即等价于公式“=AVERAGE（A1：A5，C2：C5）”，对 9 个单元格的数据求平均数。在此对话框中，所选函数的每个参数均有相应的编辑框。如果函数参数较多，对话框会在输入可选参数时自动进行扩展。对话框底部会显示对编辑框中当前所包含插入符的参数描述。

每个参数编辑框右边的显示区域将显示参数的当前值。对话框底部会显示函数的当前值，如本例计算结果为 8。需要说明的是参数多少的选择要根据情况而定，本例使用了两个参数（A1：A5，C2：C5），原因是这两个数据区域不相连，如果将这两组数据放在一列，则只需一个参数。

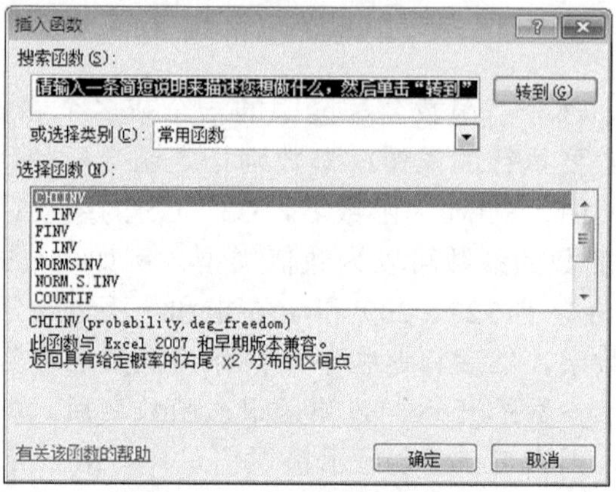


图 4-1 “插入函数”对话框

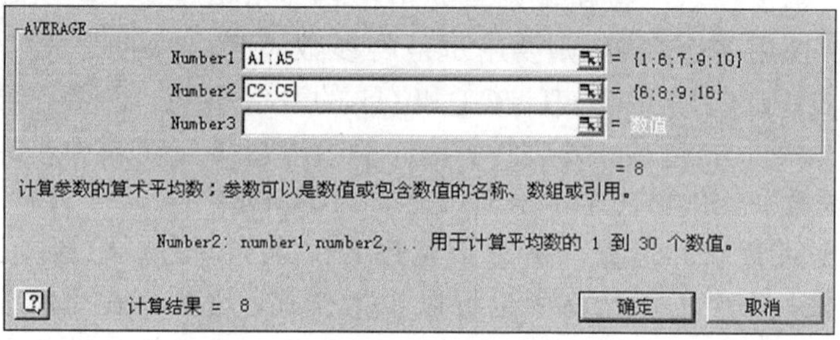


图 4-2 “AVERAGE”函数对话框

当然，不同的函数功能不同，所以在使用中参数的形式可能也不同，这里就不逐一列举了。读者在具体的使用中也可以借助 Excel 的帮助功能。

### 3. 函数的应用

以某电脑公司某年前 4 个月各天的销售量数据（单位：台）为例。相关数据如图 4-3 所示。

| | A | B | C | D | E | F | G | H | I | J |
|---|---|---|---|---|---|---|---|---|---|---|
| 1 | 234 | 159 | 187 | 155 | 172 | 183 | 182 | 177 | 163 | 158 |
| 2 | 143 | 198 | 141 | 167 | 194 | 225 | 177 | 189 | 196 | 203 |
| 3 | 187 | 160 | 214 | 168 | 173 | 178 | 184 | 209 | 176 | 188 |
| 4 | 161 | 152 | 149 | 211 | 196 | 234 | 185 | 189 | 196 | 206 |
| 5 | 150 | 161 | 178 | 168 | 174 | 153 | 186 | 190 | 160 | 171 |
| 6 | 228 | 162 | 223 | 170 | 165 | 179 | 186 | 175 | 197 | 208 |
| 7 | 153 | 163 | 218 | 180 | 175 | 144 | 178 | 191 | 197 | 192 |
| 8 | 166 | 196 | 179 | 171 | 233 | 179 | 187 | 173 | 174 | 210 |
| 9 | 154 | 164 | 215 | 233 | 175 | 188 | 237 | 194 | 198 | 168 |
| 10 | 174 | 226 | 180 | 172 | 190 | 172 | 187 | 189 | 200 | 211 |
| 11 | 156 | 165 | 175 | 210 | 207 | 181 | 205 | 195 | 201 | 172 |
| 12 | 203 | 165 | 196 | 172 | 176 | 182 | 188 | 195 | 202 | 213 |

图 4-3 某电脑公司某年前 4 个月各天的销售量数据

在 Excel 中用函数求这些测度值，可以打开函数的对话框操作，也可以直接输入包含函数的公式。

（1）众数的计算。

众数是一组数据中出现次数最多的变量值，用 $M_0$ 表示。

具体做法如前所述：选中某个单元格并选择“公式”菜单中的“函数”命令，从弹出的对话框左侧“或选择类别”列表中选择“统计”，从“选择函数”列表中选择MODE函数，单击“确定”按钮进入MODE函数对话框（图4-4）。

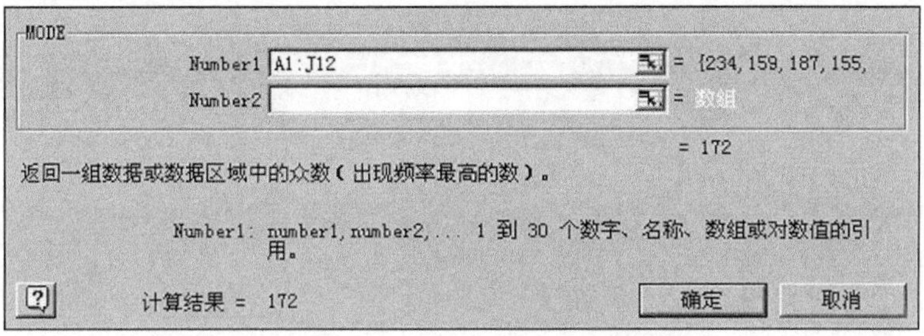


图4-4　“MODE函数”对话框

在对话框的“Number1”框中输入原始数据所在的单元格区域，本例为A1：J12；完成以上操作后在对话框底部给出计算结果，本例为172（台）；单击“确定”按钮，计算结果自动计入指定位置。

如采取直接输入带函数的公式计算，可单击任一空单元格，输入“=MODE（A1：J12）”回车确认，可得出同样的结果。

（2）中位数的计算。

中位数是一组数据排序后，处于中间位置上的变量值，用 $M_e$ 表示。

采取直接输入带函数的公式计算，单击任一单元格，输入“=MEDIAN（A1: J12）”，回车确认，即得出结果182（台）。

（3）均值的计算——简单均值。

对于简单均值，单击任一空格，输入“=AVERAGE（A1：J12）”，回车确认，即可得出结果184.56（台）。

（4）几何平均数。

几何平均数是适用于特殊数据的一种平均数，它主要用于计算比率的平均。当我们所掌握的变量值本身是比率的形式时，就应采用几何平均数计算平均比率。在实际应用中，几何平均数主要用于计算社会经济现象的年平均增长率。

例：某水泥生产企业生产的水泥产量2014年与2013年相比增长率为9%，2015年与2014年相比增长率为16%，2016年与2015年相比增长率为20%。求各年的平均增长率。

在Excel中求几何平均数非常简单，单击任一单元格，输入“=GEOMEAN（1.09，1.16，1.20）-1”，回车确认，其结果为14.91%。

（5）极值的计算。

在Excel中求极值可用MAX和MIN函数求最大值和最小值，然后求其差值。

单击任一单元格，输入“=MAX（A1：J12）－MIN（A1：J12）”，即得出其值为96（台）。

（6）四分位差的计算。

上四分位数与下四分位数之差，称为四分位差，也称为内距或四分间距，用 $Q_d$ 表示。

四分位差反映了中间50%数据的离散程度，其值越小，说明中间的数据越集中；数值越大，说明中间的数据越分散。四分位差不受极值的影响，一定程度反映了中位数对一组数据的代表程度。

在 Excel 中求四分位差，可用 QUARTILE 函数。按前面所述的步骤，打开“QUARTILE 函数”对话框，如图 4-5 所示。

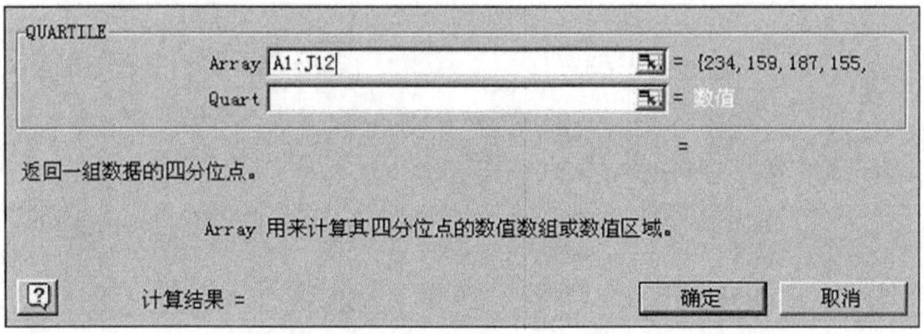


图 4-5 “QUARTILE 函数”对话框

其中，“Array”框要求输入数据所在的区域，“Quart”框决定返回哪一个四分位值。Quart 的取值范围为[0，4]，具体来讲，又分以下 4 种情况：

值为 0，表示最小值；值为 1，下四分位数；值为 2，中位数；值为 3，上四分位数；值为 4，最大值；值不为整数，将被截尾取整。

所以，要计算四分位差，可分别在 Quart 对话框中输入 3、1，然后将返回的上、下四分位数做差。

本例也可以单击任一单元格，输入“=QUARTILE（A1：J12，3）－QUARTILE（A1：A12，1）”，即可得到结果为 43.25（台）。

（7）标准差和方差的计算。

方差和标准差是数值型数据测度离散程度的最主要测度值。各变量值与其均值离差平方和的平均数，称为方差。方差的平方根，称为标准差。通常情况下，总体方差用 $\sigma^2$ 表示，其函数形式为 VARP；总体标准差用 $\sigma$ 表示，其函数形式为 STDEVP；样本方差用 $s^2$ 表示，函数形式为 VAR；样本标准差用 $s$ 表示，其函数形式为 STDEV。

本例如果要求样本方差和样本标准差，可单击单元格，在其中输入“=VAR（A1:J12）”或输入“=STDEV（A1:J12）”，即可得到样本方差或样本标准差，分别为 470.05（台）、21.68（台）（注意标准差有量纲）。

（8）偏态与峰态的计算。

本例在任一单元格输入“=SKEW（A1:J12）”，可得到偏态系数为 0.41，为右偏分布。

本例在任一单元格输入“=KURT（A1:J12）”，可得到峰态系数为–0.22，为扁平分布。

**注意**：有的教科书中其峰态系数计算公式没有减 3，所以把标准正态分布的峰态系数作为 3，当 $K>3$ 时为尖峰分布，$K<3$ 时为扁平分布。在 Excel 计算过程中，以零为比较对象。

**4. 运用“描述统计”工具进行描述统计**

以财务管理专业 101-4 班学生年龄、身高、成绩数据为例。其步骤如下：

第一步，在“数据”下拉菜单中单击“数据分析”，出现如图 4-6 所示界面。

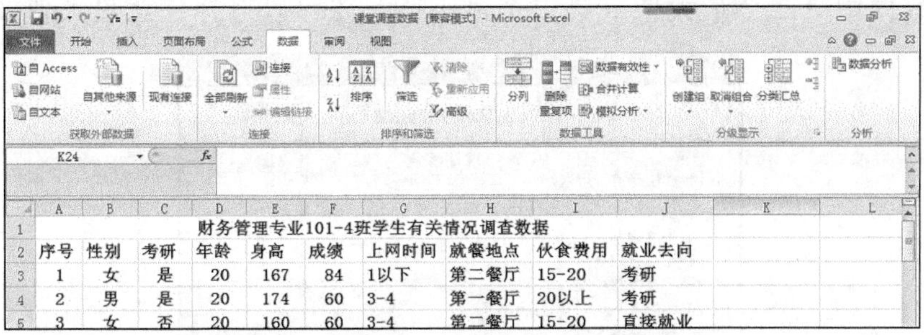


图 4-6　在“数据”中单击“数据分析”

打开“数据分析”对话框，如图 4-7 所示。

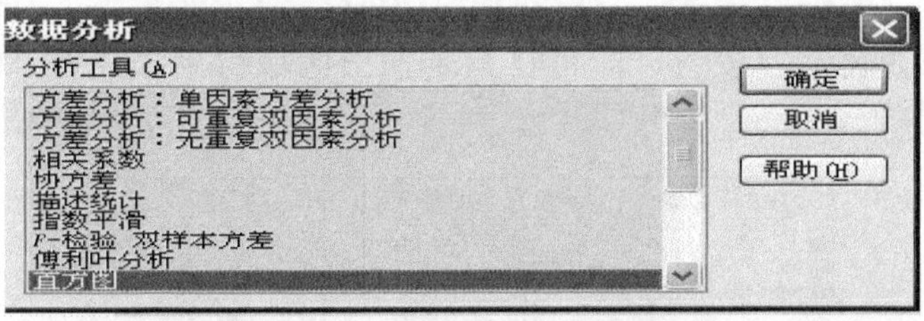


图 4-7　“数据分析”对话框

第二步，从“数据分析”对话框“分析工具”列表中选择“描述统计”（一般“描述统计为默认方式”），单击“确定”按钮，打开其对话框，如图 4-8 所示。

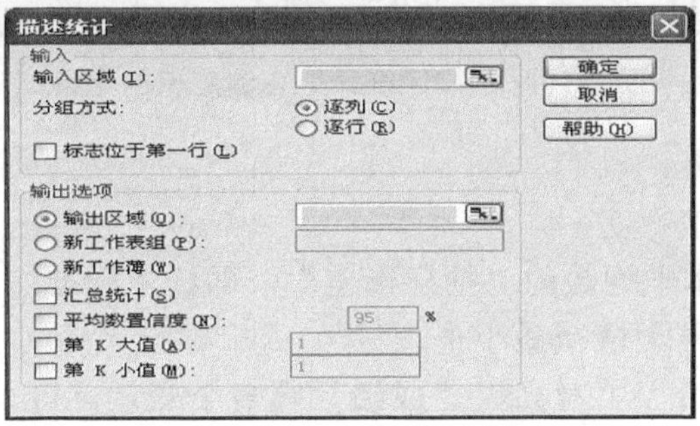


图 4-8　“描述统计”对话框

对“描述统计”对话框进行相应设置（图 4-9）。这里，包括“输入区域”和“输出区域”两部分内容。在“输入区域”部分，如果在“输入区域（I）”输入“身高”，身高为所研究问题的名称，该名称就需要在“标志位于第一行（L）”中显示，即勾选其前面的方框，如果在“输入区域（I）”没有输入“身高”，则不需要显示“标志位于第一行（L）”。“分组方式”有“逐行”和“逐列”两种，默认的是“逐列”。

在“输出区域”部分，有“输出区域（O）”，可以选择任一单元格位置作为输出区域，还可以选择“新工作表组或新工作簿”，一般选择任一单元格；“汇总统计（S）”给出一系列描述统计测度值。“平均数置信度（N）”是指用样本平均数估计总体平均数的可信程度，默认值为 95%，如认为不合适，可自己调整。“第 K 大值（A）”或“第 K 小值（M）”，默认值均为“1”，即要求给出数据中第 1 个最大值或最小值，如输入“2”，即要求给出数据中第二个最大值或第二个最小值，还可以选择任意最大值或最小值。

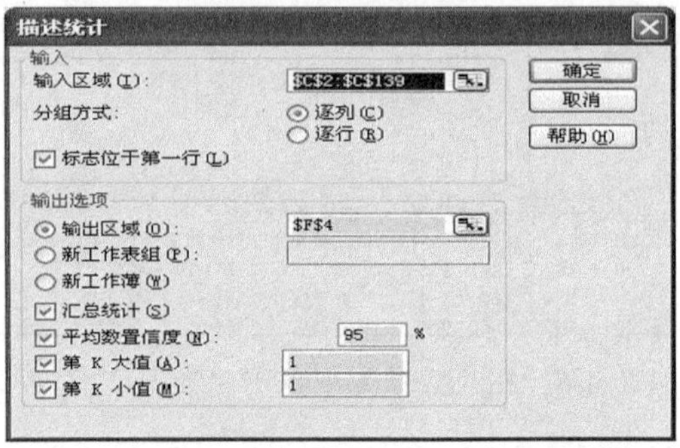


图 4-9 设置“描述统计”对话框

第三步，单击“确定”按钮，即可在指定输出区域得到描述统计各测度值的结果，如图 4-10 所示。

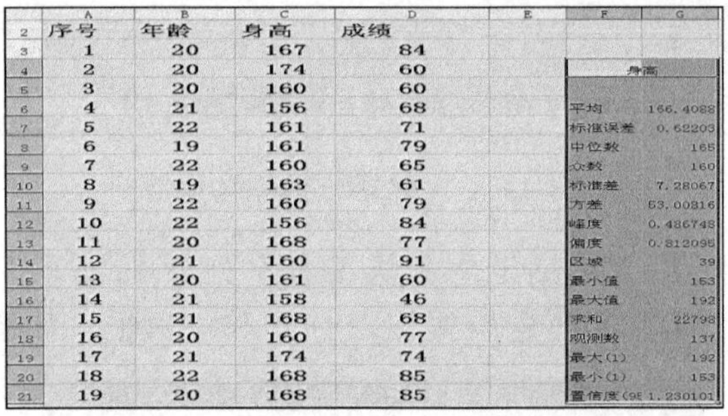

| | A | B | C | D |
|---|---|---|---|---|
| 2 | 序号 | 年龄 | 身高 | 成绩 |
| 3 | 1 | 20 | 167 | 84 |
| 4 | 2 | 20 | 174 | 60 |
| 5 | 3 | 20 | 160 | 60 |
| 6 | 4 | 21 | 156 | 68 |
| 7 | 5 | 22 | 161 | 71 |
| 8 | 6 | 19 | 161 | 79 |
| 9 | 7 | 22 | 160 | 65 |
| 10 | 8 | 19 | 163 | 61 |
| 11 | 9 | 22 | 160 | 79 |
| 12 | 10 | 22 | 156 | 84 |
| 13 | 11 | 20 | 168 | 77 |
| 14 | 12 | 21 | 160 | 91 |
| 15 | 13 | 20 | 161 | 60 |
| 16 | 14 | 21 | 158 | 46 |
| 17 | 15 | 21 | 168 | 68 |
| 18 | 16 | 20 | 160 | 77 |
| 19 | 17 | 21 | 174 | 74 |
| 20 | 18 | 22 | 168 | 85 |
| 21 | 19 | 20 | 168 | 85 |

| 身高 | |
|---|---|
| 平均 | 166.4088 |
| 标准误差 | 0.62203 |
| 中位数 | 165 |
| 众数 | 160 |
| 标准差 | 7.28067 |
| 方差 | 53.00816 |
| 峰度 | 0.486748 |
| 偏度 | 0.812095 |
| 区域 | 39 |
| 最小值 | 153 |
| 最大值 | 192 |
| 求和 | 22798 |
| 观测数 | 137 |
| 最大(1) | 192 |
| 最小(1) | 153 |
| 置信度(95 | 1.230101 |

图 4-10 “描述统计”各测度值的结果

输出结果做部分解释：

“平均”指样本均值。

“标准误差”指样本平均数的“抽样误差”，即样本标准差除以样本单位数的均方。

“区域”即极差，最大值减最小值。

如果想要计算“年龄”“身高”“成绩”等多个变量，可以同时选择多个变量，操作步骤与“身高”一个变量相同，最终结果如图 4-11 所示。

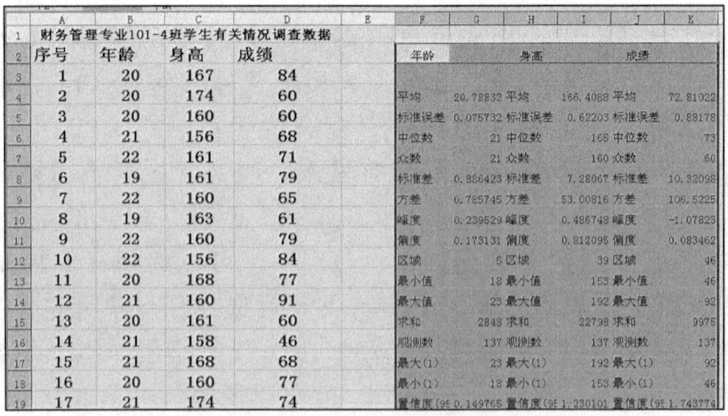

| | A | B | C | D |
|---|---|---|---|---|
| 1 | 财务管理专业101-4班学生有关情况调查数据 | | | |
| 2 | 序号 | 年龄 | 身高 | 成绩 |
| 3 | 1 | 20 | 167 | 84 |
| 4 | 2 | 20 | 174 | 60 |
| 5 | 3 | 20 | 160 | 60 |
| 6 | 4 | 21 | 156 | 68 |
| 7 | 5 | 22 | 161 | 71 |
| 8 | 6 | 19 | 161 | 79 |
| 9 | 7 | 22 | 160 | 65 |
| 10 | 8 | 19 | 163 | 61 |
| 11 | 9 | 22 | 160 | 79 |
| 12 | 10 | 22 | 156 | 84 |
| 13 | 11 | 20 | 168 | 77 |
| 14 | 12 | 21 | 160 | 91 |
| 15 | 13 | 20 | 161 | 60 |
| 16 | 14 | 21 | 158 | 46 |
| 17 | 15 | 21 | 168 | 68 |
| 18 | 16 | 20 | 160 | 77 |
| 19 | 17 | 21 | 174 | 74 |

| 年龄 | | 身高 | | 成绩 | |
|---|---|---|---|---|---|
| 平均 | 20.78832 | 平均 | 166.4088 | 平均 | 72.81022 |
| 标准误差 | 0.075732 | 标准误差 | 0.62203 | 标准误差 | 0.88178 |
| 中位数 | 21 | 中位数 | 165 | 中位数 | 73 |
| 众数 | 21 | 众数 | 160 | 众数 | 60 |
| 标准差 | 0.886423 | 标准差 | 7.28067 | 标准差 | 10.32098 |
| 方差 | 0.785745 | 方差 | 53.00816 | 方差 | 106.5225 |
| 峰度 | 0.239529 | 峰度 | 0.486748 | 峰度 | -1.07823 |
| 偏度 | 0.173131 | 偏度 | 0.812095 | 偏度 | 0.083462 |
| 区域 | 5 | 区域 | 39 | 区域 | 46 |
| 最小值 | 18 | 最小值 | 153 | 最小值 | 46 |
| 最大值 | 23 | 最大值 | 192 | 最大值 | 92 |
| 求和 | 2848 | 求和 | 22798 | 求和 | 9975 |
| 观测数 | 137 | 观测数 | 137 | 观测数 | 137 |
| 最大(1) | 23 | 最大(1) | 192 | 最大(1) | 92 |
| 最小(1) | 18 | 最小(1) | 153 | 最小(1) | 46 |
| 置信度(95 | 0.149765 | 置信度(95 | 1.230101 | 置信度(95 | 1.743774 |

图 4-11 计算多个变量输出结果

# 第五章

# 抽样与参数估计

## 一、内容提要

| 节次 | 主要内容 | 知识要点 | 重点、难点 |
|---|---|---|---|
| 概率基础 | 随机变量的概率分布和常见的分布 | ◆识记：分布函数、密度函数、正态分布、$t$分布、$\chi^2$分布、$F$分布<br>◆领会：正态分布、$t$分布、$\chi^2$分布、$F$分布<br>◆简单应用：正态分布、$t$分布、$\chi^2$分布、$F$分布分位数的查表及应用<br>◆综合应用：正态分布的性质及其分位数的查表应用 | 正态分布与$t$分布分位数的查表应用 |
| 抽样与抽样分布 | 抽样方法与抽样分布 | ◆识记：有限总体抽样、无限总体抽样、抽样分布、样本均值、比例和方差的抽样分布<br>◆领会：抽样分布、样本均值、比例方差的抽样分布<br>◆简单应用：样本均值和比例的抽样分布的应用<br>◆综合应用：样本均值和比例的抽样分布的期望与方差单位计算 | 样本均值、比例的抽样分布应用以及使用Excel进行抽样 |
| 总体参数估计概述 | 点估计与区间估计、评价估计量的标准 | ◆识记：估计量、估计值、点估计、区间估计、置信区间、置信水平、无偏性、有效性、一致性<br>◆领会：无偏性、有效性、一致性<br>◆简单应用：置信区间的构造原理、置信区间的解释<br>◆综合应用：置信区间的构造原理、置信区间的解释 | 置信区间的构造原理、置信区间的解释 |
| 一个总体参数的区间估计 | 总体均值、总体比例以及总体方差的区间估计 | ◆识记：大样本、小样本均值、总体比例和总体方差的置信区间<br>◆领会：大样本、小样本总体均值和总体比例的置信区间<br>◆简单应用：大样本、小样本总体均值和总体比例的置信区间的构造计算及应用<br>◆综合应用：大样本、小样本总体均值和总体比例的置信区间的构造计算及应用 | 重点：大样本均值的置信区间、小样本均值的置信区间、总体比例的置信区间的构造及应用<br>难点：小样本均值的置信区间以及大样本的理解 |
| 两个总体参数的区间估计 | 两个总体均值之差、两个总体比例之差、两个总体方差比的区间估计 | ◆简单应用：两个正态总体方差已知、方差未知但相等、非正态总体均值之差、总体比例之差、方差之比的置信区间构造及应用<br>◆综合应用：两个正态总体方差已知、方差未知但相等、非正态总体均值之差、总体比例之的置信区间构造及应用 | 重点：针对不同的情况进行 |
| 样本量的确定 | 估计总体均值和总体比例时样本量的确定 | ◆识记：极限误差<br>◆领会：极限误差<br>◆简单应用：估计一个总体均值时、估计一个总体比例时样本量的计算及应用<br>◆综合应用：估计一个总体均值时样本量的确定、估计一个总体比例时样本量的计算与应用 | 重点：有限总体抽样、无限总体抽样下估计一个总体均值时和估计一个总体比例时样本量的计算及应用<br>难点：总体比例未知情况下样本量的确定 |

## 二、主要公式

| 抽样分布的特征 | 抽样方式 | 条件 | 公式 |
|---|---|---|---|
| 均值 | 放回抽样 | 数学期望 | $E(\bar{x})=\mu$ |
| | | 标准差 | $\sigma_{\bar{x}}=\frac{\sigma}{\sqrt{n}}$ |
| | 不放回抽样 | 数学期望 | $E(\bar{x})=\mu$ |
| | | 标准差 | $\sigma_{\bar{x}}=(\frac{\sigma}{\sqrt{n}})\sqrt{\frac{N-n}{N-1}}$ |
| 比例 | 放回抽样 | 数学期望 | $E(p)=\pi$ |
| | | 标准差 | $\sigma_p=\sqrt{\frac{\pi(1-\pi)}{n}}$ |
| | 不放回抽样 | 数学期望 | $E(p)=\pi$ |
| | | 标准差 | $\sigma_p=\sqrt{\frac{\pi(1-\pi)}{n}\left(\frac{N-n}{N-1}\right)}$ |

| 估计参数 | 样本规模 | 条件 | 公式 |
|---|---|---|---|
| 总体均值 | 大样本 | 方差已知 | $\bar{x}\pm z_{\alpha/2}\frac{\sigma}{\sqrt{n}}$ |
| | | 方差未知 | $\bar{x}\pm z_{\alpha/2}\frac{s}{\sqrt{n}}$ |
| | 小样本（正态总体） | 方差已知 | $\bar{x}\pm z_{\alpha/2}\frac{\sigma}{\sqrt{n}}$ |
| | | 方差未知 | $\bar{x}\pm t_{\alpha/2}\frac{s}{\sqrt{n}}$ |
| 总体比例 | 大样本 | | $p\pm z_{\alpha/2}\sqrt{\frac{p(1-p)}{n}}$ |
| 总体方差 | | 正态总体 | $\frac{(n-1)s^2}{\chi^2_{\alpha/2}}\leqslant\sigma^2\leqslant\frac{(n-1)s^2}{\chi^2_{(1-\alpha/2)}}$ |

| 估计参数 | 条件 | 公式 |
|---|---|---|
| 两个总体均值之差 | 方差已知 | $(\bar{x}_1-\bar{x}_2)\pm z_{\frac{\alpha}{2}}\sqrt{\frac{\sigma_1^2}{n_1}+\frac{\sigma_2^2}{n_2}}$ |
| | 方差未知但相等 | $(\bar{x}_1-\bar{x}_2)\pm t_{\alpha/2}(n_1+n_2-2)s_p\sqrt{\frac{1}{n_1}+\frac{1}{n_2}}$ |
| | 两个非正态总体方差未知 | $(\bar{x}_1-\bar{x}_2)\pm z_{\alpha/2}\sqrt{\frac{s_1^2}{n_1}+\frac{s_2^2}{n_2}}$ |
| 两个总体比例之差 | | $(p_1-p_2)\pm z_{\alpha/2}\sqrt{\frac{p_1(1-p_1)}{n_1}+\frac{p_2(1-p_2)}{n_2}}$ |
| 两个总体方差之比 | 正态总体 | $\frac{s_1^2/s_2^2}{F^2_{\alpha/2}}\leqslant\frac{\sigma_1^2}{\sigma_2^2}\leqslant\frac{s_1^2/s_2^2}{F^2_{(1-\alpha/2)}}$ |

## 三、实验

### （一）实验目的及要求

（1）熟练使用随机数字表及抽样命令抽取所需要的样本单位。

（2）熟练使用 Excel 计算得到不同分布下的临界值及总体均值的置信区间，进行简单的参数估计，并能结合实际背景对所得结果进行统计意义解释。

（3）掌握并能够使用随机数发生器产生所需要的样本。

## （二）实验内容

### 抽样方法

抽样调查是从调查对象的总体中随机抽取一部分单位作为样本进行调查，并根据样本调查结果来推断总体数量特征的一种非全面调查方式。抽取样本是抽样调查中的重要一环，通常有两种方法取得样本。具体如下：

#### 1. 手工法

使用随机数字表抽选所需要的样本。

第一步，首先要对所有的总体单位编号，一般从 1 开始到 $N$ 结束。

例如，2016—2017 年第二学期参加统计学考试的学生有 800 名，抽取 50 名学生调查考试成绩情况。按学生的姓名笔画排队编号，是无关标志编号；按学生的统计学成绩排队编号，是有关标志编号。本例中按姓名笔画排队，编号 1～800。

第二步，总体编号的最大数是 800，为三位数，就从“随机数字表”中按每三位一组选择随机数，随机选取某一行开始抽选，本例在表中从第任何行或列开始从上到下或从左到右读取三位随机数，如 151，148，071，458，081…

对于超过 800 的随机数，一个办法是放弃，另一个办法是用它减去 800 或 800 的倍数，得到的余数作为抽中的随机数。这样一直抽够 50 个为止，如下所示。

| | | | | | | | | | |
|---|---|---|---|---|---|---|---|---|---|
| 63 271 | 59 986 | 71 744 | 51 102 | 15 141 | 80 714 | 58 683 | 93 108 | 13 554 | 79 945 |
| 88 547 | 09 896 | 95 436 | 79 115 | 08 303 | 01 041 | 20 030 | 63 754 | 08 459 | 28 364 |
| 55 957 | 57 243 | 83 865 | 09 911 | 19 761 | 66 535 | 40 102 | 26 645 | 60 147 | 15 702 |
| 46 276 | 87 453 | 44 790 | 67 122 | 45 573 | 84 358 | 21 625 | 16 999 | 13 385 | 22 782 |
| 55 363 | 07 449 | 34 835 | 15 290 | 76 616 | 67 191 | 12 777 | 21 861 | 68 689 | 03 263 |

第三步，从同一总体中抽取样本量相同的样本可以有若干个，即随机起点不同样本就不同，这样同学们可以两人一组抽出两个样本，利用描述统计命令求出均值以及标准差，如果该班有 70 名学生，则至少抽取 70 个样本，利用这 70 个样本计算出 70 个均值和标准差，再做出这 70 个均值的频数分布及直方图，这就是均值的近似抽样分布。

#### 2. 抽样工具法

在 Excel 的“数据分析”工具中有一个“抽样”工具，可以较简单迅速地完成一些常规的抽样任务。这种方法有两种操作方式：一是对所研究的数据直接抽取，二是抽取编号。具体操作如下：

（1）对研究数据直接抽取。这种情况适用于研究者只需要了解现象的一种特征。例同上，研究者只需要了解这 800 名学生的统计学成绩而不需要了解每名学生的专业、性别等其他特征，我们可以对 800 名学生的成绩直接采用“抽样”工具进行。800 名学生的统计学成绩如图 5-1 所示。

D24 fx

| | A | B | C | D | E | F | G | H | I | J |
|---|---|---|---|---|---|---|---|---|---|---|
| 1 | 56 | 78 | 34 | 91 | 45 | 60 | 75 | 55 | 89 | 90 |
| 2 | 65 | 78 | 88 | 60 | 56 | 61 | 70 | 78 | 76 | 87 |
| 3 | 54 | 75 | 67 | 61 | 40 | 76 | 98 | 89 | 92 | 95 |
| 4 | 66 | 89 | 54 | 88 | 99 | 87 | 78 | 79 | 65 | 77 |
| 5 | 76 | 90 | 79 | 93 | 78 | 90 | 67 | 89 | 50 | 78 |
| 6 | 77 | 67 | 80 | 57 | 76 | 55 | 54 | 67 | 60 | 90 |
| 7 | 78 | 90 | 64 | 84 | 55 | 81 | 60 | 54 | 95 | 40 |
| 8 | 63 | 97 | 62 | 79 | 76 | 79 | 91 | 60 | 78 | 25 |
| 9 | 76 | 98 | 95 | 75 | 77 | 67 | 93 | 99 | 89 | 99 |
| 10 | 94 | 69 | 99 | 64 | 90 | 65 | 65 | 71 | 90 | 80 |

图 5-1　800 名学生的统计学成绩（部分）

第一步，在“数据”菜单中单击“数据分析”选项，从其对话框“分析工具”列表中选择“抽样”，单击“确定”按钮，打开“抽样”对话框，如图 5-2 所示。

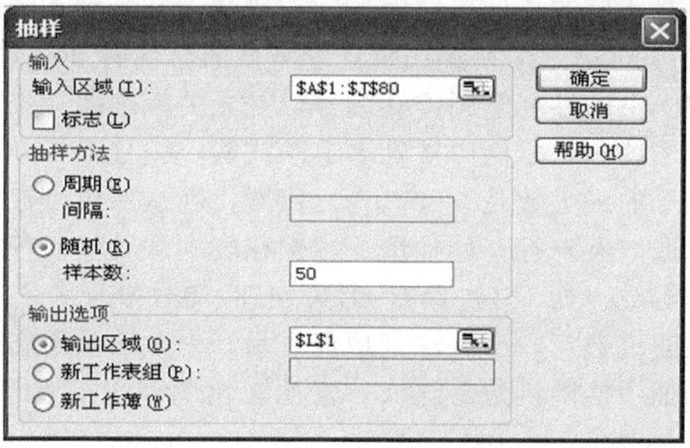


图 5-2　“抽样”对话框

第二步，在“抽样”对话框中进行相应设置。本例在“输入区域（I）”（总体单位编号所在区域）输入 A1:J80。Excel 将从 A 列开始抽样，然后按顺序抽取 B 列至 J 列。如果“输入区域（I）”的第一行或第一列有标题，则需勾选“标志（L）”。

第三步，在“抽样方法”选择区域具体选择抽样模式。

“周期（E）”模式适用于等距抽样或机械抽样。采用此模式，需要将总体单位数除以所需样本数，求得取样的周期间隔。本例中如果在 800 名学生中抽取 50 名进行调查，800/50=16，可在“间隔框”中输入 16（如果计算得到的周期间隔不是整数，取整即可）。

“随机（R）”模式适用于简单随机抽样、分层抽样、整群抽样和多阶段抽样。如采用简单随机抽样，只需在“样本数”框中输入所需的样本单位数。本例，可在“样本数”框中输入 50。其他抽样方法具体做法与简单随机抽样的区别在于第二步“输入区域”上的不同。如采用分层抽样，事先要计划好分几层，每层要抽取多少样本，每层的总体单位编号在何区域。在每一层中，分别采用简单随机抽样，步骤同上。整群抽样需要对群进行编号然后抽样。多阶段抽样，每阶段抽样可以是简单随机抽样、分层抽样或等距抽样。

第四步，指定“输出区域（O）”。“输出区域（O）”是指 Excel 结果输出的起始位置，输入单元格的行列号即可，本例输入“L1”。当然，也可以选择“新工作表（P）”

或“新工作簿（W）”作为放置抽样结果的位置。

完成以上操作后，单击“确定”按钮，即在指定的位置给出抽样结果，如图 5-3 所示。

I8　fx 78

| | A | B | C | D | E | F | G | H | I | J | K | L |
|---|---|---|---|---|---|---|---|---|---|---|---|---|
| 1 | 56 | 78 | 34 | 91 | 45 | 60 | 75 | 55 | 89 | 90 | | 92 |
| 2 | 65 | 78 | 88 | 60 | 56 | 61 | 70 | 78 | 76 | 87 | | 89 |
| 3 | 54 | 75 | 67 | 61 | 40 | 76 | 98 | 89 | 92 | 95 | | 76 |
| 4 | 66 | 89 | 54 | 88 | 99 | 87 | 78 | 79 | 65 | 77 | | 78 |
| 5 | 76 | 90 | 79 | 93 | 78 | 90 | 67 | 89 | 50 | 78 | | 94 |
| 6 | 77 | 67 | 80 | 57 | 76 | 55 | 54 | 67 | 60 | 90 | | 89 |
| 7 | 78 | 90 | 64 | 84 | 55 | 81 | 60 | 54 | 95 | 40 | | 95 |
| 8 | 63 | 97 | 62 | 79 | 76 | 79 | 91 | 60 | 78 | 25 | | 40 |
| 9 | 76 | 98 | 95 | 75 | 77 | 67 | 93 | 99 | 89 | 99 | | 79 |

图 5-3　“抽样”输出结果（部分）

（2）抽取编号。这种情况适用于研究者要了解现象的多种特征。例如，研究者不仅要了解这 800 名学生的统计学成绩，还要了解每名学生的专业、性别等其他特征，我们只能对 800 个编号直接采用“抽样”工具进行抽取。

首先需要编制总体单位编号表。总体单位编号，可按随机原则也可按与调查目的有关或无关的标志排队编号。具体数据如图 5-4 所示。

J6

| | A | B | C | D | E | F | G | H | I |
|---|---|---|---|---|---|---|---|---|---|
| 1 | 编号 | 性别 | 身高（cm） | 体重（kg） | 年龄 | 上网时间 | 是否网购 | 平均伙食费 | 食堂满意度 |
| 2 | 1 | 男 | 180 | 65 | 21 | 1-2小时 | 是 | 10-15元 | 不满意 |
| 3 | 2 | 男 | 168 | 56 | 20 | 1-2小时 | 是 | 10-15元 | 不满意 |
| 4 | 3 | 男 | 180 | 60 | 20 | 1小时以下 | 是 | 10-15元 | 不满意 |
| 5 | 4 | 男 | 176 | 63 | 22 | 1小时以下 | 无 | 10-15元 | 不满意 |
| 6 | 5 | 男 | 175 | 55 | 21 | 3小时以上 | 是 | 10-15元 | 不满意 |
| 7 | 6 | 女 | 153 | 47 | 22 | 1-2小时 | 是 | 5-10元 | 基本满意 |
| 8 | 7 | 女 | 161 | 49 | 21 | 2-3小时 | 是 | 10-15元 | 不满意 |
| 9 | 8 | 女 | 163 | 50 | 20 | 1小时以下 | 是 | 5-10元 | 基本满意 |
| 10 | 9 | 女 | 162 | 50 | 21 | 1小时以下 | 是 | 10-15元 | 不满意 |
| 11 | 10 | 男 | 180 | 67 | 22 | 3小时以上 | 是 | 10-15元 | 不满意 |
| 12 | 11 | 男 | 178 | 63 | 21 | 3小时以上 | 是 | 10-15元 | 不满意 |
| 13 | 12 | 女 | 156 | 48 | 21 | 1-2小时 | 是 | 10-15元 | 不满意 |
| 14 | 13 | 女 | 150 | 48 | 20 | 1小时以下 | 是 | 10-15元 | 不满意 |

图 5-4　总体单位编号表（部分）

第一步，在“数据”菜单中单击“数据分析”选项，从其对话框“分析工具”列表中选择“抽样”，回车打开“抽样”对话框，如图 5-5 所示。

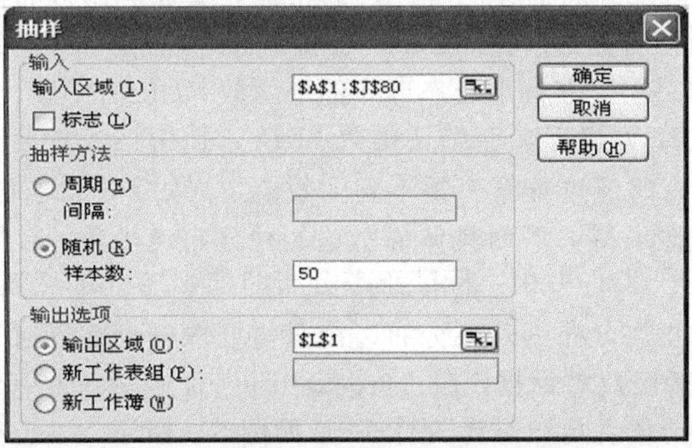


图 5-5　“抽样”对话框

第二步，在“抽样”对话框中进行相应设置。本例在“输入区域（I）”（总体单位编号所在区域）输入 A1:J80。

第三步，在“抽样方法”选择区域具体选择抽样模式。

“周期（E）”模式，适用于等距抽样或机械抽样。采用此模式，需要将总体单位数除以所需样本数，求得取样的周期间隔。本例中如果在 800 名学生中抽取 50 名进行调查，800/50=16，可在“间隔框”中输入 16（如果计算得到的周期间隔不是整数，取整即可）。

“随机（R）”模式，适用于简单随机抽样、分层抽样、整群抽样和多阶段抽样。如采用简单随机抽样，只需在“样本数”框中输入所需的样本单位数。本例，可在“样本数”框中输入 50。其他抽样方法具体做法与简单随机抽样的区别在于第二步“输入区域”上的不同。如采用分层抽样，事先要计划好分几层，每层要抽取多少样本，每层的总体单位编号在何区域。在每一层中，分别采用简单随机抽样，步骤同上。整群抽样需要对群进行编号然后抽样。多阶段抽样，每阶段抽样可以是简单随机抽样、分层抽样或等距抽样。

第四步，指定“输出区域（O）”。“输出区域（O）”是指 Excel 结果输出的起始位置，输入单元格的行列号即可，本例输入“L1”。当然，也可以选择“新工作表（P）”或“新工作簿（W）”作为放置抽样结果的位置。

完成以上操作后，单击“确认”按钮，即在指定的位置给出抽样结果。如图 5-6 所示。

I3 不满意

| | A | B | C | D | E | F | G | H | I | J | K |
|---|---|---|---|---|---|---|---|---|---|---|---|
| 1 | 编号 | 性别 | 身高（cm） | 体重（kg） | 年龄 | 上网时间 | 是否网购 | 平均伙食费 | 食堂满意度 | | |
| 2 | 1 | 女 | 165 | 52 | 21 | 1小时以下 | 是 | 10-15元 | 不满意 | | 69 |
| 3 | 2 | 男 | 173 | 60 | 22 | 2-3小时 | 无 | 10-15元 | 不满意 | | 54 |
| 4 | 3 | 女 | 160 | 43 | 21 | 1-2小时 | 无 | 5-10元 | 不满意 | | 17 |
| 5 | 4 | 女 | 163 | 48 | 22 | 1小时以下 | 无 | 5-10元 | 不满意 | | 72 |
| 6 | 5 | 女 | 158 | 60 | 21 | 2-3小时 | 无 | 5-10元 | 不满意 | | 45 |
| 7 | 6 | 女 | 164 | 49 | 20 | 2-3小时 | 无 | 5-10元 | 不满意 | | 28 |
| 8 | 7 | 女 | 158 | 48 | 21 | 3小时以上 | 无 | 5-10元 | 不满意 | | 59 |
| 9 | 8 | 女 | 161 | 64 | 20 | 2-3小时 | 无 | 5-10元 | 不满意 | | 2 |
| 10 | 9 | 女 | 159 | 49 | 22 | 1-2小时 | 是 | 5-10元 | 不满意 | | 1 |
| 11 | 10 | 男 | 176 | 65 | 21 | 3小时以上 | 是 | 10-15元 | 不满意 | | 44 |

图 5-6 “抽样”输出结果（部分）

### 3. 临界值的取得

Excel 中没有直接求区间估计的程序，通常需要首先利用分布函数的逆函数求出临界值，然后用公式计算出置信区间。Excel 提供了 5 种抽样分布的逆函数，即标准正态分布的逆函数 NORMSINV、非标准正态分布的逆函数 NORMINV、$t$ 分布的逆函数 TINV、$\chi^2$ 分布的逆函数 CHIINV 和 $F$ 分布的逆函数 FINV。使用这 5 种分布的逆函数不但可以代替查分布表，而且有时通过分布表得不到的数值（例如 $t$ 分布当自由度比较大时），也可简便、精确、迅速地求得。下面具体说明这 5 种分布逆函数的使用。

（1）求显著性水平为 $\alpha=0.01$，标准正态分布的上 $\alpha/2$ 分位点 $Z_{\alpha/2}$，即双侧置信区间的临界值（因为标准正态分布为对称分布，故只需要求一个临界值）。

打开 NORMSINV 函数对话框，在“Probability”框中输入 0.995，即 $1-\alpha/2$=0.995，可得到结果为 2.58（请读者自己思考为什么），如图 5-7 所示。以上操作也可以直接输入公式完成。在 Excel 窗口单击任一空单元格，输入“=NORMSINV（0.995）”，回车确认即可。

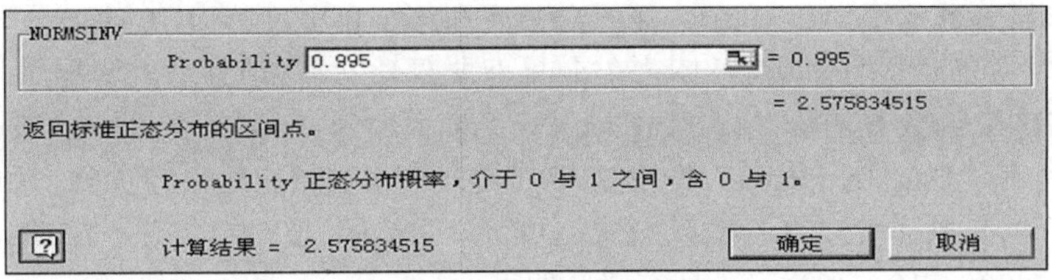


图 5-7 “NORMSINV 函数”对话框

（2）求显著性水平为$\alpha=0.01$，自由度为 10 的$t$分布上$\alpha/2$分位点$T_{\alpha/2}$，即双侧置信区间的临界值（$t$分布为对称分布，故也只需求一个临界值）。

打开 TINV 函数对话框，在“Probability”框中输入 0.01（注意：与正态分布不同）；在“Deg_freedom”框中输入 10，即可得到相应结果为 3.17，如图 5-8 所示。同样，以上操作可以直接输入公式完成。在 Excel 窗口单击任一空单元格，输入“=TINV（0.01，10）”，回车确认即可。

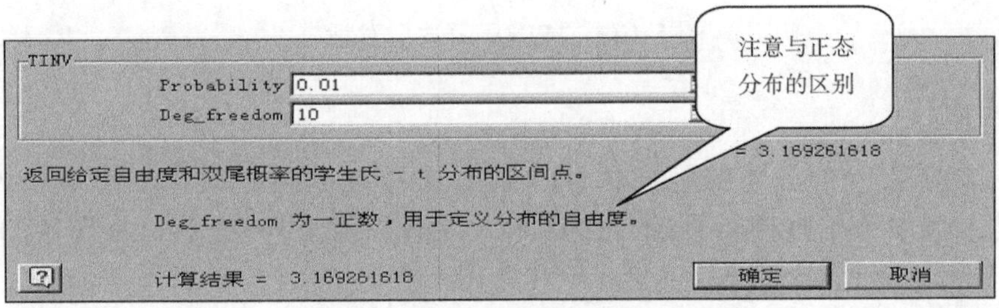


图 5-8 “TINV 函数”对话框

（3）求显著性水平为$\alpha=0.01$，自由度为 10 的$\chi^2$分布上$\alpha/2$分位点$\chi^2_{\alpha/2}$，即双侧置信区间的右临界值（因$\chi^2$分布为非对称分布，所以得分别求左右临界值）。

打开 CHIINV 函数对话框，在“Probability”框中输入 0.005（注意：与$t$分布也有所不同）；在“Deg_freedom”框中输入 10，即可得到相应结果为 25.19，如图 5-9 所示。同样，以上操作可以直接输入公式完成。在 Excel 窗口单击任一空单元格，输入“=CHIINV（0.005，10）”，回车确认即可。

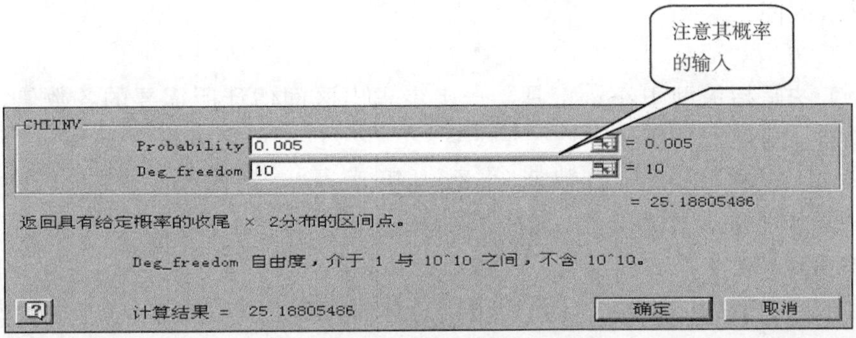


图 5-9 “CHIINV 函数”对话框

用同样的步骤可以求得 $\chi^2$ 分布的左临界值，即 $\chi^2$ 分布上 $1-\alpha/2$ 分位点 $\chi^2_{1-\alpha/2}$。

（4）求显著性水平为 $\alpha=0.01$，第一自由度和第二自由度都为 10 的 $F$ 分布上 $\alpha/2$ 分位点 $F_{\alpha/2}$，即 $F$ 分布的右临界值（因 $F$ 分布也为非对称分布，所以得分别求左右临界值）。

打开 FINV 函数对话框，在“Probability”框中输入 0.005；在“Deg_freedom1”框中输入 10；在“Deg_freedom2”框中输入 10，即可得到相应结果为 5.85，如图 5-10 所示。同样，以上操作可以直接输入公式完成。在 Excel 窗口单击任一空单元格，输入“=FINV（0.005，10，10）”，回车确认即可。

用同样的步骤可以求得 $F$ 分布的左临界值，即 $F$ 分布上 $1-\alpha/2$ 分位点 $F_{1-\alpha/2}$。

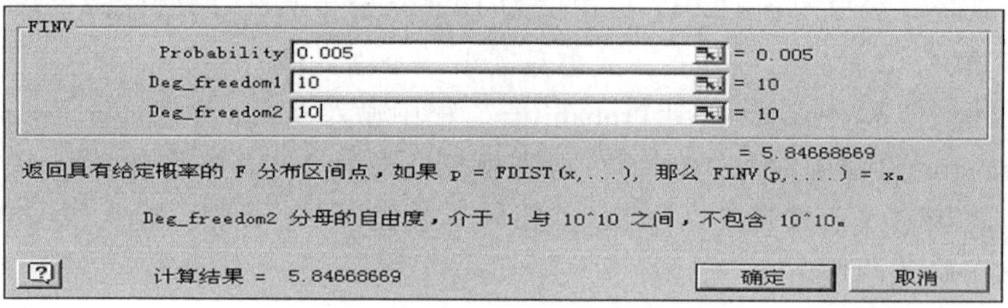


图 5-10 “FINV 函数”对话框

### 4. 区间估计

这里主要介绍一个总体的区间估计，其方法和过程同样适合于两个总体的区间估计。案例是上例中手工抽样得到的一个样本（显著性水平为 95%），如图 5-11 所示。

| | A | B | C | D | E |
|---|---|---|---|---|---|
| 1 | 58 | 79 | 61 | 60 | 57 |
| 2 | 71 | 92 | 77 | 77 | 66 |
| 3 | 78 | 95 | 74 | 80 | 86 |
| 4 | 78 | 74 | 84 | 76 | 88 |
| 5 | 82 | 85 | 85 | 79 | 77 |
| 6 | 80 | 83 | 74 | 81 | 85 |
| 7 | 84 | 75 | 92 | 60 | 69 |
| 8 | 83 | 65 | 67 | 75 | 93 |
| 9 | 81 | 74 | 84 | 93 | 89 |
| 10 | 80 | 39 | 79 | 73 | 58 |

图 5-11 “抽样”输出结果（部分）

（1）“描述统计”法。

运用实验第四章介绍的“描述统计”工具，只要在“描述统计”对话框中同时选择“平均数置信度”，就可以得到与置信度对应的边际误差值（见输出结果的最后一行），从而得到置信区间。

（2）手工法。

所谓手工法是指借助 Excel 工具，一步步求出区间估计所需要的各数值，如逆函数等，在此基础上得出置信区间。

本例可用 NORMSINV 函数求得 $Z_{\alpha/2}$ [单击某一单元格，输入“=NORMSINV（0.975）”]，为 1.96，样本均值 $\bar{x}$=76.7，总体标准差 $s$=11.12，所以可得平均成绩的置信区间为[73.62，79.78]。

（3）CONFIDENCE 函数法（只适用于总体标准差已知的正态总体均值或大样本非正态总体均值的区间估计）。

上例如果用 CONFIDENCE 函数法，其步骤如下：

选中某个单元格并选择“公式”菜单中的“函数”命令，从弹出的对话框左侧“或选择类别”列表中选择“统计”，从右侧“选择函数”列表中选择 CONFIDENCE 函数，回车进入“CONFIDENCE 函数”对话框（图 5-12）。

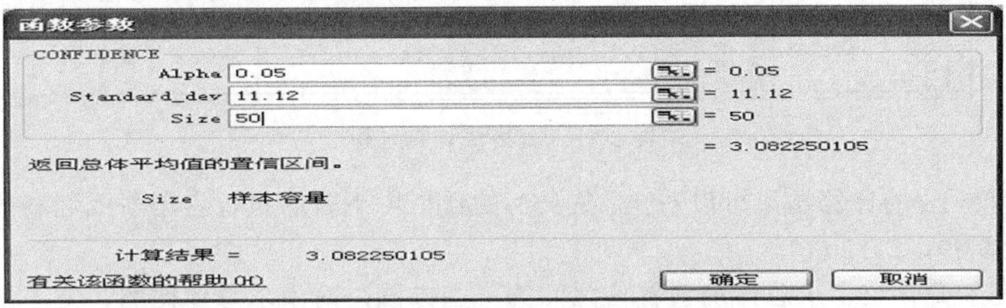


图 5-12 “CONFIDENCE 函数”对话框

CONFIDENCE 函数对话框有三个参数设置框：

在第一个框“Alpha”，要求输入显著性水平，本例输入“0.05”。

在第二个框“Standard_dev”，要求输入标准差，本例输入“11.12”。

在第三个框“Size”，要求输入样本量，本例输入“50”。

输入各项后，在对话框的底部给出计算结果为 3.08，然后用样本均值加减 3.08，可得到所求的置信区间（需要说明的是，两种方法的结果有少许差异，是因为上例手工法中临界值按四舍五入原则只保留了两位小数）。当然本例也可以直接输入公式，单击某一空单元格输入“=CONFIDENCE（0.05，11.12，50）”，回车确认。

CONFIDENCE 函数法只适用于对正态总体均值进行区间估计，对于大样本的情况，由中心极限定理，可近似地认为其均值服从正态分布。通常，大样本的样本量必须大于 30。

（4）表格法。

所谓表格法是指用表格的形式，一步步求出所需的置信区间。

在美国，大公司的首席执行官每年的红利报酬平均是多少？8 家公司的样本提供的每年薪水或红利数据见表 5-1。

**表 5-1 8 家公司年薪情况表**

| 公司 | 年薪或红利（1000 美元） |
|---|---|
| 可口可乐公司 | 3654 |
| 通用汽车公司 | 1375 |
| 英特尔公司 | 2184 |
| 摩托罗拉公司 | 1736 |
| 《读者文摘》协会公司 | 1708 |
| 西尔斯公司 | 3095 |
| 斯普林特公司 | 1692 |
| 韦尔斯·法戈公司 | 2125 |

假设首席执行官年薪或红利服从正态分布，求总体均值的 95%的置信区间，如

图 5-13 所示。

| | A | B | C | D |
|---|---|---|---|---|
| 1 | 样本数据 | 计算指标 | 计算公式 | 结果 |
| 2 | 3654.00 | 样本个数 | =COUNT(A2:A9) | 8.00 |
| 3 | 1375.00 | 样本均值 | =AVERAGE(A2:A9) | 2196.13 |
| 4 | 2184.00 | 样本标准差 | =STDEV(A2:A9) | 785.31 |
| 5 | 1736.00 | 抽样平均误差 | =D4/SQRT(D2) | 277.65 |
| 6 | 1708.00 | 置信水平 | 0.95 | 0.95 |
| 7 | 3095.00 | 自由度 | =D2-1 | 7.00 |
| 8 | 1692.00 | T值 | =TINV(1-D6,D7) | 2.36 |
| 9 | 2125.00 | 误差范围 | =D8*D5 | 656.53 |
| 10 | | 置信下限 | =D3-D9 | 1539.59 |
| 11 | | 置信上限 | =D3+D9 | 2852.66 |

图 5-13 表格法计算过程

从图 5-13 的计算结果可以看出，在 95%的置信度下首席执行官年薪或红利的置信区间为[1539.59，2852.66]。

上面主要介绍了求总体均值置信区间的一些方法，对于求总体比例、方差以及两个总体均值、比例之差、方差之比的区间估计同样适用。

**5. 随机数发生器的应用**

“随机数发生器”分析工具是通过多种分布方式中的一种方式得到的独立随机数填充区域的，使用该工具可以显示总体概率分布的特征。

“随机数发生器”对话框如图 5-14 所示，其中包含了多种分布方式：均匀、正态、伯努利、二项式、泊松、模式和离散等。

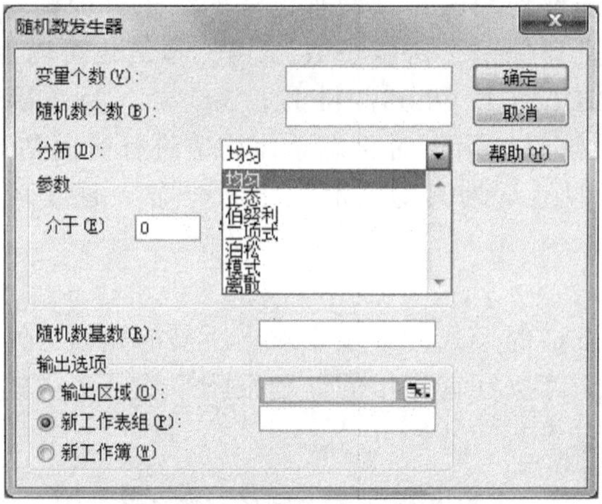


图 5-14 “随机数发生器”对话框

下面将对随机数发生器的操作方法进行具体介绍。

（1）均匀分布。

假设某大学的人数为 20 000 人，现在要随机抽取 400 名同学进行分析。每一个单位被抽中的概率是相等的。可以利用随机数发生器分析工具产生均匀分布，再利用均匀分布的结果进行抽样，操作步骤如下。

第一步，在“数据”菜单中单击“数据分析”选项，从其对话框“分析工具”列表中选择“随机数发生器”，如图 5-15 所示。回车打开“随机数发生器”对话框。

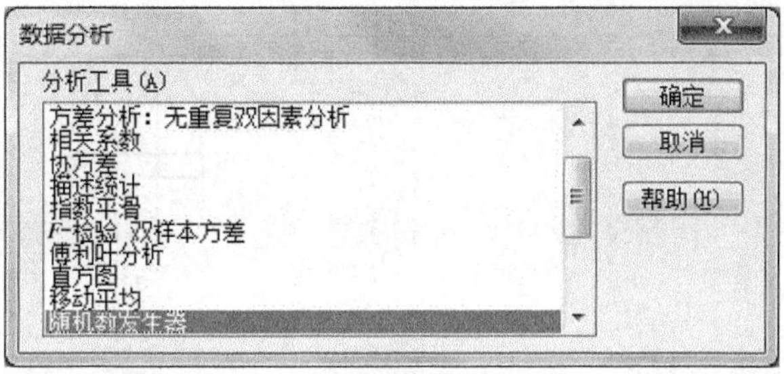


图 5-15　选择“随机数发生器”选项

第二步，在出现的随机数发生器对话框中完成以下各项设置，如图 5-16 所示。“变量个数”为 1，“随机数个数”为 400，“分布”为“均匀”，“参数”即抽样的总体单位数介于 0 与 20 000 之间，“输出选项”中的“输出区域”为 A1。

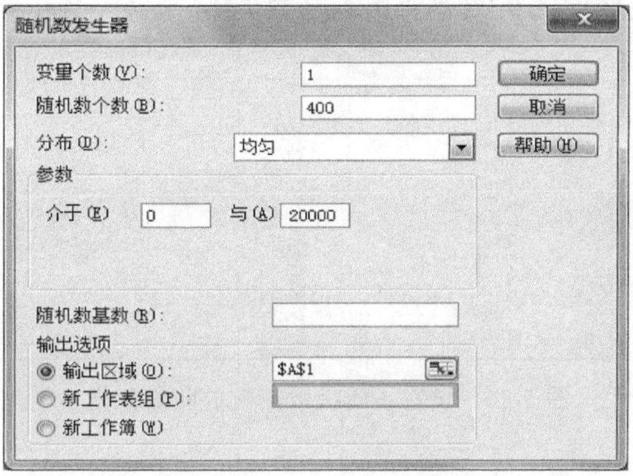


图 5-16　设置“随机数发生器”中的各项参数

第三步，单击“确定”按钮后便产生了 400 个随机数，如图 5-17 所示。

第四步，由于人数不应该有小数，因此可利用格式中单元格菜单命令将小数部分去掉。这样就完成了样本的均匀抽样工作，得到的结果如图 5-18 所示。

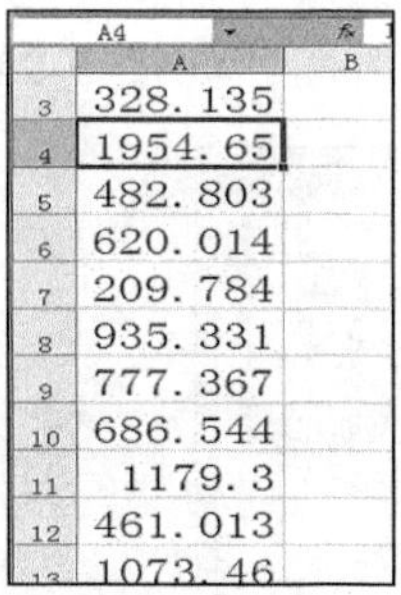


图 5-17　用随机数发生器生成的随机数

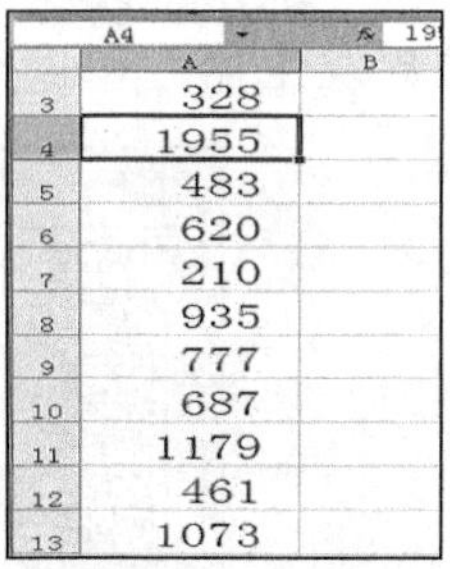


图 5-18　去掉随机数的小数部分后的结果

第五步，如果不设置随机数基数，重复上述步骤，所产生的均匀分布的样本每次都会不同，如图 5-19 所示。

E4 fx 17062.2882778405

| | A | B | C | D | E | F |
|---|---|---|---|---|---|---|
| 1 | 13329 | | 17133 | | 15174 | |
| 2 | 12664 | | 7025 | | 19767 | |
| 3 | 7057 | | 19569 | | 17281 | |
| 4 | 10694 | | 17609 | | 17062 | |
| 5 | 17294 | | 19476 | | 12148 | |
| 6 | 1085 | | 6924 | | 19416 | |
| 7 | 561 | | 12413 | | 2601 | |
| 8 | 14693 | | 1494 | | 363 | |
| 9 | 9303 | | 455 | | 8244 | |
| 10 | 425 | | 6435 | | 1763 | |
| 11 | 14295 | | 5477 | | 17756 | |
| 12 | 4674 | | 10675 | | 6012 | |
| 13 | 6471 | | 18298 | | 4873 | |
| 14 | 5595 | | 5227 | | 10401 | |
| 15 | 14745 | | 6717 | | 18495 | |
| 16 | 17521 | | 10398 | | 17157 | |
| 17 | 19134 | | 19934 | | 11396 | |

图 5-19 未设置随机数基数的随机数样本

第六步，如果设置了随机数基数且基数相同的话，每次抽选的结果是一样的，如图 5-20 所示。（3 次生成的随机数都使用了基数 345。）

F8 fx

| | A | B | C | D | E |
|---|---|---|---|---|---|
| 1 | 711 | | 711 | | 711 |
| 2 | 8017 | | 8017 | | 8017 |
| 3 | 14645 | | 14645 | | 14645 |
| 4 | 8531 | | 8531 | | 8531 |
| 5 | 17358 | | 17358 | | 17358 |
| 6 | 14057 | | 14057 | | 14057 |
| 7 | 499 | | 499 | | 499 |
| 8 | 3305 | | 3305 | | 3305 |
| 9 | 3245 | | 3245 | | 3245 |
| 10 | 4078 | | 4078 | | 4078 |
| 11 | 12428 | | 12428 | | 12428 |
| 12 | 6427 | | 6427 | | 6427 |
| 13 | 2509 | | 2509 | | 2509 |
| 14 | 4353 | | 4353 | | 4353 |

图 5-20 设置了随机数基数的随机数样本

（2）正态分布。

如果要从正态分布的总体中随机抽取样本进行统计分析，该怎样抽呢？假设某高校大学女生的腰围呈正态分布，且其均值是 24 寸，标准差为 2 寸，从中抽取 30 个样本，可以利用随机数发生器分析工具产生正态分布，再利用正态分布的结果进行抽样，操作步骤如下。

第一步，在“数据”菜单中单击“数据分析”选项，从其对话框“分析工具”列表中选择“随机数发生器”，回车打开“随机数发生器”对话框。如图 5-21 所示。

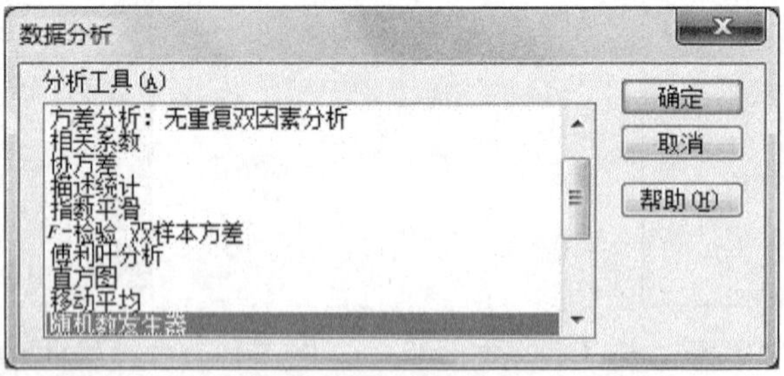


图 5-21 选择“随机数发生器”选项

第二步，在出现的随机数发生器对话框中完成以下各项设置，如图 5-22 所示。“变量个数”为 1，“随机数个数”为 30，“分布”为“正态”，“参数”中的平均值为 24，标准偏差为 2，“输出选项”中的“输出区域”为 A1。

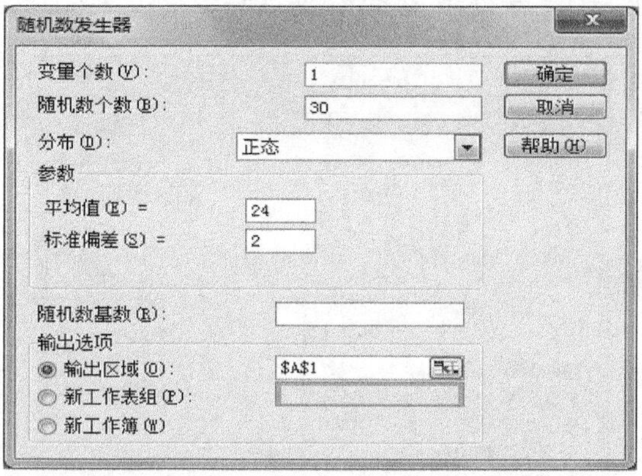


图 5-22　设置“随机数发生器”中的各项参数

第三步，单击“确定”按钮后便产生了 30 个随机数，如图 5-23 所示。

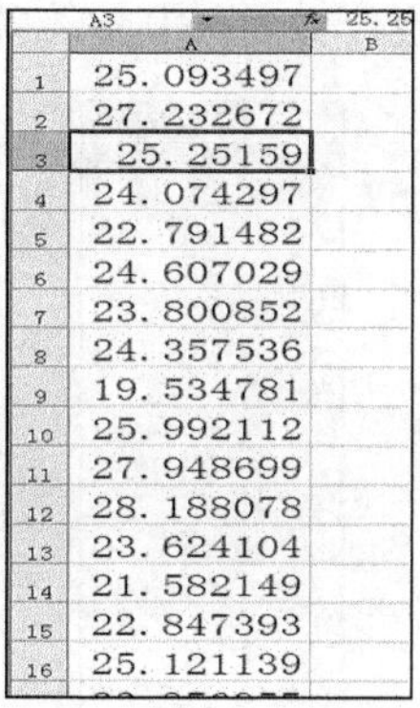


图 5-23　用随机数发生器生成的随机数

（3）伯努利分布。

在一份很长的稿件中只有 12.57%的页没有错误，假设每页错误数 $X$ 为伯努利分布的随机变量，如果要抽取 30 页进行分析，操作步骤如下。

第一步，在“数据”菜单中单击“数据分析”选项，从其对话框“分析工具”列表中选择“随机数发生器”，回车打开“随机数发生器”对话框。如图 5-24 所示。

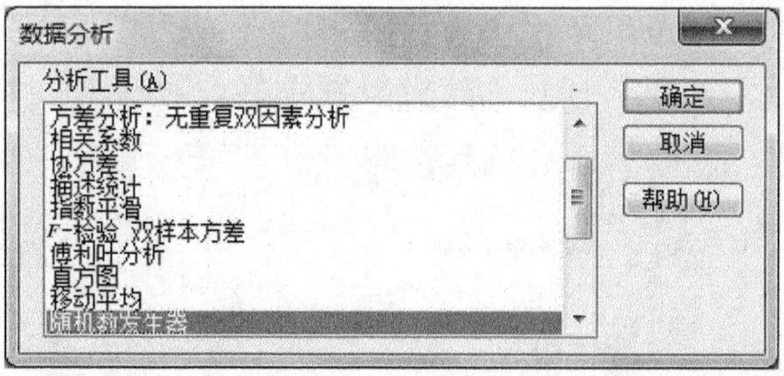


图 5-24　选择“随机数发生器”选项

第二步，在出现的“随机数发生器”对话框中完成以下各项设置，如图 5-25 所示。

“变量个数”为 1，“随机数个数”为 30，“分布”为“伯努利”，“参数”中的 p（A）为 0.1257，“输出选项”中的“输出区域”为 A1。

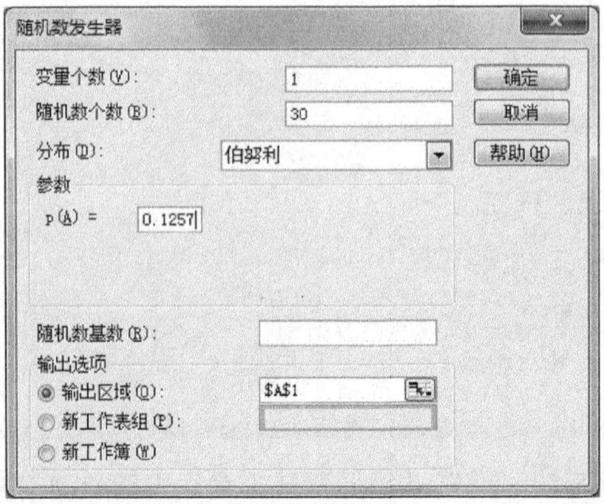


图 5-25　设置“随机数发生器”中的各项参数

第三步，单击“确定”按钮后便产生了 30 个随机数，如图 5-26 所示。

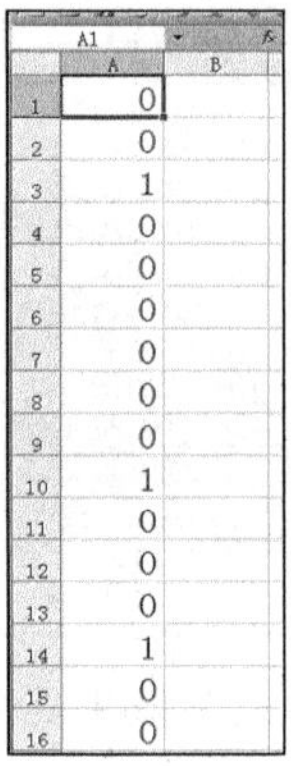


图 5-26　用随机数发生器生成的随机数

（4）二项式分布。

掷一枚色子出现 4 点的概率是 1/6，如果掷 200 次，会出现几次 4 点呢？假设抽取 30 个样本单位，这些单位的分布怎样呢？可以利用随机数发生器分析工具产生二项式分布，操作步骤如下。

第一步，在“数据”菜单中单击“数据分析”选项，从其对话框“分析工具”列表中选择“随机数发生器”，回车打开“随机数发生器”对话框，如图 5-27 所示。

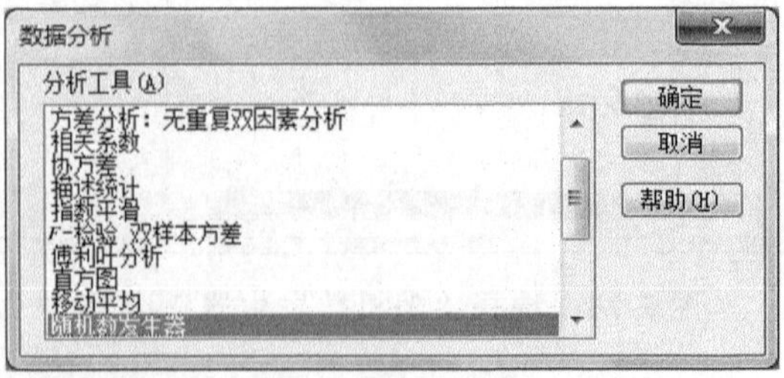


图 5-27　选择“随机数发生器”选项

第二步，在出现的“随机数发生器”对话框中完成以下各项设置，如图 5-28 所示。“变量个数”为 1，“随机数个数”为 30，“分布”为“二项式”，“参数”中的 p（A）为 0.167，试验次数为 200，“输出选项”中的“输出区域”为 A1。

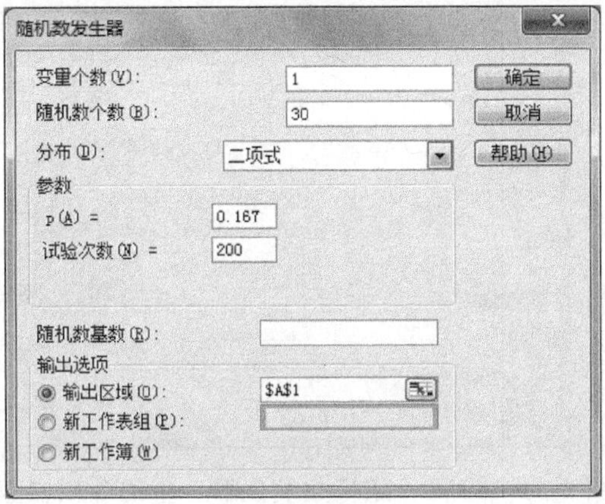


图 5-28 设置“随机数发生器”中的各项参数

第三步，单击“确定”按钮后便产生了 30 个随机数，如图 5-29 所示。

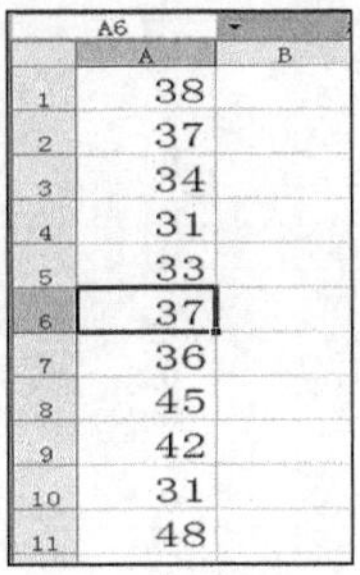


图 5-29 用随机数发生器生成的随机数（部分）

（5）泊松分布。

在一份很长的稿件中只有 12.57%的页没有错误，假设每页错误数 $X$ 为泊松分布的随机变量，如果要抽取 30 页进行统计分析，可以利用随机数发生器分析工具产生泊松分布，操作步骤如下。

第一步，在“数据”菜单中单击“数据分析”选项，从其对话框“分析工具”列表中选择“随机数发生器”，回车打开“随机数发生器”对话框。如图 5-20 所示。

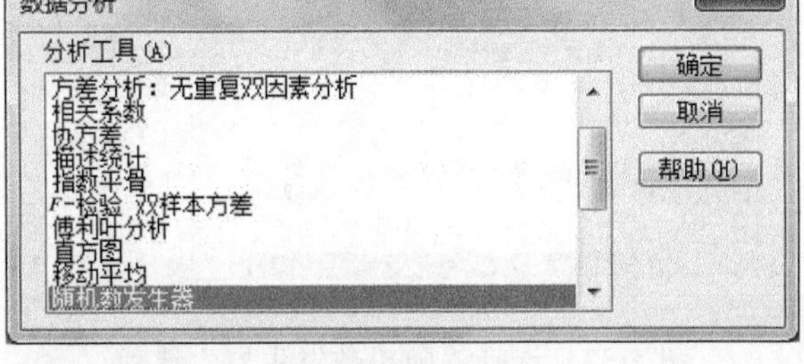


图 5-30 选择“随机数发生器”选项

第二步，在出现的“随机数发生器”对话框中完成以下各项设置，如图 5-31 所示。“变量个数”为 1，“随机数个数”为 30，“分布”为“泊松”，“参数”中的 $\lambda$（L）为 0.1257，“输出选项”中的“输出区域”为 A1。

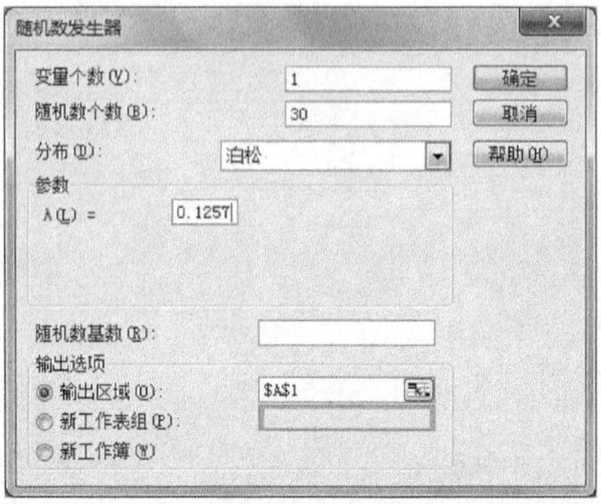


图 5-31　设置“随机数发生器”中的各项参数

第三步，单击“确定”按钮后便产生了 30 个随机数，如图 5-32 所示。

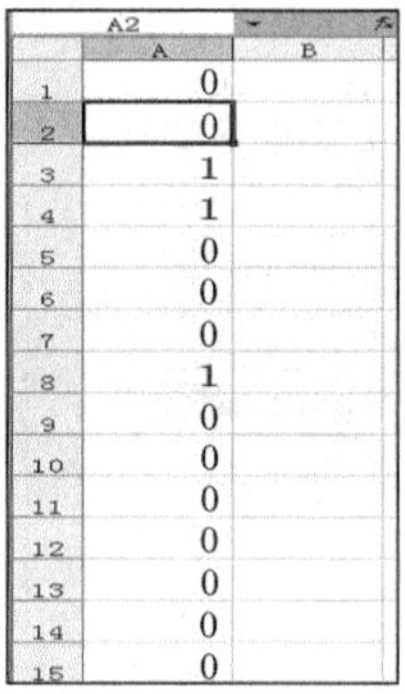


图 5-32　用随机数发生器生成的随机数

（6）模式分布。

模式并不是随机抽样，只是用来节省键入数据的时间。假设要输入 1～100 的数，每个数字间隔 3，重复每个数字 3 次及序列 2 次，其做法如下。

第一步，在“数据”菜单中单击“数据分析”选项，从其对话框“分析工具”列表中选择“随机数发生器”，如图 5-33 所示。回车打开“随机数发生器”对话框。

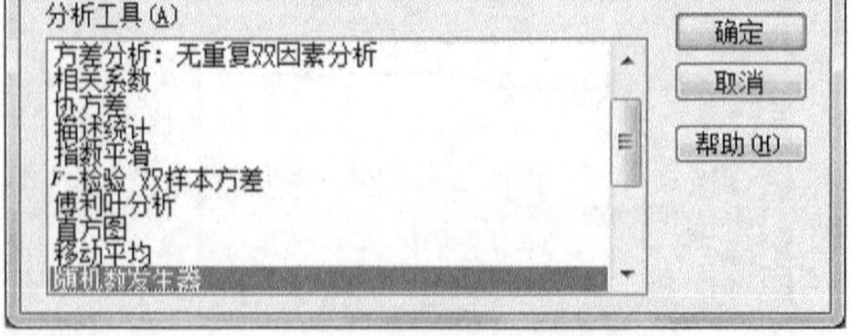


图 5-33　选择“随机数发生器”选项

第二步，在出现的“随机数发生器”对话框中完成以下各项设置，如图 5-34 所示。“变量个数”为 1，“随机数个数”为 30，“分布”为“模式”，“参数”从 1 到 100，间隔为 3，重复每一数字为 3 次，重复序列为 2 次，“输出选项”中的“输出区域”为 A1。

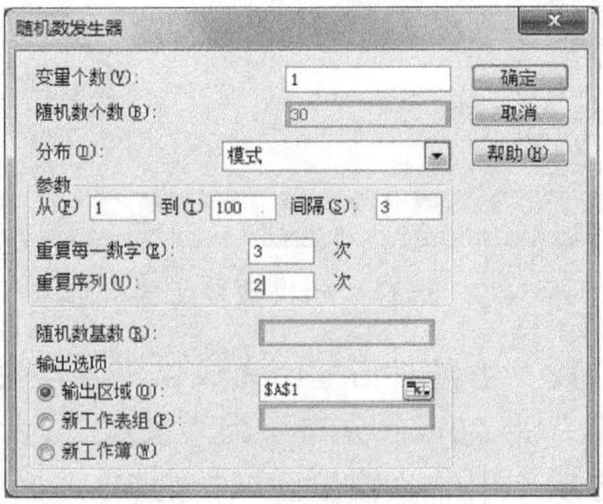


图 5-34　设置“随机数发生器”中的各项参数

第三步，单击“确定”按钮后便产生了 204 个随机数，如图 5-35 所示。

| | A | B |
|---|---|---|
| 1 | 1 | |
| 2 | 1 | |
| 3 | 1 | |
| 4 | 4 | |
| 5 | 4 | |
| 6 | 4 | |
| 7 | 7 | |
| 8 | 7 | |
| 9 | 7 | |
| 10 | 10 | |
| 11 | 10 | |
| 12 | 10 | |
| 13 | 13 | |
| 14 | 13 | |
| 15 | 13 | |
| 16 | 16 | |

图 5-35　用随机数发生器生成的随机数

（7）离散分布。

假设已知 1、2、3、4、5 共 5 个值，其概率分布分别为 0.2、0.1、0.4、0.1、0.2，如果要从这 5 个值中抽取 6 个样本，每个样本的单位数为 20。

第一步，形成数据库如图 5-36 所示。

| | A | B | C |
|---|---|---|---|
| 1 | 1 | 0.2 | |
| 2 | 2 | 0.1 | |
| 3 | 3 | 0.4 | |
| 4 | 4 | 0.1 | |
| 5 | 5 | 0.2 | |
| 6 | | | |

图 5-36　新的数据库

第二步，在“数据”菜单中单击“数据分析”选项，从其对话框“分析工具”列表中选择“随机数发生器”，如图 5-37 所示。回车打开“随机数发生器”对话框。

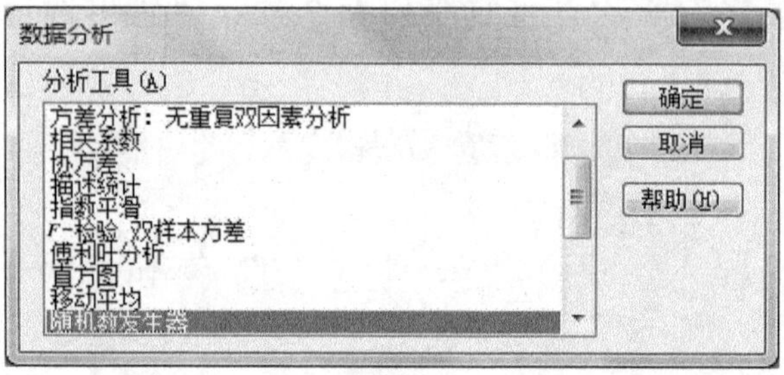


图 5-37 选择“随机数发生器”选项

第三步，在出现的随机数发生器对话框中完成以下各项设置，如图 5-38 所示。“变量个数”为 6，“随机数个数”为 20，“分布”为“离散”，“参数”中的“数值与概率区域”是 A1:B5；“输出选项”中的“输出区域”为 D1，如图 5-38 所示。

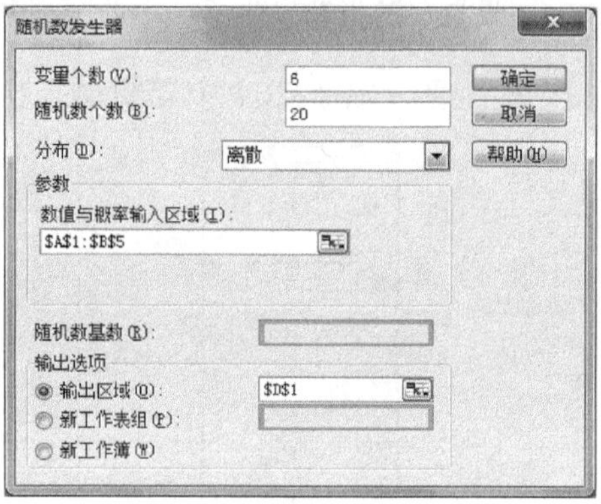


图 5-38 设置“随机数发生器”中的各项参数

第四步，单击“确定”按钮后便产生了 6 列随机数，如图 5-39 所示。

| | A | B | C | D | E | F | G | H | I | J |
|---|---|---|---|---|---|---|---|---|---|---|
| 1 | 1 | 0.2 | | 4 | 3 | 1 | 2 | 5 | 5 | |
| 2 | 2 | 0.1 | | 2 | 2 | 3 | 3 | 1 | 3 | |
| 3 | 3 | 0.4 | | 3 | 5 | 1 | 3 | 1 | 5 | |
| 4 | 4 | 0.1 | | 3 | 4 | 1 | 5 | 3 | 5 | |
| 5 | 5 | 0.2 | | 3 | 3 | 3 | 3 | 5 | 5 | |
| 6 | | | | 3 | 3 | 1 | 2 | 4 | 4 | |
| 7 | | | | 4 | 3 | 1 | 3 | 5 | 3 | |
| 8 | | | | 5 | 3 | 3 | 1 | 3 | 5 | |
| 9 | | | | 1 | 5 | 5 | 1 | 3 | 1 | |
| 10 | | | | 1 | 5 | 3 | 5 | 5 | 3 | |
| 11 | | | | 3 | 1 | 3 | 1 | 5 | 2 | |
| 12 | | | | 1 | 3 | 3 | 3 | 3 | 4 | |

图 5-39 用“随机数发生器”生成的随机数

# 第六章 假设检验

## 一、内容提要

| 节次 | 主要内容 | 知识要点 | 重点、难点 |
|---|---|---|---|
| 假设检验的基本原理 | 假设检验的概念及方法 | ◆识记：假设、假设检验、原假设、备择假设、双侧检验、单侧检验、第Ⅰ类错误、第Ⅱ类错误、显著性水平、临界值、拒绝域、*P* 值<br>◆领会：原假设、备择假设、双侧检验、单侧检验、第Ⅰ类错误、第Ⅱ类错误、显著性水平、临界值、拒绝域、*P* 值<br>◆简单应用：建立合理的原假设、备择假设和检验统计量<br>◆综合应用：针对具体问题建立合理的原假设与备择假设、检验结果的理解及应用 | 重点：检验统计量的构建、检验结果的描述和解释<br>难点：显著性水平的理解 |
| 一个总体参数的检验 | 一个总体均值、比例和方差的检验方法 | ◆简单应用：大样本、小样本总体均值、比例和方差的检验步骤<br>◆综合应用：针对不同问题进行假设检验并阐述结论，做出决策 | 重点：不同条件下检验统计量的构造及检验方法的应用<br>难点：小样本的总体均值的假设检验 |
| 两个总体参数的检验 | 两个总体均值之差、两个总体比例之差以及两个总体方差比的检验 | ◆识记：独立样本、匹配样本<br>◆领会：独立样本、匹配样本<br>◆简单应用：独立大样本、独立小样本、匹配样本总体均值之差和比例之差的假设检验的步骤及应用<br>◆综合应用：使用 Excel 进行两个总体均值之差的检验 | 使用 Excel 进行两个总体均值之差的检验 |

## 二、主要公式

| 待检参数 | 样本规模 | 条件 | 检验统计量 |
|---|---|---|---|
| 总体均值 | 大样本 | 方差已知 | $z=\dfrac{\bar{x}-\mu_0}{\sigma/\sqrt{n}}$ |
| | | 方差未知 | $z=\dfrac{\bar{x}-\mu_0}{s/\sqrt{n}}$ |
| | 小样本（正态总体） | 方差已知 | $z=\dfrac{\bar{x}-\mu_0}{\sigma/\sqrt{n}}$ |
| | | 方差未知 | $t=\dfrac{\bar{x}-\mu_0}{s/\sqrt{n}}$ |
| 总体比例 | 大样本 | | $z=\dfrac{p-\pi_0}{\sqrt{\dfrac{\pi_0(1-\pi_0)}{n}}}$ |
| 总体方差 | | 正态总体 | $\chi^2=\dfrac{(n-1)s^2}{\sigma_0^2}$ |

续表

| 待检参数 | 样本类型 | 样本规模 | 条件 | 检验统计量 |
|---|---|---|---|---|
| 总体均值之差 | 独立样本 | 大样本 | 方差已知 | $z=\frac{(\bar{x}_1-\bar{x}_2)-(\mu_1-\mu_2)}{\sqrt{\frac{\sigma_1^2}{n_1}+\frac{\sigma_2^2}{n_2}}}$ |
| | | | 方差未知 | $z=\frac{(\bar{x}_1-\bar{x}_2)-(\mu_1-\mu_2)}{\sqrt{\frac{s_1^2}{n_1}+\frac{s_2^2}{n_2}}}$ |
| | | 小样本（正态总体） | $\sigma_1^2$ 和 $\sigma_2^2$ 已知 | $z=\frac{(\bar{x}_1-\bar{x}_2)-(\mu_1-\mu_2)}{\sqrt{\frac{\sigma_1^2}{n_1}+\frac{\sigma_2^2}{n_2}}}$ |
| | | | $\sigma_1^2$、$\sigma_2^2$ 未知但相等 | $t=\frac{(\bar{x}_1-\bar{x}_2)-(\mu_1-\mu_2)}{s_p\sqrt{\frac{1}{n_1}+\frac{1}{n_2}}}$ $s_p^2=\frac{(n_1-1)s_1^2+(n_2-1)s_2^2}{n_1+n_2-2}$ |
| | | | $\sigma_1^2$、$\sigma_2^2$ 未知且不相等，但样本容量相等 | $t=\frac{(\bar{x}_1-\bar{x}_2)-(\mu_1-\mu_2)}{\sqrt{\frac{s_1^2+s_2^2}{n}}}$ |
| | | | $\sigma_1^2$、$\sigma_2^2$ 未知且不相等，样本容量不相等 | $t=\frac{(\bar{x}_1-\bar{x}_2)-(\mu_1-\mu_2)}{\sqrt{\frac{s_1^2}{n_1}+\frac{s_2^2}{n_2}}}$ |
| | 匹配样本 | 小样本 | 差值 $d$ 服从正态分布 | $t=\frac{d-(\mu_1-\mu_2)}{s_d/\sqrt{n}}$ |
| 比例之差 | 独立样本 | 样本足够大 | | $z=\frac{p_1-p_2}{\sqrt{p_p(1-p_p)(\frac{1}{n_1}+\frac{1}{n_2})}}$ |
| 方差比（正态总体） | 独立样本 | | | $F=\frac{s_1^2}{s_2^2}$ |

## 三、实验

### （一）实验目的与要求

（1）通过此实验熟练掌握如何利用假设检验工具，根据不同条件选择相应检验工具进行检验，有助于学习者理解假设检验的过程及结果。

（2）能够运用 Excel 对总体均值进行假设检验，学会针对实际背景提出原假设和备择假设来检验实际问题，并根据检验结果做出符合统计学原理和实际情况的判断与结论，加深对统计学方法的广泛应用背景的理解。

### （二）实验内容

**实验一：假设检验的一般过程**

根据美国全国汽车经销商协会报道，旧车的平均销售价格是 10 192 美元。堪萨斯城某旧车经销处的一名经理检查了近期在该经销处销售的 100 辆旧车。结果样本平均价格是 9300 美元，样本标准差是 4500 美元。在 0.05 的显著性水平下，检验 $H_0$: $\mu\geq 10\,192$ $H_1$: $\mu<10\,192$。问：假设检验的结论是什么？这名经理接下来可能会采取什么行动？

单击任一空单元格，输入“=（9300－10 192）/（4500/SQRT（100））”，回车确认，得出 $t$ 统计量为–1.982。因为 $|-1.982|>1.96$，所以拒绝原假设，认为此旧车经销处旧汽车平均销售价格小于 10 192 美元。那么接下来这名经理会采取什么相应行动？（请读者思考）。

本例主要介绍了假设检验的一般过程，利用 Excel 的公式和函数求出相应的统计量值和临界值，最后得出结论。

**实验二：假设检验工具的使用**

使用这一工具应该注意两点：第一，由于现实世界和生活中大量的数据服从正态分布，Excel 的假设检验工具是按正态总体设计的（以下各例未特殊说明，认为其服从或近似服从正态分布）；第二，Excel 的假设检验工具主要用于检验两总体之间有无显著差异。具体来讲，$z$-检验工具是对方差或标准差已知的两总体均值进行差异性检验；$t$-检验工具是对方差和标准差未知的两总体均值进行差异性检验，其中包括等方差假设检验、异方差假设检验和成对双样本检验；$F$-检验工具是对总体的标准差进行检验。

**1. $z$-检验工具的使用**

国际航空运输协会对商务旅行者进行调查以确定大西洋两岸过关机场的等级分数。假定：要求 50 名商务旅行者组成的随机样本给迈阿密机场打分，另 50 名商务旅行者组成的随机样本给洛杉矶机场打分，最高等级为 10 分。两个样本数据分别见表 6-1、表 6-2。

表 6-1 迈阿密机场得分数据

| | | | | | | | | | | | | |
|---|---|---|---|---|---|---|---|---|---|---|---|---|
| 6 | 4 | 6 | 8 | 7 | 7 | 6 | 3 | 3 | 8 | 10 | 4 | 8 |
| 7 | 8 | 7 | 5 | 9 | 5 | 8 | 4 | 3 | 8 | 5 | 5 | 4 |
| 4 | 4 | 8 | 4 | 5 | 6 | 2 | 5 | 9 | 9 | 8 | 4 | 8 |
| 9 | 9 | 5 | 9 | 7 | 8 | 3 | 10 | 8 | 9 | 6 | | |

表 6-2 洛杉矶机场得分数据

| | | | | | | | | | | | | |
|---|---|---|---|---|---|---|---|---|---|---|---|---|
| 10 | 9 | 6 | 7 | 8 | 7 | 9 | 8 | 10 | 7 | 6 | 5 | 7 |
| 3 | 5 | 6 | 8 | 7 | 10 | 8 | 4 | 7 | 8 | 6 | 9 | 9 |
| 5 | 3 | 1 | 8 | 9 | 6 | 8 | 5 | 4 | 6 | 10 | 9 | 8 |
| 3 | 2 | 7 | 9 | 5 | 3 | 10 | 3 | 5 | 10 | 8 | | |

假定两总体的等级分数的标准差已知（这里用样本标准差代替总体标准差），分别为 2.16 和 2.37。问：在 5%的显著性水平下，迈阿密机场和洛杉矶机场的平均等级有无差异？

将数据分别输入到 Excel 表中（A1:A51；B1:B51），在“数据”菜单中选择“数据分析”选项，从其“分析工具”列表中选择“$z$-检验：双样本平均差检验”，回车进入该工具对话框，如图 6-1 所示。

在“变量 1 和变量 2”的区域框中，分别输入“A1:A51”和“B1:B51”（数据区域）。

“假设平均差（P）框”中，输入“0”。

“变量 1 的方差和变量 2 的方差”框中，分别输入“4.68”和“5.63”（总体方差）。

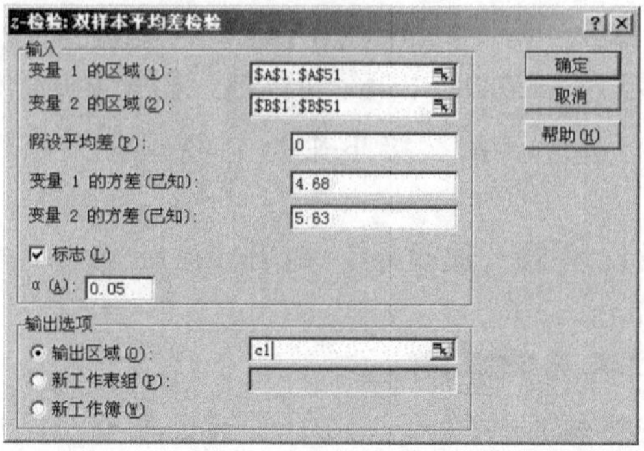


图 6-1 “*z*-检验：双样本平均差检验”对话框

勾选“标志（L）”复选框（因为数据区域有列标题）；“$\alpha$（A）”框中要求输入显著性水平，本例按默认设置 0.05 即可。

本例选择“输出区域”设置框，在其中输入“C1”。

完成以上操作后，回车确认，在指定的区域给出计算结果，如图 6-2 所示。

| | A | B | C | D | E |
|---|---|---|---|---|---|
| 1 | 迈阿密机场 | 洛杉矶机场 | z-检验：双样本均值分析 | | |
| 2 | 6 | 10 | | | |
| 3 | 4 | 9 | | 变量 1 | 变量 2 |
| 4 | 6 | 6 | 平均 | 6.34 | 6.72 |
| 5 | 8 | 7 | 已知协方差 | 4.68 | 5.63 |
| 6 | 7 | 8 | 观测值 | 50.00 | 50.00 |
| 7 | 7 | 7 | 假设平均差 | 0.00 | |
| 8 | 6 | 9 | z | -0.84 | |
| 9 | 3 | 8 | P(Z<=z) 单尾 | 0.20 | |
| 10 | 3 | 10 | z 单尾临界 | 1.64 | |
| 11 | 8 | 7 | P(Z<=z) 双尾 | 0.40 | |
| 12 | 10 | 6 | z 双尾临界 | 1.96 | |

图 6-2 *z*-检验计算结果

这里，“平均”为样本均值，“已知协方差”指总体方差，“观测值”为样本个数。

将 $z$ 统计量与临界值相比，本例采用双尾比较 $|-0.84|<1.96$，所以只能不拒绝原假设，认为两机场等级评分没有差异。当然，也可以将显著性水平与 $P$ 值比较，如果 $P$ 值大于显著性水平则不拒绝原假设。

### 2. *t*-检验工具的使用

（1）假定两总体的方差相同。

大学人员安排委员会公布了大学毕业生首次任职薪水数据。表 6-3 列出了会计专业和财政专业样本每年薪水数据。

**表 6-3 大学毕业生首次任职薪水数据** 千美元

| 会计 | 财政 | 会计 | 财政 |
|---|---|---|---|
| 28.8 | 26.3 | 28.1 | 29.0 |
| 25.3 | 23.6 | 24.7 | 27.4 |
| 26.2 | 25.0 | 25.2 | 23.5 |
| 27.9 | 23.0 | 29.2 | 26.9 |
| 27.0 | 27.9 | 29.7 | 26.2 |
| 26.2 | 24.5 | 29.3 | 24.0 |

采用 0.05 的显著性水平，检验会计专业和财政专业毕业生首次任职平均年薪是否存在差异。

第一步，打开数据库，在“数据”菜单中选择“数据分析”选项，从其“分析工具”列表中选择“*t*-检验：双样本等方差假设”，回车进入该工具对话框，如图 6-3 所示。

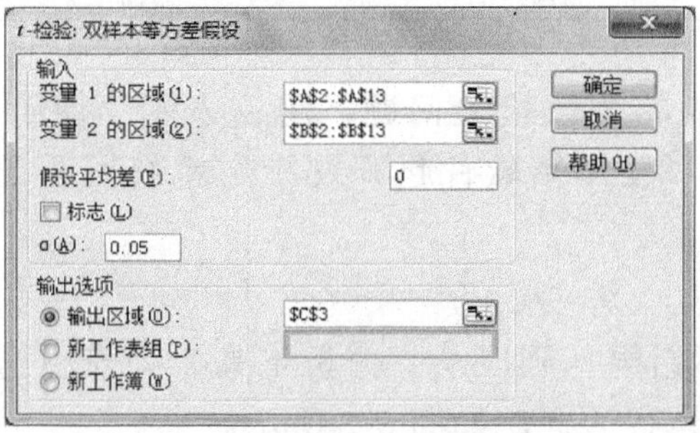


图 6-3 “*t*-检验：双样本等方差假设”对话框

将各参数进行相应设置后（具体可参照 *z*-检验），回车确认，在指定的区域给出计算结果，如图 6-4 所示。

B13 fx 24

| | A | B | C | D | E |
|---|---|---|---|---|---|
| 1 | 会计 | 财政 | | | |
| 2 | 28.8 | 26.3 | | | |
| 3 | 25.3 | 23.6 | t-检验：双样本等方差假设 | | |
| 4 | 26.2 | 25 | | | |
| 5 | 27.9 | 23 | | 变量 1 | 变量 2 |
| 6 | 27 | 27.9 | 平均 | 27.3 | 25.6083333 |
| 7 | 26.2 | 24.5 | 方差 | 3.118181818 | 3.81174242 |
| 8 | 28.1 | 29 | 观测值 | 12 | 12 |
| 9 | 24.7 | 27.4 | 合并方差 | 3.464962121 | |
| 10 | 25.2 | 23.5 | 假设平均差 | 0 | |
| 11 | 29.2 | 26.9 | df | 22 | |
| 12 | 29.7 | 26.2 | t Stat | 2.226082069 | |
| 13 | 29.3 | 24 | P(T<=t) 单尾 | 0.018283509 | |
| 14 | | | t 单尾临界 | 1.717144335 | |
| 15 | | | P(T<=t) 双尾 | 0.036567018 | |
| 16 | | | t 双尾临界 | 2.073873058 | |

图 6-4 “*t*-检验：双样本等方差假设”结果

将 *t* 统计量与临界值比较，本例采用双尾检验，2.23>2.07（0.04<0.05），所以拒绝原假设，认为会计专业和财政专业毕业生首次任职的平均年薪存在显著差异。

（2）假定两总体的方差不相同。

现有两种新旧软件包，为了评价新软件包的优点，随机抽取了 24 个系统分析人员作为样本。其中，12 个分析人员用旧软件包来开发指定信息系统，另外 12 个人用新软件包来开发，得到其开发使用时间见表 6-4。在 5%的显著性水平下，问：新软件包是否可以缩短完成项目的平均时间？

**表 6-4 两种新旧软件包开发使用时间** 天

| 旧软件包 | 新软件包 | 旧软件包 | 新软件包 |
|---|---|---|---|
| 299 | 315 | 276 | 282 |
| 360 | 200 | 365 | 307 |
| 276 | 214 | 281 | 290 |

续表

| 旧软件包 | 新软件包 | 旧软件包 | 新软件包 |
|---|---|---|---|
| 310 | 263 | 315 | 288 |
| 340 | 334 | 378 | 318 |
| 388 | 344 | 310 | 301 |

这是一个两总体均值的假设检验问题，用$\mu_1$表示“使用旧软件包开发指定系统所需的平均时间”，$\mu_2$表示“使用新软件包开发指定系统所需的平均时间”。则此问题转变为：

$H_0$：$\mu_1-\mu_2\leqslant 0$　　$H_1$：$\mu_1-\mu_2>0$

假设两总体的方差不相同，则应从“分析工具”列表中选择“*t*-检验：双样本异方差假设”，回车进入该工具对话框，如图 6-5 所示。

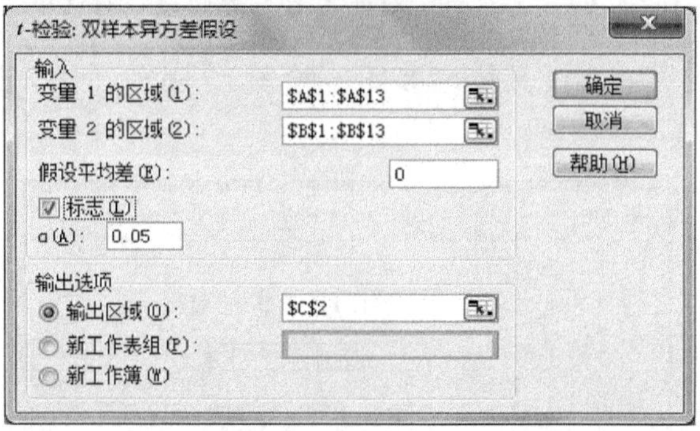


图 6-5　“*t*-检验：双样本异方差假设”对话框

将各参数进行相应设置后，回车确认，在指定的区域将给出计算结果，如图 6-6 所示。

| | A | B | C | D | E |
|---|---|---|---|---|---|
| 1 | 旧软件包 | 新软件包 | | | |
| 2 | 299 | 315 | t-检验：双样本异方差假设 | | |
| 3 | 360 | 200 | | | |
| 4 | 276 | 214 | | 旧软件包 | 新软件包 |
| 5 | 310 | 263 | 平均 | 324.8333333 | 288 |
| 6 | 340 | 334 | 方差 | 1617.424242 | 1936 |
| 7 | 388 | 344 | 观测值 | 12 | 12 |
| 8 | 276 | 282 | 假设平均差 | 0 | |
| 9 | 365 | 307 | df | 22 | |
| 10 | 281 | 290 | t Stat | 2.140464926 | |
| 11 | 315 | 288 | P(T<=t) 单尾 | 0.021827186 | |
| 12 | 378 | 318 | t 单尾临界 | 1.717144335 | |
| 13 | 310 | 301 | P(T<=t) 双尾 | 0.043654371 | |
| 14 | | | t 双尾临界 | 2.073873058 | |

图 6-6　“*t*-检验：双样本异方差假设”结果

将 *t* 统计量与临界值相比，本例为单尾检验 2.16>1.72（0.02<0.05），所以拒绝原假设，认为用新软件包开发指定系统的时间要少于用旧软件包所花时间。

（3）基于成对数据的 *t* 检验。

在使用 *t*-检验工具的介绍中，上面两个例子其样本都是独立样本。然而在可能情况下采用相关样本，可以进一步提高效率。当然其检验方式也有所不同。

每月读书俱乐部成员进行了一项调查，以确认其成员用于看电视的时间是否比读书的时间多（《辛辛那提问询报》，1991 年 11 月 21 日）。假定：从这次调查对象中抽取了一个小样本，得到了每周收看电视小时数和每周读书小时数的数据，数据见表 6-5。

**表 6-5 收看电视和读书小时数的数据** 小时

| 应答者 | 看电视 | 读书 | *d* |
|---|---|---|---|
| 1 | 10 | 6 | 4 |
| 2 | 14 | 16 | –2 |
| 3 | 16 | 8 | 8 |
| 4 | 18 | 10 | 8 |
| 5 | 15 | 10 | 5 |
| 6 | 14 | 8 | 6 |
| 7 | 10 | 14 | –4 |
| 8 | 12 | 14 | –2 |
| 9 | 4 | 7 | –3 |
| 10 | 8 | 8 | 0 |
| 11 | 16 | 5 | 11 |
| 12 | 5 | 10 | –5 |
| 13 | 8 | 3 | 5 |
| 14 | 19 | 10 | 9 |
| 15 | 11 | 6 | 5 |

注：*d* 列为应答者看电视与读书的时间差

问：在 0.05 的显著性水平下，能否得出每月读书俱乐部成员每周用于收看电视比用于读书的时间平均来说要多的结论？

对于成对数据的检验，“分析工具”列表中也提供了相应检验工具，选择“*t*-检验：平均值的成对二样本分析”，打开其对话框，如图 6-7 所示。

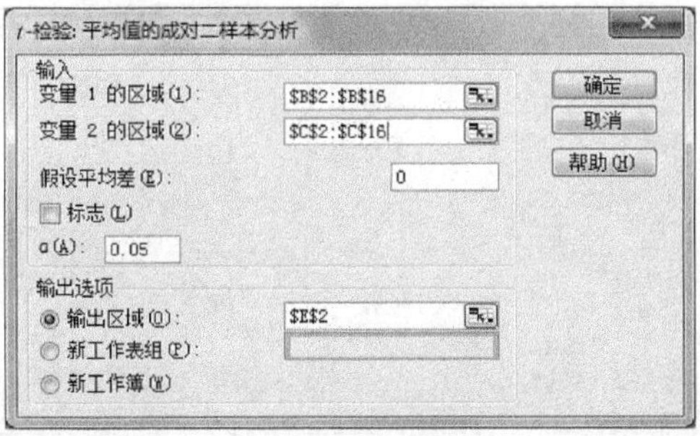


图 6-7 “*t*-检验：平均值的成对二样本分析”对话框

将各参数进行相应设置后，回车确认，在指定的区域将给出计算结果，如图 6-8 所示。

将 *t* Stat 统计量与临界值相比，本例为单尾检验 2.23>1.76（0.02<0.05），所以拒绝原假设，认为每月读书俱乐部成员每周用于看电视比用于读书的时间平均来说要多。

| | A | B | C | D | E | F | G |
|---|---|---|---|---|---|---|---|
| 1 | 应答者 | 看电视 | 读书 | $d$ | | | |
| 2 | 1 | 10 | 6 | 4 | t-检验：成对双样本均值分析 | | |
| 3 | 2 | 14 | 16 | -2 | | | |
| 4 | 3 | 16 | 8 | 8 | | 变量 1 | 变量 2 |
| 5 | 4 | 18 | 10 | 8 | 平均 | 12 | 9 |
| 6 | 5 | 15 | 10 | 5 | 方差 | 20.57142857 | 12.85714 |
| 7 | 6 | 14 | 8 | 6 | 观测值 | 15 | 15 |
| 8 | 7 | 10 | 14 | -4 | 泊松相关系数 | 0.193250301 | |
| 9 | 8 | 12 | 14 | -2 | 假设平均差 | 0 | |
| 10 | 9 | 4 | 7 | -3 | df | 14 | |
| 11 | 10 | 8 | 8 | 0 | t Stat | 2.230175825 | |
| 12 | 11 | 16 | 5 | 11 | P(T<=t) 单尾 | 0.02130786 | |
| 13 | 12 | 5 | 10 | -5 | t 单尾临界 | 1.761310115 | |
| 14 | 13 | 8 | 3 | 5 | P(T<=t) 双尾 | 0.042615721 | |
| 15 | 14 | 19 | 10 | 9 | t 双尾临界 | 2.144786681 | |
| 16 | 15 | 11 | 6 | 5 | | | |

图 6-8 “$t$-检验：平均值的成对二样本分析”结果

### 3. *F*-检验工具

在上例中，假设两个总体，即旧软件包和新软件包开发指定系统所需时间的方差不同，接下来，在 0.05 的显著性水平下检验这一结论是否正确，需要用到 $F$-检验工具。

从“分析工具”列表中选择“$F$-检验：双样本方差”，如图 6-9 所示。回车进入该工具对话框，如图 6-10 所示。

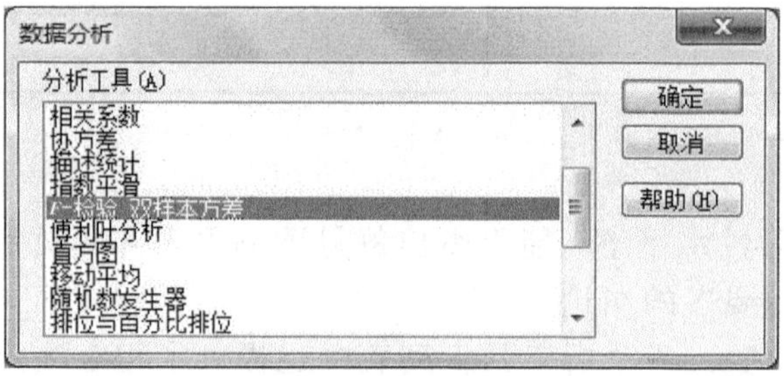


图 6-9 选择“$F$-检验：双样本方差”工具

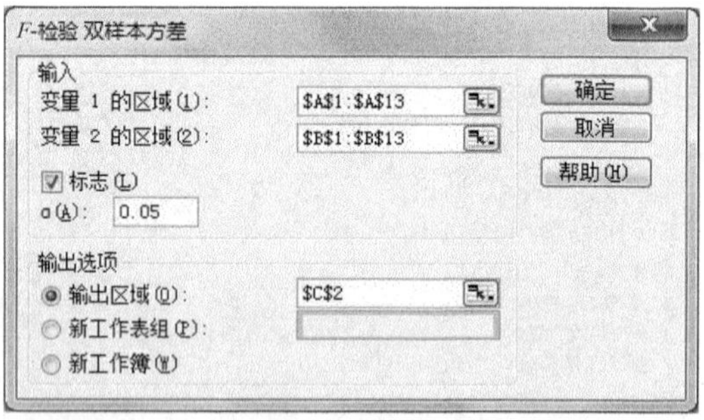


图 6-10 “$F$-检验：双样本方差”对话框

将各参数进行相应设置后，回车确认，在指定的区域将给出计算结果，如图 6-11 所示。

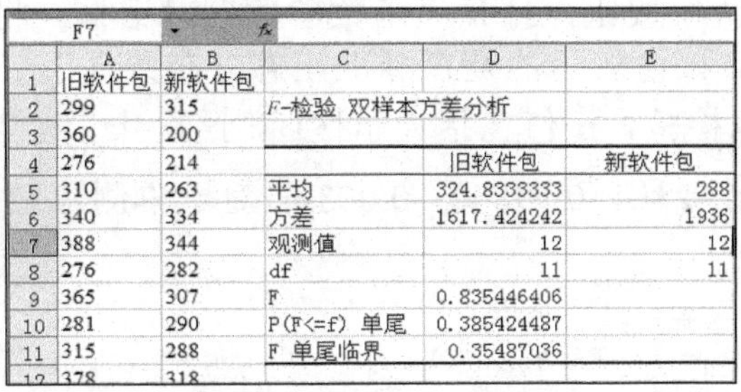

F7

| | A | B | C | D | E |
|---|---|---|---|---|---|
| 1 | 旧软件包 | 新软件包 | | | |
| 2 | 299 | 315 | F-检验 双样本方差分析 | | |
| 3 | 360 | 200 | | | |
| 4 | 276 | 214 | | 旧软件包 | 新软件包 |
| 5 | 310 | 263 | 平均 | 324.8333333 | 288 |
| 6 | 340 | 334 | 方差 | 1617.424242 | 1936 |
| 7 | 388 | 344 | 观测值 | 12 | 12 |
| 8 | 276 | 282 | df | 11 | 11 |
| 9 | 365 | 307 | F | 0.835446406 | |
| 10 | 281 | 290 | P(F<=f) 单尾 | 0.385424487 | |
| 11 | 315 | 288 | F 单尾临界 | 0.35487036 | |
| 12 | 378 | 318 | | | |

图 6-11 “*F*-检验：双样本方差”结果

将 $F$ 统计量与临界值相比，0.83>0.35，所以拒绝原假设，认为新软件包开发指定系统所需时间的方差不小于旧软件包。

**实验三：$p$ 值的取得**

以上介绍的是古典假设检验的操作步骤，在 $p$ 值检验方法中需要根据检验统计量的值求得 $p$ 值，双侧检验和单侧检验下通过函数求 $p$ 值的步骤如下。

**1. 正态分布下 $p$ 值的求法**

第一步，进入 Excel 表格界面，直接单击【$f_x$】(插入函数）命令，打开“插入函数”对话框，如图 6-12 所示。

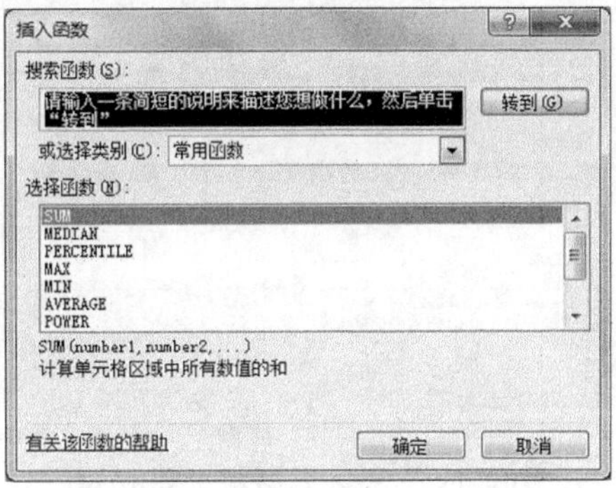


图 6-12 “插入函数”对话框

第二步，在“或选择类别”框中选择“统计”，在菜单下选择“NORMSDIST”。如图 6-13 所示。

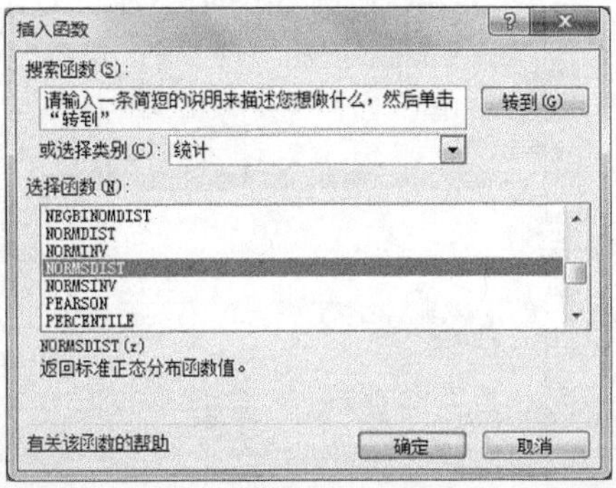


图 6-13 设置“插入函数”对话框

第三步，单击“确认”按钮，打开“函数参数”对话框。将 $z$ 的绝对值 2.95 录入，得到的函数值为 0.9984，该值表示的是在标准正态分布条件下 $z_c$ 值 2.95 左边的面积。如图 6-14 所示。对于双侧检验，$p$ 值包括大于 $|z_c|$ 和小于 $-|z_c|$ 两侧的面积。同时这两侧的分布是对称的。所以 $p$ 值=2×(1–0.9984)=0.0032。对于单侧检验 $p$ 值=1– 0.9984=0.0016。

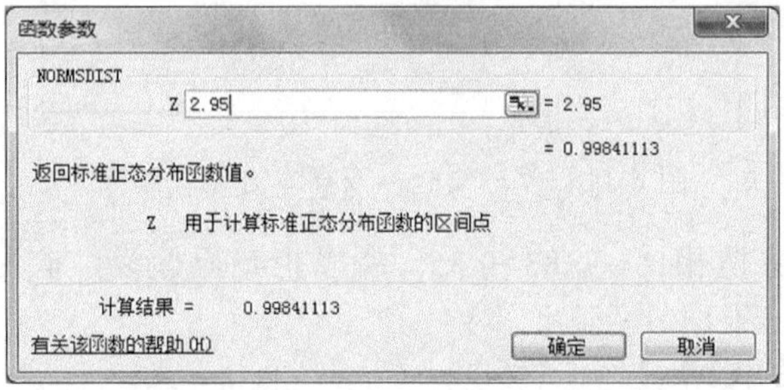


图 6-14 NORMSDIST 函数结果显示

## 2. $t$ 分布下 $p$ 值的求法

第一步，进入 Excel 表格界面，直接单击【 $f_x$ 】(插入函数)命令，打开“插入函数”对话框，如图 6-15 所示。

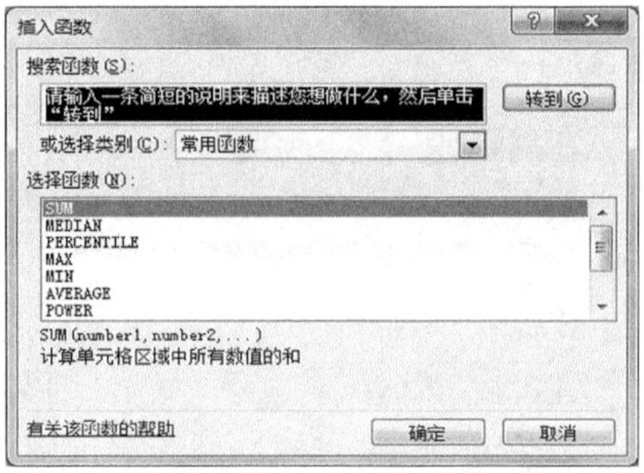


图 6-15 “插入函数”对话框

第二步，在“或选择类别”框中选择“统计”，并在“选择函数”菜单下选择“TDIST”。如图 6-16 所示。

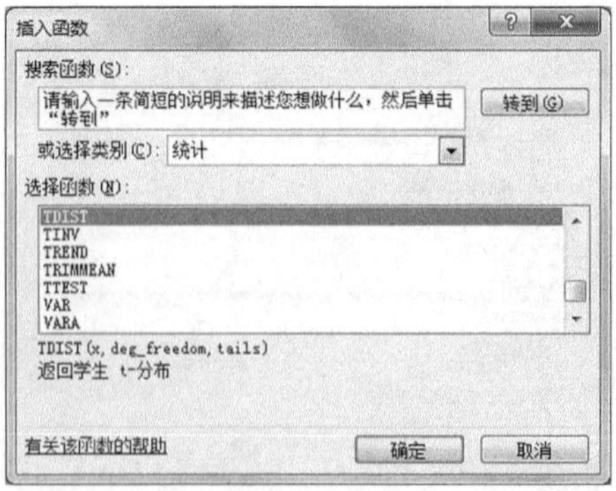


图 6-16 设置“插入函数”对话框

第三步，单击“确认”按钮，打开“函数参数”对话框。在 $x$ 设置框中输入计算出的 $t_c$ 的绝对值 2.494。Deg_freedom 设置框中输入自由度，本例为 7。Tails 设置框中，双侧检验输入 2，单侧检验输入 1，单击“确定”按钮即可得到 $P$ 值。结果如图 6-17 和图 6-18 所示。

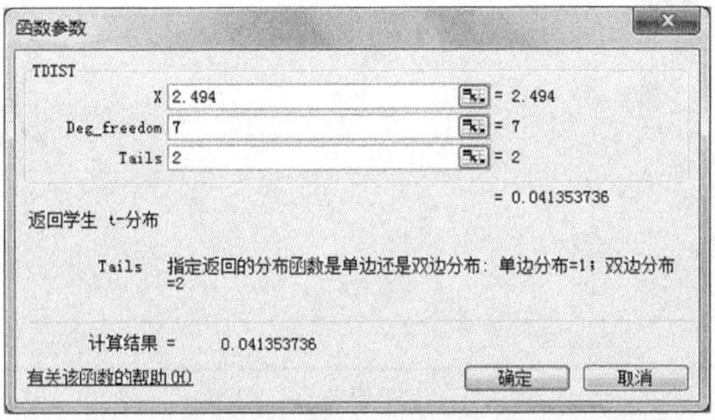


图 6-17 TDIST 函数双侧检验的输出结果

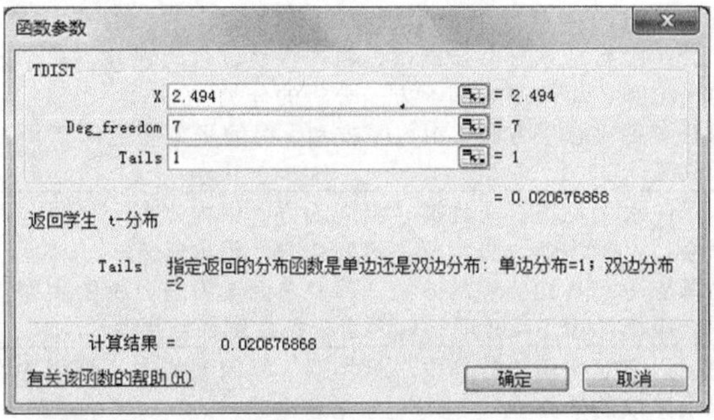


图 6-18 TDIST 函数单侧检验的输出结果

# 第七章 方差分析

## 一、内容提要

| 节次 | 主要内容 | 知识要点 | 重点、难点 |
|---|---|---|---|
| 方差分析概述 | 方差分析概念、误差分析及方差分析中的假定 | ◆识记：方差分析、因素、水平、观测值、组内误差、组间误差、总平方和、组内平方和、组间平方和、方差分析的三个假定、方差分析的分类<br>◆领会：因素、水平、观测值、组内误差、组间误差、总平方和、组内平方和、组间平方和、方差分析的分类<br>◆综合应用：总平方和、组内平方和、组间平方和的计算和三者之间的关系 | 总平方和、组内平方和、组间平方和的计算和三者之间的关系 |
| 单因素方差分析 | 单因素方差分析的检验步骤 | ◆识记：水平均值、总均值、组间均方、组内均方<br>◆领会：水平均值、总均值、组间均方、组内均方<br>◆简单应用：各均值和均方的计算及单因素方差分析的步骤<br>◆综合应用：用 Excel 进行单因素分析并解释结果 | 重点：用 Excel 进行单因素分析<br>难点：各种均值的计算理解 |
| 双因素方差分析 | 无交互作用和有交互作用的双因素方差分析 | ◆识记：交互作用、行均值、列均值、行因素均方、列因素均方、随机误差项的均方<br>◆领会：行因素均方、列因素均方、随机误差项的均方<br>◆综合应用：用 Excel 进行无交互和有交互作用的双因素方差分析 | 用 Excel 进行无交互和有交互作用的双因素方差分析 |

## 二、主要公式

| 内容 | 名称 | 公式 |
|---|---|---|
| 单因素方差分析 | 各水平的均值 | $\bar{x}_i = \dfrac{\sum_{j=1}^{n_i} x_{ij}}{n_i} \quad i=1,2,\cdots,k$ |
| | 总均值 | $\bar{\bar{x}} = \dfrac{\sum_{i=1}^{k}\sum_{j=1}^{n_i} x_{ij}}{n} = \dfrac{\sum_{i=1}^{k} n_i \bar{x}_i}{n}$ |
| | 总平方和 | $\text{SST} = \sum_{i=1}^{k}\sum_{j=1}^{n_i}(x_{ij}-\bar{\bar{x}})^2$ |
| | 组间平方和 | $\text{SSA} = \sum_{i=1}^{k}\sum_{j=1}^{n_i}(\bar{x}_i-\bar{\bar{x}})^2 = \sum_{i=1}^{k} n_i(\bar{x}_i-\bar{\bar{x}})^2$ |
| | 组内平方和 | $\text{SSE} = \sum_{i=1}^{k}\sum_{j=1}^{n_i}(x_{ij}-\bar{x}_i)^2$ |
| | 组间方差 | $\text{MSA} = \dfrac{\text{SSA}}{k-1}$ |
| | 组内方差 | $\text{MSE} = \dfrac{\text{SSE}}{n-k}$ |
| | 检验统计量 | $F = \dfrac{\text{MSA}}{\text{MSE}}$ |

续表

| 内容 | 名称 | 公式 |
| --- | --- | --- |
| 双因素方差分析 | 列均值 | $\bar{x}_{i.}=\frac{\sum_{j=1}^{r}x_{ij}}{r}$ |
| | 行均值 | $\bar{x}_{.j}=\frac{\sum_{i=1}^{k}x_{ij}}{k}$ |
| | 总均值 | $\bar{\bar{x}}=\frac{\sum_{i=1}^{k}\sum_{j=1}^{r}x_{ij}}{kr}$ |
| | 总平方和 | $\mathrm{SST}=\sum_{i=1}^{k}\sum_{j=1}^{r}(x_{ij}-\bar{\bar{x}})^2$ |
| | 行误差平方和 | $\mathrm{SSR}=\sum_{i=1}^{k}\sum_{j=1}^{r}(\bar{x}_{i.}-\bar{\bar{x}})^2$ |
| | 列误差平方和 | $\mathrm{SSC}=\sum_{i=1}^{k}\sum_{j=1}^{r}(\bar{x}_{.j}-\bar{\bar{x}})^2$ |
| | 残差平方和 | $\mathrm{SSE}=\sum_{i=1}^{k}\sum_{j=1}^{r}(x_{ij}-\bar{x}_{i.}-\bar{x}_{.j}+\bar{\bar{x}})^2$ |
| | 行因素的均方 | $\mathrm{MSR}=\frac{\mathrm{SSR}}{k-1}$ |
| | 列因素的均方 | $\mathrm{MSC}=\frac{\mathrm{SSC}}{r-1}$ |
| | 随机误差项的均方 | $\mathrm{MSE}=\frac{\mathrm{SSE}}{(k-1)\times(r-1)}$ |
| | 行因素对因变量影响显著性检验的统计量 | $F_R=\frac{\mathrm{MSR}}{\mathrm{MSE}}$ |
| | 列因素对因变量影响显著性检验的统计量 | $F_C=\frac{\mathrm{MSC}}{\mathrm{MSE}}$ |

## 三、实验

### （一）实验目的与要求

（1）熟练使用“方差分析”工具在假设检验的基础上，对影响均值的各个因素进行分析。

（2）对方差分析的结果能够做出正确合理的解释，包括对“SUMMAY”部分、方差分析部分，从而判断该因素各水平是否对观测变量有显著影响，并做出相应的决策。

### （二）实验内容

**实验一：单因素方差分析**

单因素方差分析是在事物变化的若干因素中，只就某一特定因素进行分析，其他因素尽可能不变。

对从事营销的人员进行一项调查，以研究他们的职业道德标准观念。假定图 7-1 是从研究中所获得的数据（高分表示道德标准高）。在 0.05 的显著性水平下，检验三组人员的观念是否存在显著差异。

| | A | B | C |
|---|---|---|---|
| 1 | 营销管理人员 | 营销研究人员 | 广告人员 |
| 2 | 6 | 5 | 6 |
| 3 | 5 | 5 | 7 |
| 4 | 4 | 4 | 6 |
| 5 | 5 | 4 | 5 |
| 6 | 6 | 5 | 6 |
| 7 | 4 | 4 | 6 |

图 7-1 研究数据

将数据输入表单后，在“数据”菜单中选择“数据分析”选项，从其“分析工具”列表中选择“方差分析：单因素方差分析”，回车进入该工具对话框，如图 7-2 所示。

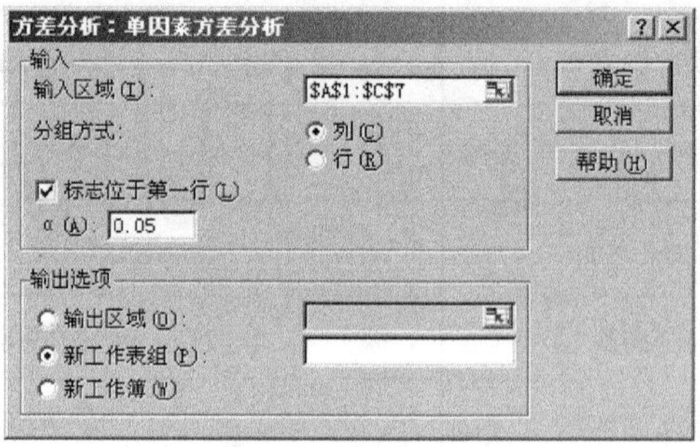


图 7-2 “方差分析：单因素方差分析”对话框

在“输入区域（I）”框中，输入数据所在的区域，本例为 A1:C7。“分组方式”按默认的列；因有列标题，所以勾选“标志位于第一行（L）”。$\alpha$(A) 要求输入显著性水平，本例按默认设置 0.05 即可。“输出选项”本例选择“新工作表组（*P*）”（因输出内容比较多）。完成以上设置后，回车确认，结果如图 7-3 所示。

| | A | B | C | D | E | F | G |
|---|---|---|---|---|---|---|---|
| 1 | 方差分析：单因素方差分析 | | | | | | |
| 2 | | | | | | | |
| 3 | SUMMARY | | | | | | |
| 4 | 组 | 计数 | 求和 | 平均 | 方差 | | |
| 5 | 营销管理人员 | 6 | 30 | 5 | 0.8 | | |
| 6 | 营销研究人员 | 6 | 27 | 4.5 | 0.3 | | |
| 7 | 广告人员 | 6 | 36 | 6 | 0.4 | | |
| 8 | | | | | | | |
| 9 | 方差分析 | | | | | | |
| 10 | 差异源 | SS | df | MS | F | P-value | F crit |
| 11 | 组间 | 7 | 2 | 3.5 | 7 | 0.01 | 3.68 |
| 12 | 组内 | 7.5 | 15 | 0.5 | | | |
| 13 | 总计 | 14.5 | 17 | | | | |

图 7-3 “方差分析：单因素方差分析”输出结果

将 $F$ 统计量的值与给定显著性水平的临界值相比，本例 7>3.68，所以拒绝原假设，认为三种营销人员观念有差异。也可以将给出的 $P$ 检验值与显著性水平比较，结论相同。

**实验二：无重复（无交互作用）双因素的方差分析**

双因素方差分析是在影响事物变化的各种因素中选定两个因素，就其不同水平进行交叉的全面检测，分析究竟是一个因素在起作用，还是两个因素都起作用，或是两个因素的影响都不起作用。进行双因素分析时，其各因素的不同水平可以重复测试（有交互作用），也可以不重复测试（无交互作用）。本部分介绍无重复（交互作用）双因素分析。

有四个品牌的彩电在 5 个地区销售，为分析彩电的品牌（因素 A）和销售地区（因素 B）对销售量是否有影响，对每个品牌在各地区的销售量取得如图 7-4 所示数据。

| | A | B | C | D | E | F |
|---|---|---|---|---|---|---|
| 1 | (因素A) | 销售地区（因素B） | | | | |
| 2 | | B1 | B2 | B3 | B4 | B5 |
| 3 | A1 | 365 | 350 | 343 | 340 | 323 |
| 4 | A2 | 345 | 368 | 363 | 330 | 333 |
| 5 | A3 | 358 | 323 | 353 | 343 | 308 |
| 6 | A4 | 288 | 280 | 298 | 260 | 298 |

图 7-4　不同品牌的彩电在各地区的销售量数据

试分析品牌和销售地区对彩电的销售量是否有显著影响（显著性水平为 0.05）。

从“分析工具”列表中选择“方差分析：无重复双因素分析”，回车进入该工具对话框，如图 7-5 所示。

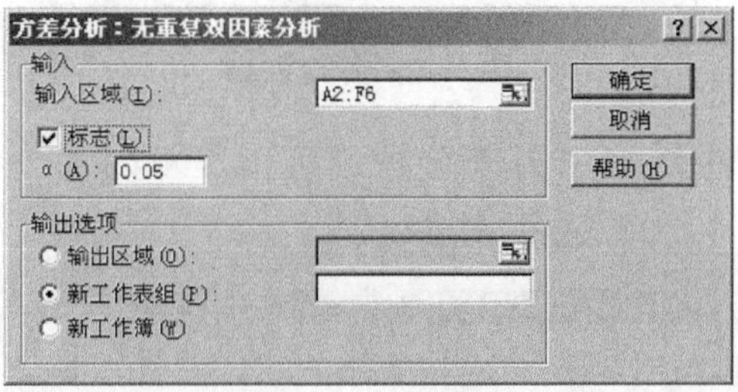


图 7-5　“方差分析：无重复双因素分析”对话框

在“输入区域(*I*)”框中输入数据所在的区域，本例为 A2:F6，并勾选“标志(L)”。$\alpha$(A) 框取默认值 0.05。在“输出选项”中，选择“新工作表组（*P*）”。完成以上设置后，回车确认，结果如图 7-6 所示。

| | A | B | C | D | E | F | G |
|---|---|---|---|---|---|---|---|
| 1 | 方差分析：无重复双因素分析 | | | | | | |
| 2 | SUMMARY | 计数 | 求和 | 平均 | 方差 | | |
| 3 | A1 | 5 | 1721 | 344.20 | 233.70 | | |
| 4 | A2 | 5 | 1739 | 347.80 | 295.70 | | |
| 5 | A3 | 5 | 1685 | 337.00 | 442.50 | | |
| 6 | A4 | 5 | 1424 | 284.80 | 249.20 | | |
| 7 | | | | | | | |
| 8 | B1 | 4 | 1356 | 339.00 | 1224.67 | | |
| 9 | B2 | 4 | 1321 | 330.25 | 1464.25 | | |
| 10 | B3 | 4 | 1357 | 339.25 | 822.92 | | |
| 11 | B4 | 4 | 1273 | 318.25 | 1538.92 | | |
| 12 | B5 | 4 | 1262 | 315.50 | 241.67 | | |
| 13 | 方差分析 | | | | | | |
| 14 | 差异源 | SS | df | MS | F | P-value | F crit |
| 15 | 行 | 13005 | 3 | 4334.85 | 18.11 | 0.00 | 3.49 |
| 16 | 列 | 2011.7 | 4 | 502.93 | 2.10 | 0.14 | 3.26 |
| 17 | 误差 | 2872.7 | 12 | 239.39 | | | |
| 18 | 总计 | 17889 | 19 | | | | |

图 7-6　“方差分析：无重复双因素分析”结果

将各因素检验统计量与给定显著性水平下的临界值相比（或 $P$ 值与显著性水平相比）：$F_A=18.11>3.49$（0.00<0.05），$F_B=2.10<3.26$（0.14>0.05）。说明彩电的品牌对销售量有显著的影响作用，销售地区对彩电的销售量没有显著影响。

## 实验三：可重复（有交互作用）双因素的方差分析

在有些情况下，需要对因素间的交互效应做检验，这时需要进行“可重复双因素方差分析”，即每个因素必须重复取样 2 次以上。

在 0.05 的显著性水平下，检验不同燃料（因素 A）、不同推进器（因素 B）下的火箭射程是否有显著差异，交互作用是否显著？实验数据如图 7-7 所示。

| | A | B | C | D |
|---|---|---|---|---|
| 1 | 因素A | 因素B | | |
| 2 | | B1 | B2 | B3 |
| 3 | A1 | 58.20 | 56.20 | 65.30 |
| 4 | | 52.60 | 41.20 | 60.80 |
| 5 | A2 | 49.10 | 54.10 | 51.60 |
| 6 | | 42.80 | 50.50 | 48.40 |
| 7 | A3 | 60.10 | 70.90 | 39.20 |
| 8 | | 58.30 | 73.20 | 40.70 |
| 9 | A4 | 75.80 | 58.20 | 48.70 |
| 10 | | 71.50 | 51.00 | 41.40 |

图 7-7　实验数据

从“分析工具”列表中选择“方差分析：可重复双因素分析”，回车进入该工具对话框，如图 7-8 所示。

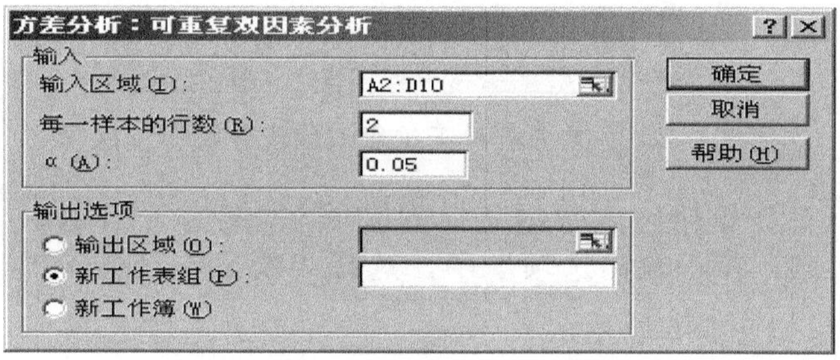


图 7-8　“方差分析：可重复双因素分析”对话框

在“输入区域（*I*）”要求输入数据所在的区域，本例为“A2：D10”。“每一样本的行数（*R*）”，即重复实验的次数，本例为“2”。$\alpha$(A) 取默认值 0.05。在“输出选项”中，选择“新工作表组（*P*）”。完成以上设置后，回车确认，结果见表 7-1～表 7-3。

**表 7-1　基本统计数据**

| SUMMARY | B1 | B2 | B3 | 总计 |
|---|---|---|---|---|
| A1 | | | | |
| 计数 | 2 | 2 | 2 | 6 |
| 求和 | 110.80 | 97.40 | 126.10 | 334.30 |
| 平均 | 55.40 | 48.70 | 63.05 | 55.72 |
| 方差 | 15.68 | 112.50 | 10.13 | 68.91 |
| A2 | | | | |
| 计数 | 2 | 2 | 2 | 6 |
| 求和 | 91.90 | 104.60 | 100.00 | 296.50 |
| 平均 | 45.95 | 52.30 | 50.00 | 49.42 |
| 方差 | 19.84 | 6.48 | 5.12 | 14.56 |

续表

| SUMMARY | B1 | B2 | B3 | 总计 |
|---|---|---|---|---|
| A3 | | | | |
| 计数 | 2 | 2 | 2 | 6 |
| 求和 | 118.40 | 144.10 | 79.90 | 342.40 |
| 平均 | 59.20 | 72.05 | 39.95 | 57.07 |
| 方差 | 1.62 | 2.64 | 1.13 | 209.89 |
| A4 | | | | |
| 计数 | 2 | 2 | 2 | 6 |
| 求和 | 147.30 | 109.20 | 90.10 | 346.60 |
| 平均 | 73.65 | 54.60 | 45.05 | 57.77 |
| 方差 | 9.24 | 25.92 | 26.65 | 181.97 |

**表 7-2 基本统计数据（续表）**

| 总计 | | | |
|---|---|---|---|
| 计数 | 8 | 8 | 8 |
| 求和 | 468.40 | 455.30 | 396.10 |
| 平均 | 58.55 | 56.91 | 49.51 |
| 方差 | 120.09 | 113.42 | 90.39 |

**表 7-3 方差分析表**

| 差异源 | SS | df | MS | F | P-value | F crit |
|---|---|---|---|---|---|---|
| 样本 | 261.67 | 3 | 87.22 | 4.42 | 0.03 | 3.49 |
| 列 | 370.98 | 2 | 185.49 | 9.39 | 0.00 | 3.89 |
| 交互 | 1768.69 | 6 | 294.78 | 14.93 | 0.00 | 3.00 |
| 内部 | 236.95 | 12 | 19.75 | | | |
| 总计 | 2638.30 | 23 | | | | |

将因素 A、B 以及交互效应的检验统计量与给定显著性水平下的临界值相比（或 $P$ 值与显著性水平相比）：$F_A=4.42>3.49$（$0.03<0.05$）；$F_B=9.39>3.89$（$0.00<0.05$）；$F_{AB}=14.93>3.00$（$0.00<0.05$）。所以在 0.05 的显著水平下，拒绝原假设，认为不同燃料或不同推进器的射程有显著差异，即燃料和推进器对射程的影响是显著的。并且交互作用的效应也是高度显著的，从基本统计数据表（表 7-1）中可以看出，$A_4$ 与 $B_1$ 或 $A_3$ 与 $B_2$ 的搭配使火箭射程较其他水平的搭配要远得多，在实际中我们就选择最优的搭配方式来实施。

# 相关与回归分析

## 一、内容提要

| 节次 | 主要内容 | 知识要点 | 重点、难点 |
|---|---|---|---|
| 变量间关系的度量 | 相关分析 | ◆识记：函数关系、相关关系、散点图、正相关、负相关、线性相关、非线性相关、完全相关、不完全相关、相关系数、相关系数检验<br>◆领会：函数关系、相关关系<br>◆简单应用：相关的分类<br>◆综合应用：相关系数的计算、检验及应用 | 重点：相关系数的计算及含义<br>难点：相关系数的检验 |
| 一元线性回归分析 | 回归模型、参数估计、显著性检验、模型的应用 | ◆识记：因变量、自变量、回归分析、随机误差项、回归系数、回归模型、回归方程、估计的回归方程、回归的基本假定、估计标准误、拟合优度、判定系数、显著性检验、点预测、区间预测<br>◆领会：回归模型、回归方程、估计的回归方程<br>◆简单应用：利用最小二乘法估计参数<br>◆综合应用：应用 Excel 进行一元线性回归分析，对输出结果的解释 | 重点：最小二乘法、回归方程检验<br>难点：回归模型、回归方程和估计的回归方程联系与区别、回归方程检验 |
| 多元线性回归分析 | 回归模型、参数估计、模型检验 | ◆识记：多元回归模型、偏回归系数、多重判定系数和调整的多重判定系数<br>◆领会：多重判定系数和调整的多重判定系数<br>◆综合应用：应用 Excel 进行多元线性回归分析，对输出结果的解释 | 重点：回归输出结果的解释和应用<br>难点：多重判定系数和调整的多重判定系数、$t$ 检验与 $F$ 检验的区别 |

## 二、主要公式

| 内容 | 名称 | | 公式 |
|---|---|---|---|
| 相关分析 | 相关关系 | 定义式 | $r=\dfrac{\sum(x-\bar{x})(y-\bar{y})}{\sqrt{\sum(x-\bar{x})^2}\sqrt{\sum(y-\bar{y})^2}}$ |
| | | 计算式 | $r=\dfrac{n\sum xy-\sum x\sum y}{\sqrt{n\sum x^2-\left(\sum x\right)^2}\cdot\sqrt{n\sum y^2-\left(\sum y\right)^2}}$ |
| | 检验统计量 | | $t=\lvert r\rvert\sqrt{\dfrac{n-2}{1-r^2}}$ |
| 一元线性回归 | 回归模型 | | $y=\beta_0+\beta_1x+\varepsilon$ |
| | 回归方程 | | $E(y)=\beta_0+\beta_1x$ |
| | 估计的回归方程 | | $\hat{y}_i=\hat{\beta}_0+\hat{\beta}_1x_i$ |
| | 回归系数估计 | | $\hat{\beta}_1=\dfrac{n\sum x_iy_i-\sum x_i\sum y_i}{n\sum x_i^2-\left(\sum x_i\right)^2}$ |
| | | | $\hat{\beta}_0=\bar{y}-\hat{\beta}_1\bar{x}$ |

续表

| 内容 | 名称 | 公式 |
|---|---|---|
| 一元线性回归 | 判定系数 | $R^2=\frac{\text{SSR}}{\text{SST}}=1-\frac{\text{SSE}}{\text{SST}}$ |
| | 总平方和 | $\text{SST}=\sum\left(y_i-\bar{y}_i\right)^2$ |
| | 回归平方和 | $\text{SSR}=\sum\left(\hat{y}_i-\bar{y}\right)^2$ |
| | 残差平方和 | $\text{SSE}=\sum\left(y_i-\hat{y}_i\right)^2$ |
| | 估计标准误 | $s_y=\sqrt{\frac{\sum\left(y_i-\hat{y}_i\right)^2}{n-2}}=\sqrt{\frac{\sum e^2}{n-2}}$ |
| | 线性关系的检验 | $F=\frac{\text{SSR}/1}{\text{SSE}/(n-2)}=\frac{\text{MSR}}{\text{MSE}}$ |
| | 系数的显著性检验 | $t=\frac{\hat{\beta}_1}{s_{\hat{\beta}_1}}\ \ s_{\hat{\beta}_1}=\frac{s_y}{\sqrt{\sum x_i^2-\frac{1}{n}\left(\sum x_i\right)^2}}$ |
| | $y$ 的平均值的置信区间预测 | $\hat{y}_0\pm t_{\alpha/2}s_y\sqrt{\frac{1}{n}+\frac{\left(x_0-\bar{x}\right)^2}{\sum_{i=1}^{n}\left(x_i-\bar{x}\right)^2}}$ |
| | $y$ 的个别值的置信区间预测 | $\hat{y}_0\pm t_{\alpha/2}s_y\sqrt{1+\frac{1}{n}+\frac{\left(x_0-\bar{x}\right)^2}{\sum_{i=1}^{n}\left(x_i-\bar{x}\right)^2}}$ |
| 多元线性回归 | 多元线性回归模型 | $y=\beta_0+\beta_1x_1+\beta_2x_2+\ldots+\beta_kx_k+\varepsilon$ |
| | 多元回归方程 | $E(y)=\beta_0+\beta_1x+\beta_2x_2+\ldots+\beta_kx_k$ |
| | 估计的多元回归方程 | $\hat{y}_i=\hat{\beta}_0+\hat{\beta}_1x_1+\hat{\beta}_2x_2+\ldots+\hat{\beta}_kx_k$ |
| | 修正的多重判定系数 | $R_a^2=1-\left(1-R^2\right)\times\frac{n-1}{n-k-1}$ |
| | 估计标准误差 | $s_y=\sqrt{\frac{\sum\left(y_i-\hat{y}_i\right)^2}{n-k-1}}=\sqrt{\text{MSE}}$ |
| | 检验统计量 | $F=\frac{\text{SSR}/k}{\text{SSE}/(n-k-1)}$ |

## 三、实验

### （一）实验目的及要求

（1）掌握散点图的绘制。

（2）掌握相关系数的计算，进行相关关系判断。

（3）掌握回归系数的计算，理解计算结果，进行模型的检验和应用。

### （二）实验内容

**实验一：相关系数的计算**

现研究一个典型家庭历年收入、耐用消费品支出与消费品价格之间的相关关系。数据如图 8-1 所示。

| | A | B | C |
|---|---|---|---|
| 1 | 耐用品支出y(元) | 家庭收入x(元) | 耐用品价格指数(%) |
| 2 | 1150 | 18550 | 99 |
| 3 | 1100 | 20000 | 102 |
| 4 | 1150 | 20100 | 95 |
| 5 | 1200 | 21040 | 100 |
| 6 | 1400 | 22750 | 90 |
| 7 | 1000 | 20550 | 110 |
| 8 | 1050 | 19950 | 115 |
| 9 | 950 | 19050 | 122 |
| 10 | 1350 | 23550 | 115 |
| 11 | 1050 | 20350 | 120 |
| 12 | | | |

图 8-1 相关分析有关数据

### 1. 函数法

Excel 中提供了一个专用于求相关系数的函数——CORREL 函数，使用此函数可以很方便地求得相关系数。步骤如下。

第一步，选中某个单元格并选择“公式”菜单中的“函数”命令，从弹出的对话框“或选择类别”列表中选择“统计”，从“选择函数”列表中选择 CORREL 函数。如图 8-2 所示。

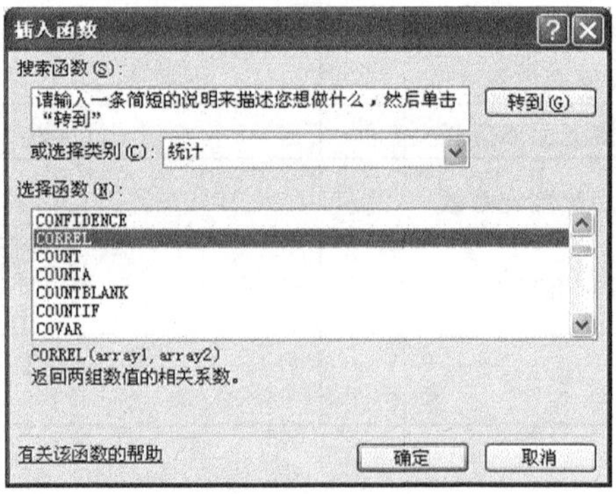


图 8-2 “插入函数”对话框

第二步，回车进入“函数参数”对话框，如图 8-3 所示。

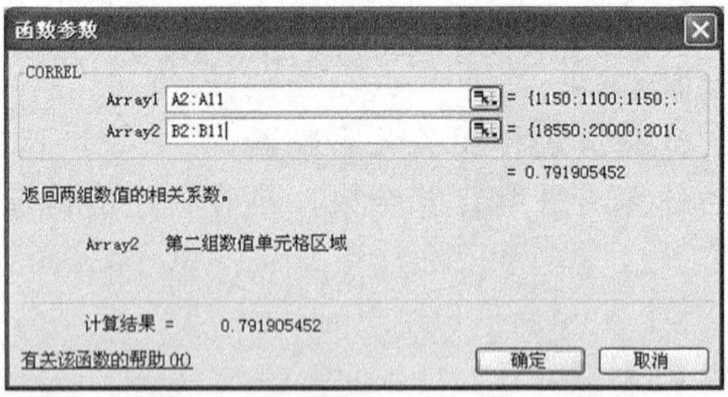


图 8-3 “函数参数”对话框

在“函数参数”对话框中，将家庭历年收入与耐用消费品支出所在的区域分别输入到“Array1”和“Array2”中，对话框底部自动给出计算结果 0.79。结果表明，家庭历年收入与耐用消费品支出的相关系数为 0.79，属于正相关。

### 2. 数据分析工具

在 Excel 的数据分析工具中有一个“相关系数”工具，也可以迅速地求出相关系数。以上面问题为例，步骤如下。

第一步，在“数据”菜单中选择“数据分析”选项，从其“分析工具”列表中选择“相关系数”，如图 8-4 所示。

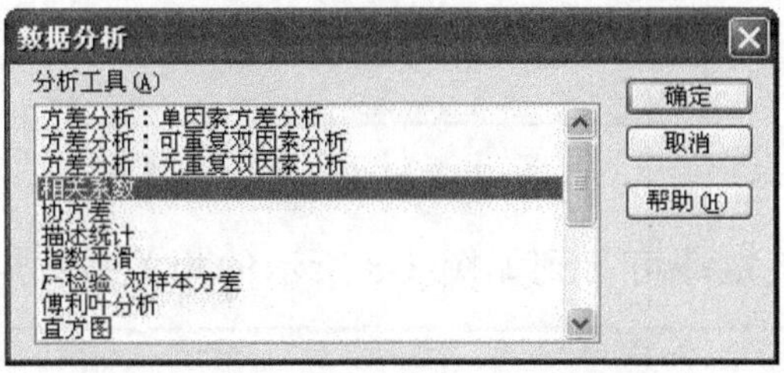


图 8-4　“数据分析”对话框

第二步，打开“相关系数”对话框。本例研究家庭历年收入与耐用消费品支出的相关关系，故“输入区域”为“A1:B11”；“分组方式”选择“逐列”；勾选“标志位于第一行（L）”复选框；在“输出选项”中选择“输出区域（O）”，想在此页面显示，选“A14”单元格。如图 8-5 所示。

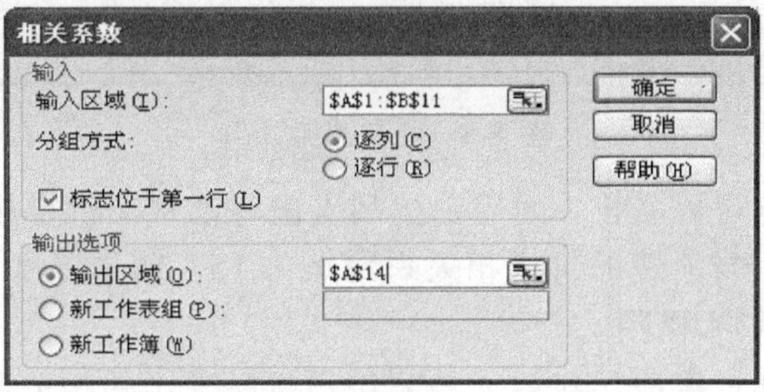


图 8-5　设置“相关系数”对话框

完成以上设置后，回车确认，结果如下：得到了耐用消费品支出和家庭历年收入的相关系数矩阵，两者的相关系数也是 0.79。如图 8-6 所示。

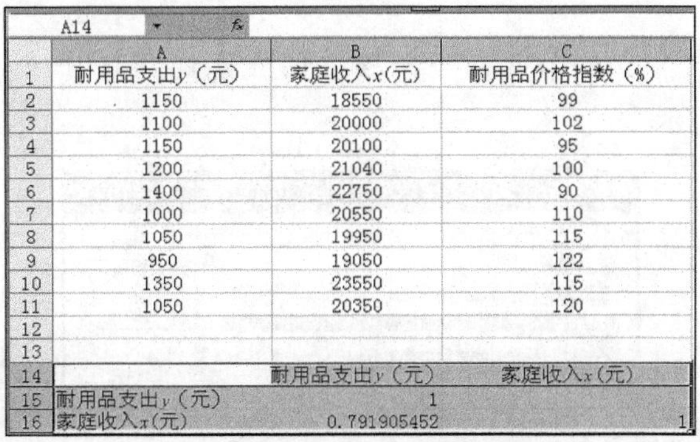

| | A | B | C |
|---|---|---|---|
| 1 | 耐用品支出y（元） | 家庭收入x(元) | 耐用品价格指数（%） |
| 2 | 1150 | 18550 | 99 |
| 3 | 1100 | 20000 | 102 |
| 4 | 1150 | 20100 | 95 |
| 5 | 1200 | 21040 | 100 |
| 6 | 1400 | 22750 | 90 |
| 7 | 1000 | 20550 | 110 |
| 8 | 1050 | 19950 | 115 |
| 9 | 950 | 19050 | 122 |
| 10 | 1350 | 23550 | 115 |
| 11 | 1050 | 20350 | 120 |
| 12 | | | |
| 13 | | | |
| 14 | | 耐用品支出y（元） | 家庭收入x(元) |
| 15 | 耐用品支出y（元） | 1 | |
| 16 | 家庭收入x(元) | 0.791905452 | 1 |

图 8-6　相关系数矩阵

如果要分析多变量间的相关关系，利用此工具也很方便完成。例如想研究家庭历年收入、耐用消费品支出与消费品价格三者之间的相关关系，只需在第二步中，把所有变量的数据都选上，即在输入区域（I）输入“A1:C11”，如图 8-7 所示。

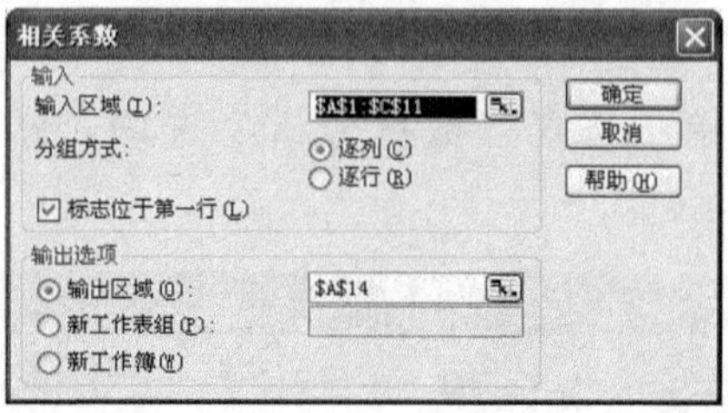


图 8-7 设置“相关系数”对话框

其他选项都不变，确定即可得到如图 8-8 所示的相关系数矩阵。

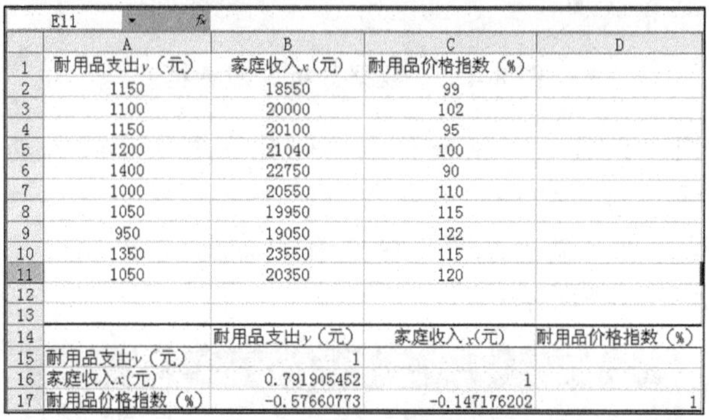

| | A | B | C | D |
|---|---|---|---|---|
| 1 | 耐用品支出y（元） | 家庭收入x（元） | 耐用品价格指数（%） | |
| 2 | 1150 | 18550 | 99 | |
| 3 | 1100 | 20000 | 102 | |
| 4 | 1150 | 20100 | 95 | |
| 5 | 1200 | 21040 | 100 | |
| 6 | 1400 | 22750 | 90 | |
| 7 | 1000 | 20550 | 110 | |
| 8 | 1050 | 19950 | 115 | |
| 9 | 950 | 19050 | 122 | |
| 10 | 1350 | 23550 | 115 | |
| 11 | 1050 | 20350 | 120 | |
| 12 | | | | |
| 13 | | | | |
| 14 | | 耐用品支出y（元） | 家庭收入x（元） | 耐用品价格指数（%） |
| 15 | 耐用品支出y（元） | 1 | | |
| 16 | 家庭收入x（元） | 0.791905452 | 1 | |
| 17 | 耐用品价格指数（%） | -0.57660773 | -0.147176202 | 1 |

图 8-8 相关系数矩阵

从此相关系数矩阵可以看出，耐用消费品支出与消费品价格相关系数是–0.58，属于负相关，家庭历年收入与消费品价格相关系数是–0.15，属于低度负相关。

**实验二：一元线性回归**

在相关分析中，知道家庭历年收入与耐用消费品支出的相关系数达 0.79，所以可以建立一元线性回归模型分析并预测。

### 1. 一元线性回归模型估计与检验

在 Excel 的数据分析工具中，有专门用于回归分析估计和检验的工具。其操作方法如下。

第一步，在“数据”菜单中选择“数据分析”选项，从其“分析工具”列表中选择“回归”。如图 8-9 所示。

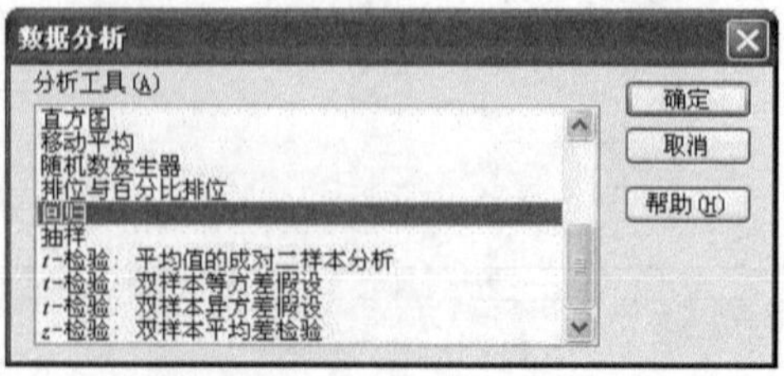


图 8-9 “数据分析”对话框

第二步，单击“确定”按钮进入该工具对话框，如图 8-10 所示。

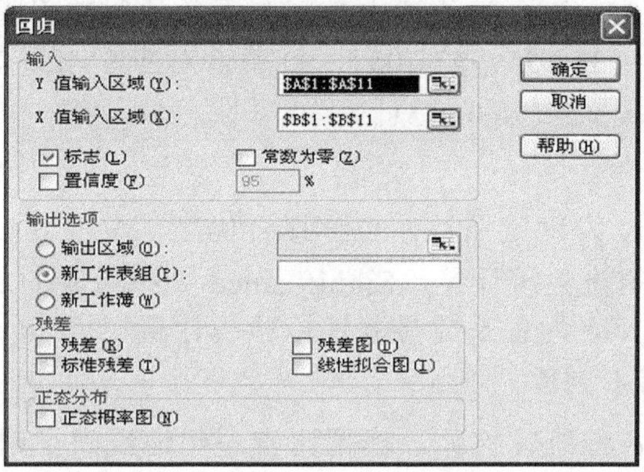


图 8-10 “回归”对话框

“Y 值输入区域（Y）”要求输入应变量（耐用消费品支出）数据所在的区域，本例为“A1:A11”。“X 值输入区域（X）”要求输入自变量（家庭历年收入）数据所在的区域，本例为“B1:B11”。这里将标志纳入数据区域，所以勾选“标志（L）”复选框；如果要求回归方程的截距项为零，可勾选“常数为零（Z）”复选框，本例不选择此项；“置信度（F）”（在参数区间估计时用到）复选框默认值 95%，如需修改，可按实际要求自行设定，这里不选。

在“输出选项”中，本例选择“新工作表组（P）”。

如果需要对残差进行分析，可勾选“残差（R）”“标准残差（T）”“残差图（D）”复选框。如果要做估计值与真实值的拟合图，可勾选“线性拟合图（I）”复选框。

如果要检验残差是否是正态分布，可以勾选“正态概率图（N）”。

本例没有勾选残差等复选框，读者也可自己选择。完成对话框设置后，回车确认，所得结果如图 8-11 所示。

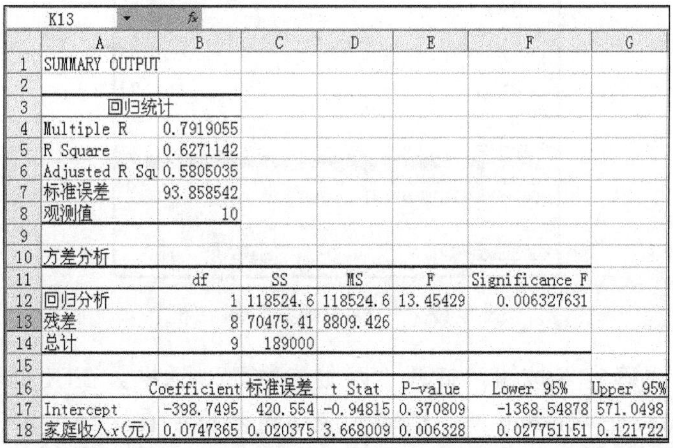

K13

| | A | B | C | D | E | F | G |
|---|---|---|---|---|---|---|---|
| 1 | SUMMARY OUTPUT | | | | | | |
| 2 | | | | | | | |
| 3 | 回归统计 | | | | | | |
| 4 | Multiple R | 0.7919055 | | | | | |
| 5 | R Square | 0.6271142 | | | | | |
| 6 | Adjusted R Squ | 0.5805035 | | | | | |
| 7 | 标准误差 | 93.858542 | | | | | |
| 8 | 观测值 | 10 | | | | | |
| 9 | | | | | | | |
| 10 | 方差分析 | | | | | | |
| 11 | | df | SS | MS | F | Significance F | |
| 12 | 回归分析 | 1 | 118524.6 | 118524.6 | 13.45429 | 0.006327631 | |
| 13 | 残差 | 8 | 70475.41 | 8809.426 | | | |
| 14 | 总计 | 9 | 189000 | | | | |
| 15 | | | | | | | |
| 16 | | Coefficient | 标准误差 | t Stat | P-value | Lower 95% | Upper 95% |
| 17 | Intercept | -398.7495 | 420.554 | -0.94815 | 0.370809 | -1368.54878 | 571.0498 |
| 18 | 家庭收入x(元) | 0.0747365 | 0.020375 | 3.668009 | 0.006328 | 0.027751151 | 0.121722 |

图 8-11 一元回归分析结果

（1）模型的参数估计结果。

图 8-11 中，Coefficient 列指系数，即方程的待估参数的点估计值。其中 Intercept 为

截距（回归常数），值为–398.75，家庭收入 $x$ 前的回归系数为 0.075。

Lower 95%、Upper 95%为区间估计中各回归系数的置信下限和置信上限。所以截距 $\beta_0$ 对应 95%置信区间（–1368.55，571.05），斜率 $\beta_1$ 对应 95%置信区间（0.028，0.122）。

估计的回归方程 $\hat{y}=-398.75+0.075x$

（2）模型检验结果。

图 8-11 中，R Square 为判定系数，也称拟合优度，取值 0.63，拟合效果中等。$F$ 统计量是检验方程线性性的检验统计量，Significance F 指检验的 $P$ 值，取值 0.006，说明方程线性性非常显著。t Stat 为各系数显著性检验统计量，P-value 指 $t$ 检验的 $P$ 值，$\beta_1$ 的 $P$ 值 0.006，说明 $\beta_1$ 显著不为零。

综上，此模型通过各种统计检验，模型比较理想地反映了耐用消费品支出与家庭历年收入的定量关系。当其他条件不变时，家庭历年收入每增加 1 单位，耐用消费品支出平均增加 0.075 单位。

### 2. 一元线性回归模型预测

估计的回归方程经过检验后，就可以进行简单应用，如果已知家庭历年收入（$x$）新的取值，如 24 000 元，想预测耐用消费品支出的新值，可以借助于函数进行预测。在 Excel 中有两个函数 FORECAST 和 TREND 函数，可以不建立回归方程，直接用原始数据进行预测。

（1）FORECAST 函数。

第一步，选中某个单元格并选择“公式”菜单中的“函数”命令，从弹出的对话框“或选择类别”列表中选择“统计”，从“选择函数”列表中选择 FORECAST 函数。如图 8-12 所示。

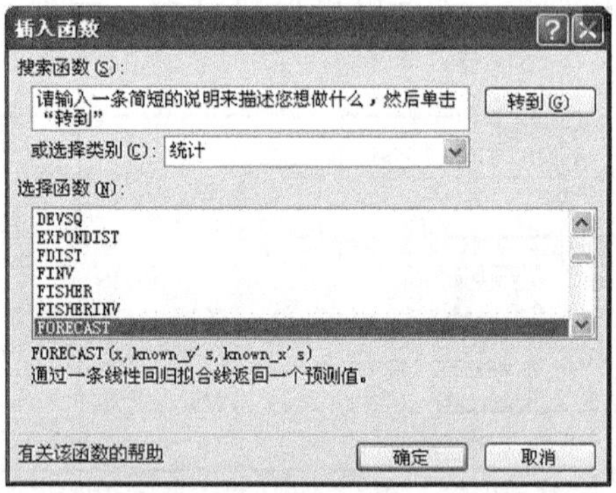


图 8-12 “插入函数”对话框

第二步，单击“确定”按钮，打开“函数参数”对话框。在 X 框输入给定的自变量值，本例为 24 000；在 Known_y's 框输入应变量数据所在区域，本例为“A2:A11”；Known_x's 框，要求输入自变量数据所在区域，本例为“B2:B11”。如图 8-13 所示。

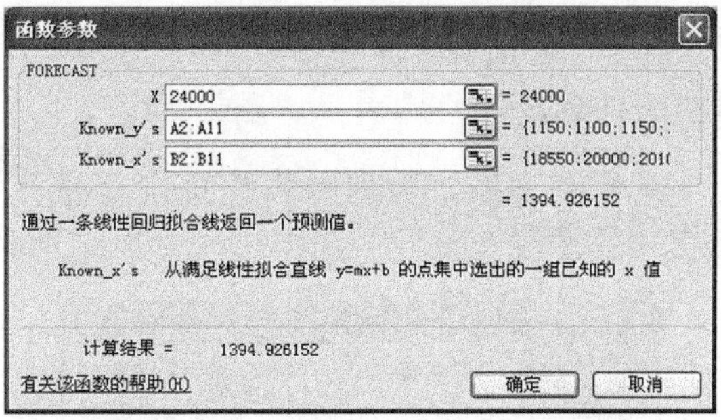


图 8-13 “FORECAST 函数”对话框

完成对话框设置后，对话框底部将给出结果，本例预测值为 1395 元。

（2）TREND 函数。

第一步，选中某个单元格并选择“公式”菜单中的“函数”命令，从弹出的对话框“或选择类别”列表中选择“统计”，从“选择函数”列表中选择 TREND 函数。如图 8-14 所示。

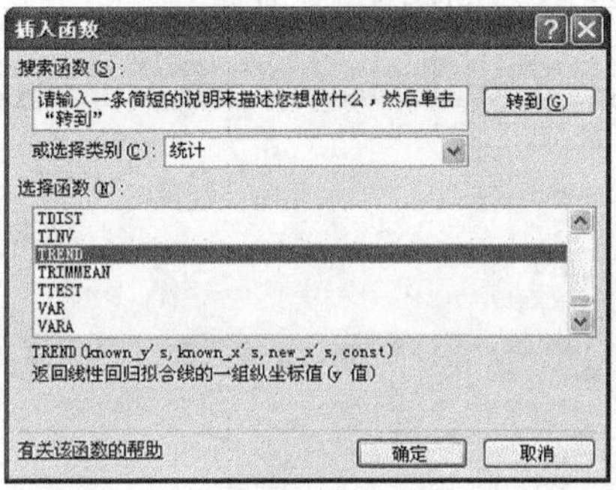


图 8-14 “插入函数”对话框

第二步，单击“确定”按钮，打开“函数参数”对话框。在 Known_y's 框输入应变量数据所在区域，本例为“A2:A11”；Known_x's 框，要求输入自变量数据所在区域，本例为“B2:B11”；在 New_x's 框，要求输入新的自变量值，本例为 24 000；在 Const 框输入“1”，表示截距不强制设为 0。如图 8-15 所示。

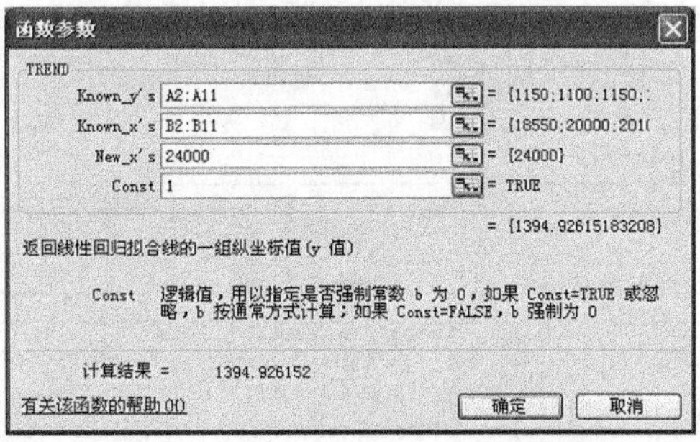


图 8-15 “TREND 函数”对话框

完成对话框设置后，对话框底部将给出结果，本例预测值同样为 1395 元。

## 实验三：多元线性回归

### 1. 多元线性回归模型估计与检验

第一步，在“数据”菜单中选择“数据分析”选项，从“分析工具”列表中选择“回归”。如图 8-16 所示。

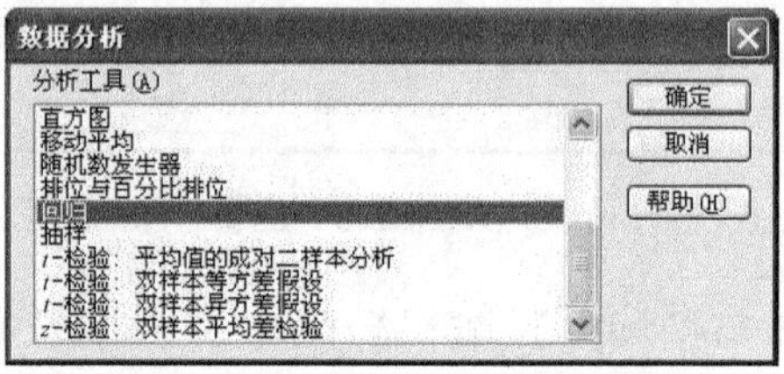


图 8-16 “数据分析”对话框

第二步，单击“确定”按钮，打开“回归”对话框。在“X 值输入区域（X）”中将所有自变量都选上，本例选“B1：C11”单元格，其他选项不变，如图 8-17 所示。单击“确定”按钮，即可得到结果，如图 8-18 所示。

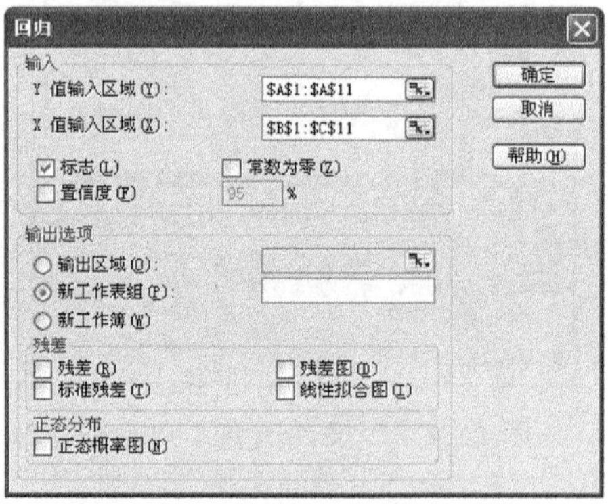


图 8-17 “回归”对话框

| | A | B | C | D | E | F | G |
|---|---|---|---|---|---|---|---|
| 1 | SUMMARY OUTPUT | | | | | | |
| 2 | | | | | | | |
| 3 | 回归统计 | | | | | | |
| 4 | Multiple R | 0.9183974 | | | | | |
| 5 | R Square | 0.8434538 | | | | | |
| 6 | Adjusted R Square | 0.7987263 | | | | | |
| 7 | 标准误差 | 65.013442 | | | | | |
| 8 | 观测值 | 10 | | | | | |
| 9 | | | | | | | |
| 10 | 方差分析 | | | | | | |
| 11 | | df | SS | MS | F | Significance F | |
| 12 | 回归分析 | 2 | 159412.8 | 79706.38 | 18.8576 | 0.00151792 | |
| 13 | 残差 | 7 | 29587.23 | 4226.748 | | | |
| 14 | 总计 | 9 | 189000 | | | | |
| 15 | | | | | | | |
| 16 | | Coefficient | 标准误差 | t Stat | P-value | Lower 95% | Upper 95% |
| 17 | Intercept | 393.55942 | 386.9791 | 1.017004 | 0.34301 | -521.5007597 | 1308.62 |
| 18 | 家庭收入x(元) | 0.0682049 | 0.014269 | 4.780007 | 0.00201 | 0.034464571 | 0.101945 |
| 19 | 耐用品价格指数p（%） | -6.159453 | 1.980371 | -3.11025 | 0.01708 | -10.84228584 | -1.47662 |

图 8-18 多元回归分析结果

（1）模型的参数估计结果。

图 8-18 中，Coefficient 列指系数，即方程的待估参数的点估计值。其中 Intercept 为

截距（回归常数），值为 393.56，家庭收入 $x$ 前的回归系数 $\beta_1$ 为 0.068，耐用消费品价格前的回归系数 $\beta_2$ 为–6.16。

Lower 95%、Upper 95%为区间估计中各回归系数的置信下限和置信上限，所以截距 $\beta_0$ 对应 95%置信区间（–521.50，1308.62），$\beta_1$ 对应 95%置信区间（0.034，0.102），$\beta_2$ 对应 95%置信区间（–10.84，–1.48）。

估计的回归方程 $\hat{y}=393.56+0.068x-6.16p$

（2）模型检验结果。

图 8-18 中，在多元回归模型中，Adjusted R Square 为调整后的判定系数 $\bar{R}^2$，用于比较拟合好坏，取值 0.84，拟合效果较一元回归有明显提高。$F$ 统计量是检验方程线性性的检验统计量，Significance F 指检验的 $P$ 值，取值 0.002，说明方程线性非常显著。$t$ Stat 为各系数显著性检验统计量，P-value 指 $t$ 检验的 $P$ 值，$\beta_1$ 的 $P$ 值为 0.002，说明 $\beta_1$ 显著不为零，$\beta_2$ 的 $P$ 值为 0.017，说明 $\beta_2$ 显著不为零。

综上，此模型通过各种统计检验，比较理想地反映了耐用消费品支出与家庭历年收入和价格水平的定量关系。当其他条件不变时，家庭历年收入每增加 1 单位，耐用消费品支出平均增加 0.068 单位；耐用消费品价格指数每增加 1 单位，耐用消费品支出平均减少 6.16 单位。

**2. 多元线性回归模型预测**

对于多元线性回归问题同样可以进行预测。如本例家庭历年收入（$x$）取值 24 000 元，耐用消费品价格指数取值 125 时，想知道耐用消费品支出的预测值，可以应用前面介绍的方法得 1260.5 元。

# 第九章

# 时间序列分析和预测

## 一、内容提要

| 节次 | 主要内容 | 知识要点 | 重点、难点 |
|---|---|---|---|
| 时间序列的概念和构成 | 时间序列的概念和构成 | ◆识记：时间序列、长期趋势、季节变动、循环变动、不规则变动、乘法模型、加法模型<br>◆领会：长期趋势、季节变动、循环变动、不规则变动<br>◆简单应用：时间序列的表示方法 | 时间序列的影响因素 |
| 时间序列的平滑法 | 移动平均和指数平滑 | ◆识记：移动平均、移动项数、指数平滑、阻尼系数、均方误差<br>◆领会：移动平均、指数平滑、平滑系数、均方误差<br>◆简单应用：移动平均与指数平滑的计算<br>◆综合应用：利用 Excel 进行平滑和预测 | 重点：移动平均、指数平滑<br>难点：平滑系数的选择 |
| 长期趋势分析 | 线性趋势方程和非线性趋势方程 | ◆识记：线性方程、非线性方程<br>◆领会：线性方程、非线性方程<br>◆综合应用：线性方程和非线性方程的建立与应用 | 重点：趋势方程拟合和预测<br>难点：非线性趋势方程拟合和预测 |
| 季节变动分析 | 季节指数、含季节变动的预测 | ◆识记：季节指数<br>◆领会：季节指数<br>◆综合应用：季节指数的计算和含义，利用季节指数预测含有季节变动的时间序列 | 利用季节指数预测含有季节变动的时间序列 |

## 二、主要公式

| 内容 | 名称 | | 公式 |
|---|---|---|---|
| 时间序列构成 | 乘法模型 | | $Y = T \times C \times S \times I$ |
| | 加法模型 | | $Y = T + C + S + I$ |
| 时间序列的平滑方法 | 移动平均法 | | $M_t = \dfrac{Y_{t-\frac{n-1}{2}} + Y_{t-\frac{n-3}{2}} + \cdots Y_t + \cdots Y_{t+\frac{n-3}{2}} + Y_{t+\frac{n-1}{2}}}{n}$ |
| | 中心化移动平均 | | $M_t = \dfrac{\frac{1}{2}Y_{t-\frac{n}{2}} + Y_{t-\frac{n}{2}+1} + \cdots Y_t + \cdots Y_{t+\frac{n}{2}+1} + \frac{1}{2}Y_{t+\frac{n}{2}}}{n}$ |
| | 非中心移动平均 | | $M_t = \dfrac{Y_{t-(n-1)} + \cdots + Y_{t-1} + Y_t}{n}$ |
| | 指数平滑法 | | $S_t = \alpha y_t + (1-\alpha) S_{t-1}$ |
| | 均方误差（MSE） | | $\text{MSE} = \dfrac{\sum e^2}{n}$ |
| 长期趋势分析 | 线性趋势方程 | 方程 | $\hat{Y}_t = a + b \cdot t$ |
| | | 系数 | $b = \dfrac{n\sum tY - \sum t \sum Y}{n\sum t^2 - (\sum t)^2}$ |
| | | | $a = \overline{Y} - b \cdot \overline{t}$ |

续表

| 内容 | 名称 | | 公式 |
|---|---|---|---|
| 长期趋势分析 | 非线性趋势方程 | 二次曲线 | $\hat{Y}_t = a + bt + ct^2$ |
| | | 指数曲线 | $\hat{Y}_t = ab^t$ |
| | | 修正指数方程 | $\hat{Y}_t = K + ab^t$ |
| | | 罗吉斯蒂曲线 | $\hat{Y}_t = \dfrac{1}{K + ab^t}$ |
| 季节变动分析 | 季节指数 | | $\dfrac{\text{各月（季）平均}}{\text{月（季）总平均}}$ |

## 三、实验

### 1. 实验目的及要求

（1）了解线图的绘制，描述时间序列特征。

（2）掌握“移动平均”和“指数平滑”计算工具。

（3）掌握利用线性趋势方程和非线性趋势方程进行预测。

### 2. 实验内容

**实验一：移动平均**

收集了中国某年 5 月至 12 月的 CPI 月度数据，如图 9-1 所示。

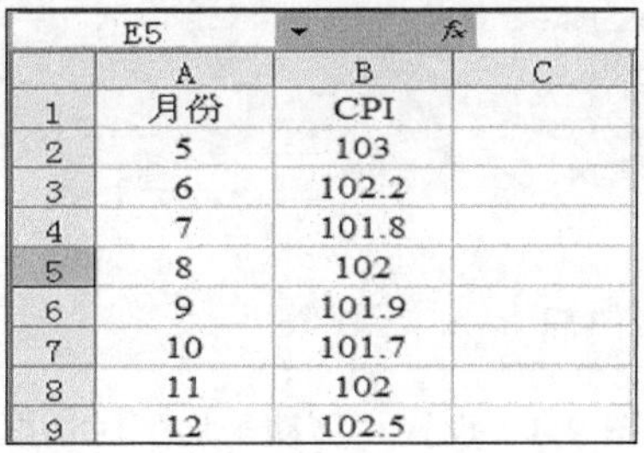

| | A | B | C |
|---|---|---|---|
| 1 | 月份 | CPI | |
| 2 | 5 | 103 | |
| 3 | 6 | 102.2 | |
| 4 | 7 | 101.8 | |
| 5 | 8 | 102 | |
| 6 | 9 | 101.9 | |
| 7 | 10 | 101.7 | |
| 8 | 11 | 102 | |
| 9 | 12 | 102.5 | |

图 9-1 某年中国 CPI 5 月至 12 月的月度数据

画出线图可以看出其变动特征，确定为平稳序列，如图 9-2 所示。可用移动平均或者指数平滑两种方法对此数据进行平滑处理和预测。

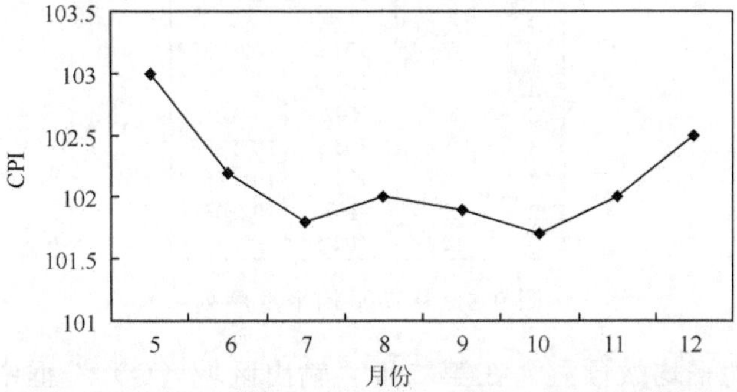


图 9-2 某年中国 CPI 5 月至 12 月的月度数据线图

Excel 中提供了“移动平均”工具。下面以上例来说明“移动平均”工具的使用。

第一步，在“数据”菜单中选择“数据分析”选项，从其“分析工具”列表中选择“移动平均”，如图 9-3 所示。

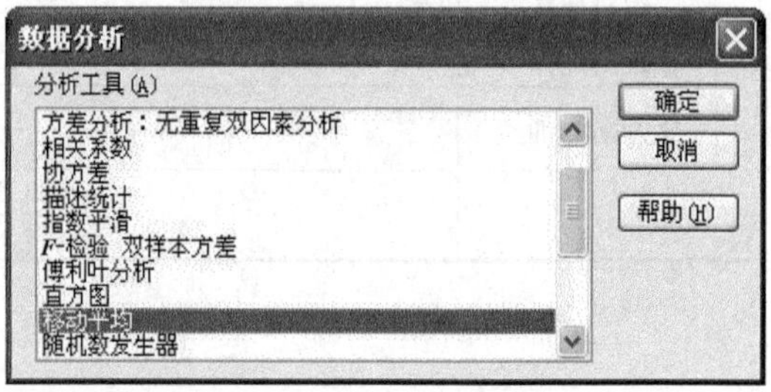


图 9-3 选择“移动平均”

第二步，单击“确定”按钮，打开“移动平均”对话框。在“输入区域（I）”框中输入时间序列数据所在的区域，本例为“B2：B9”；在“间隔（N）”框中输入移动步长，本例先进行 3 项移动平均；设置输出选项，如果要进行平滑处理用移动平均，则在“输出区域（O）”框中，输入“C1”；还可以勾选“标准误差”和“图表输出（C）”复选框，此处不勾选。如图 9-4 所示。

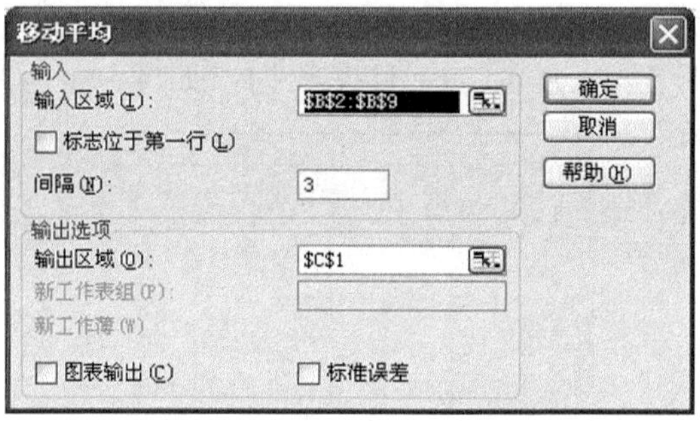


图 9-4 设置“移动平均”对话框

完成以上设置后，回车确认，即可得到所需结果（图 9-5）。

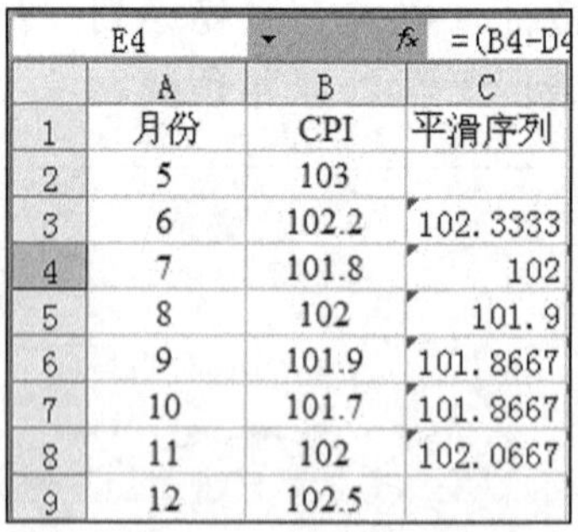


| | A | B | C |
|---|---|---|---|
| 1 | 月份 | CPI | 平滑序列 |
| 2 | 5 | 103 | |
| 3 | 6 | 102.2 | 102.3333 |
| 4 | 7 | 101.8 | 102 |
| 5 | 8 | 102 | 101.9 |
| 6 | 9 | 101.9 | 101.8667 |
| 7 | 10 | 101.7 | 101.8667 |
| 8 | 11 | 102 | 102.0667 |
| 9 | 12 | 102.5 | |

图 9-5 移动平均平滑序列

如果想利用移动平均做预测，在第二步“输出区域（O）”框中，输入“D3”，如图 9-6 所示。

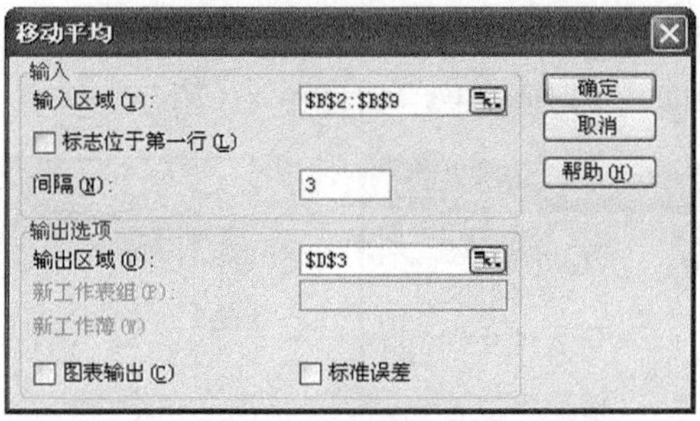


图 9-6　设置“移动平均”对话框

其他操作不变，单击“确定”按钮即可得到如图 9-7 所示结果。

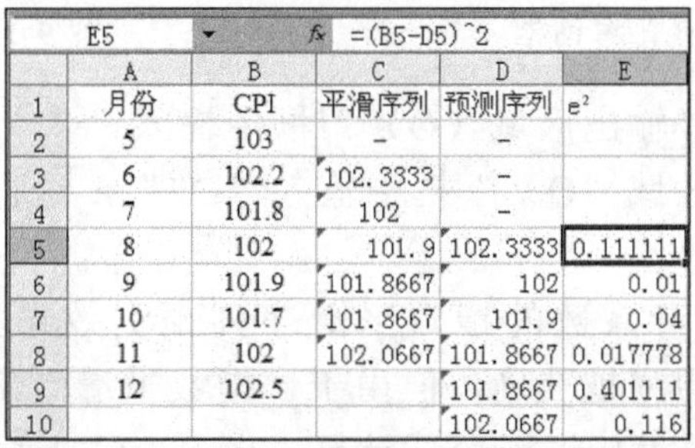

E5　　$f_x$ =(B5-D5)^2

| | A | B | C | D | E |
|---|---|---|---|---|---|
| 1 | 月份 | CPI | 平滑序列 | 预测序列 | e² |
| 2 | 5 | 103 | - | - | |
| 3 | 6 | 102.2 | 102.3333 | - | |
| 4 | 7 | 101.8 | 102 | - | |
| 5 | 8 | 102 | 101.9 | 102.3333 | 0.111111 |
| 6 | 9 | 101.9 | 101.8667 | 102 | 0.01 |
| 7 | 10 | 101.7 | 101.8667 | 101.9 | 0.04 |
| 8 | 11 | 102 | 102.0667 | 101.8667 | 0.017778 |
| 9 | 12 | 102.5 | | 101.8667 | 0.401111 |
| 10 | | | | 102.0667 | 0.116 |

图 9-7　移动平均预测序列

如果要比较不同时间间隔的移动平均序列预测效果好坏，可以借助均方误差（MSE），均方误差值越小则预测越准确。但由于“移动平均”工具中的标准误差并非我们说的均方误差，所以均方误差应通过公式计算。图 9-7 中 $e^2$ 一列计算误差的平方，再求其平均值 0.116 就是均方误差。

**实验二：指数平滑**

下面仍以上例为例，说明“指数平滑”工具的使用。

第一步，在“数据”菜单中选择“数据分析”选项，从其“分析工具”列表中选择“指数平滑”，如图 9-8 所示。

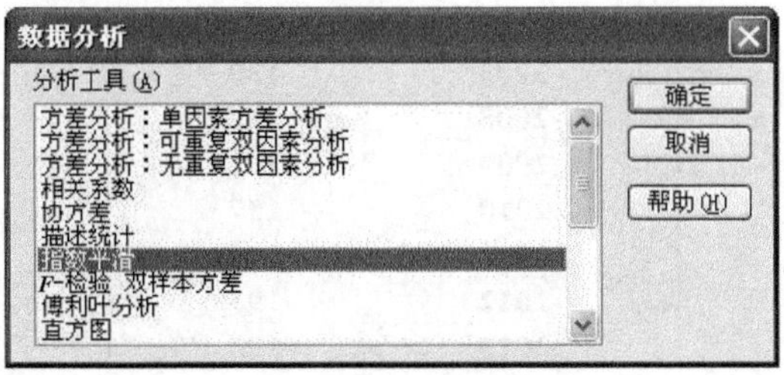


图 9-8　选择“指数平滑”

第二步，单击“确定”按钮，打开“指数平滑”对话框。如图 9-9 所示。在“输入区域（I）”框中输入时间序列数据所在的区域，本例为“B2:B9”；在“阻尼系数（D）”框中输入 0.3，本例进行 $\alpha=0.7$ 的指数平滑。

第三步，如果要用指数平滑法得到平滑序列，则在“输出选项”的“输出区域（O）”

框中，输入“C1”；也可以勾选“标准误差”复选框和“图表输出（C）”复选框，本例不勾选。单击“确定”即可得到结果，如图 9-10 所示。

图 9-9 “指数平滑”对话框

E3 $f_x$ =(B3-D3)^2

| | A | B | C | D | E |
|---|---|---|---|---|---|
| 1 | 月份 | CPI | 平滑序列 | 预测序列 | e² |
| 2 | 5 | 103 | 103 | | |
| 3 | 6 | 102.2 | 102.44 | 103 | 0.64 |
| 4 | 7 | 101.8 | 101.992 | 102.44 | 0.4096 |
| 5 | 8 | 102 | 101.9976 | 101.992 | 6.4E-05 |
| 6 | 9 | 101.9 | 101.9293 | 101.9976 | 0.009526 |
| 7 | 10 | 101.7 | 101.7688 | 101.9293 | 0.052569 |
| 8 | 11 | 102 | 101.9306 | 101.7688 | 0.053461 |
| 9 | 12 | 102.5 | 102.3292 | 101.9306 | 0.324176 |
| 10 | | | | | 0.212771 |

图 9-10 指数平滑法结果

这里需要注意的是，“输出区域（O）”框中输入“C1”，这样输出的结果是平滑用时间序列，如果“输出区域（O）”框中输入“D2”，这样输出的结果是预测用时间序列。

如果要比较用不同平滑系数的指数平滑序列预测效果好坏，可以借助均方误差（MSE），均方误差越小则预测越准确。但由于“指数平滑”工具中的标准误差并非我们说的均方误差，所以均方误差应通过公式计算。图 9-10 中 $e^2$ 的那一列计算误差的平方，再求平均值 0.212 771 就是均方误差。

**实验三：长期趋势分析与预测**

许多时间序列包含长期趋势成分，利用趋势方程法可以描述序列的长期趋势并进行预测。

**1. 线性趋势分析**

收集某企业近年销售量的数据如图 9-11 所示。

E16 $f_x$

| | A | B |
|---|---|---|
| 1 | 年份 | 销售量（万吨） |
| 2 | 2007 | 130 |
| 3 | 2008 | 122 |
| 4 | 2009 | 161 |
| 5 | 2010 | 157 |
| 6 | 2011 | 149 |
| 7 | 2012 | 193 |
| 8 | 2013 | 193 |
| 9 | 2014 | 247 |
| 10 | 2015 | 238 |
| 11 | 2016 | 263 |

图 9-11 某企业近年销售量的数据

根据此数据画线图（图 9-12），可以明显看出某企业近年销售量存在长期线性上升趋势。

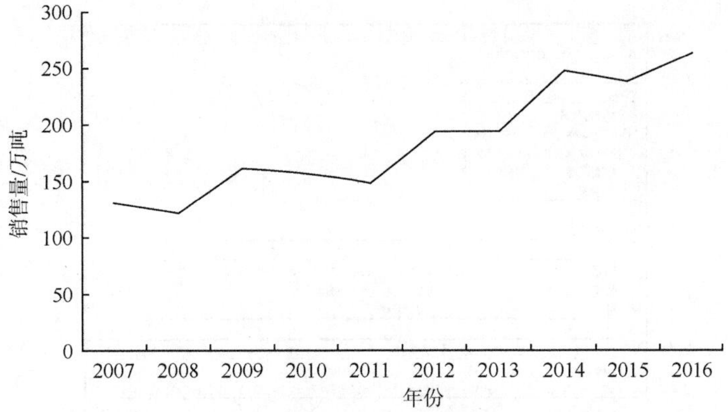


图 9-12　某企业近年销售量数据线图

建立线性趋势方程 $\hat{Y}_t = a + bt$，在 Excel 表中增加一列 $t$ 为时间变量，$t=1$ 代表 2007 年，$t=2$ 代表 2008 年，以此类推。可以利用上一章所讲的“回归分析工具”，对方程进行参数估计、统计检验、预测等工作，步骤如下。

第一步，在“数据”菜单中选择“数据分析”选项，从其“分析工具”列表中选择“回归”，如图 9-13 所示。

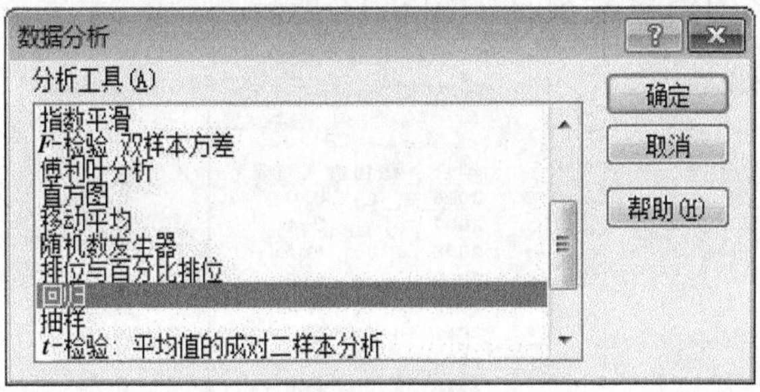


图 9-13　选择“回归”

第二步，单击“确定”按钮进入该工具对话框，将销售量的数据输入所在的区域，如图 9-14 所示。

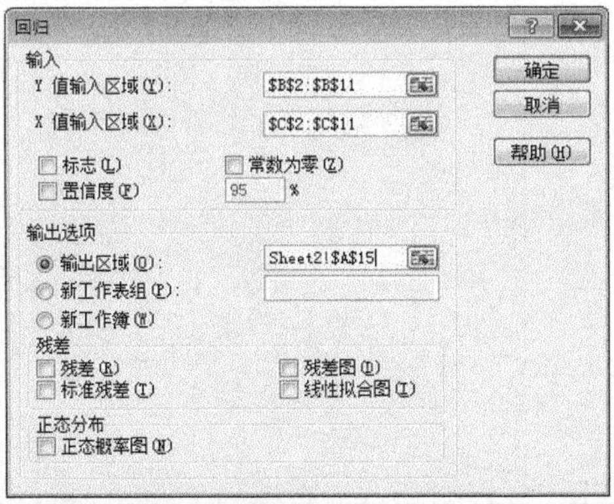


图 9-14　“回归”对话框

第三步，单击“确定”按钮即可得到结果，如图 9-15 所示。

| | A | B | C | D | E | F | G |
|---|---|---|---|---|---|---|---|
| 15 | SUMMARY OUTPUT | | | | | | |
| 16 | | | | | | | |
| 17 | 回归统计 | | | | | | |
| 18 | Multiple R | 0.95056791 | | | | | |
| 19 | R Square | 0.90357935 | | | | | |
| 20 | Adjusted R Squ | 0.89152676 | | | | | |
| 21 | 标准误差 | 16.4727967 | | | | | |
| 22 | 观测值 | 10 | | | | | |
| 23 | | | | | | | |
| 24 | 方差分析 | | | | | | |
| 25 | | df | SS | MS | F | Significance F | |
| 26 | 回归分析 | 1 | 20343.27576 | 20343.27576 | 74.96977548 | 2.46046E-05 | |
| 27 | 残差 | 8 | 2170.824242 | 271.3530303 | | | |
| 28 | 总计 | 9 | 22514.1 | | | | |
| 29 | | | | | | | |
| 30 | | Coefficients | 标准误差 | t Stat | P-value | Lower 95% | Upper 95% |
| 31 | Intercept | 98.9333333 | 11.25306243 | 8.791680835 | 2.20056E-05 | 72.98372483 | 124.8829418 |
| 32 | X Variable 1 | 15.7030303 | 1.813595225 | 8.658508849 | 2.46046E-05 | 11.52087221 | 19.88518839 |

图 9-15 回归分析结果

由回归输出结果可知，估计的线性趋势回归方程为 $\hat{y}=98.93+15.7t$ 。

第四步，预测 2017 年销售量。可以利用上面趋势方程，代入 $t=11$ 计算：$\hat{y}_{2017}=98.93+15.7\times11=271.63$ （万吨）。

也可以利用 FORECAST 函数和 TREND 函数方法进行预测。操作与回归预测相同。

### 2. 非线性趋势分析

收集某企业近年来的销售额数据如图 9-16 所示。

G8

| | A | B |
|---|---|---|
| 1 | 年份 | 销售额（万元） |
| 2 | 2006 | 6.0 |
| 3 | 2007 | 8.4 |
| 4 | 2008 | 11.5 |
| 5 | 2009 | 15.6 |
| 6 | 2010 | 20.8 |
| 7 | 2011 | 27.3 |
| 8 | 2012 | 37.4 |
| 9 | 2013 | 48.5 |
| 10 | 2014 | 63.0 |
| 11 | 2015 | 82.1 |
| 12 | 2016 | 106.1 |

图 9-16 某企业近年来销售额的数据

根据此数据画线图（图 9-17），可以明显看出其存在长期上升趋势，但并非线性，而呈指数型上升。

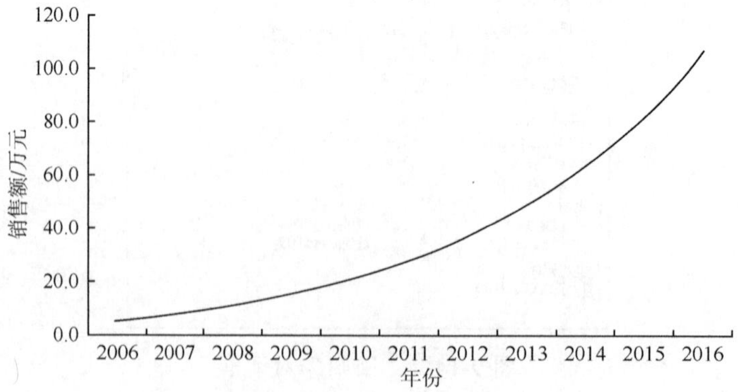


图 9-17 某企业近年来销售额数据线图

建立指数趋势方程 $\hat{Y}_t = ab^t$，增加一列 $t$ 为时间变量，$t=1$ 代表 2006 年，$t=2$ 代表 2007 年，以此类推。对方程进行参数估计、统计检验、预测等工作可以用“回归分析工具”和函数两种方法。

（1）回归分析工具。

可以利用上一章所讲的“回归分析”工具解决此问题，步骤如下。

第一步，由于“回归分析”工具只能解决线性回归问题，需将指数趋势方程 $\hat{Y}_t = ab^t$ 两边取对数，得到线性方程 $\ln(\hat{Y}_t) = a + bt$ 。在表中计算出 $\ln(\hat{Y}_t)$ 序列，如图 9-18 所示。

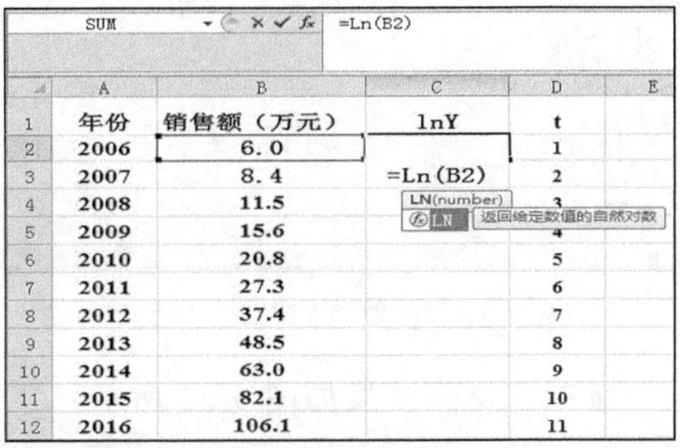


| | A | B | C | D | E |
|---|---|---|---|---|---|
| 1 | 年份 | 销售额（万元） | lnY | t | |
| 2 | 2006 | 6.0 | | 1 | |
| 3 | 2007 | 8.4 | =Ln(B2) | 2 | |
| 4 | 2008 | 11.5 | | 3 | |
| 5 | 2009 | 15.6 | | 4 | |
| 6 | 2010 | 20.8 | | 5 | |
| 7 | 2011 | 27.3 | | 6 | |
| 8 | 2012 | 37.4 | | 7 | |
| 9 | 2013 | 48.5 | | 8 | |
| 10 | 2014 | 63.0 | | 9 | |
| 11 | 2015 | 82.1 | | 10 | |
| 12 | 2016 | 106.1 | | 11 | |

图 9-18　计算出 $\ln(\hat{Y}_t)$ 序列图

第二步，画出 $\ln(\hat{Y}_t)$ 序列的线图（图 9-19），可以看出，此时已经呈现线性增长趋势。

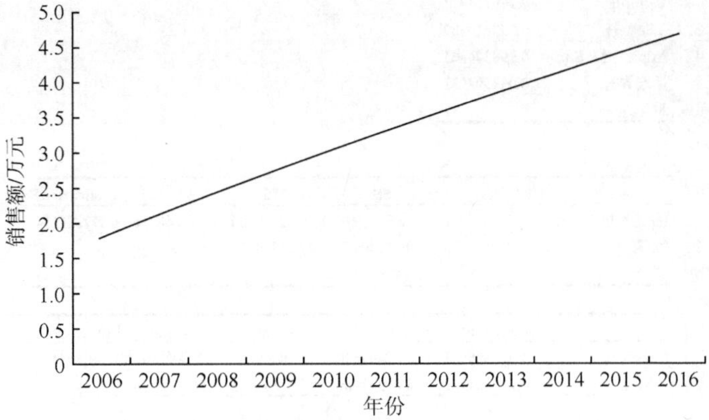


图 9-19　数据变换后销售额趋势图

第三步，在“数据”菜单中选择“数据分析”选项，从其“分析工具”列表中选择“回归”，如图 9-20 所示。

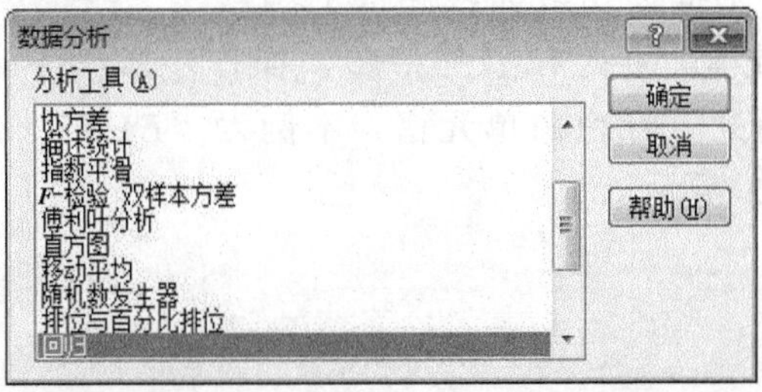


图 9-20　“数据分析”对话框

第四步，单击“确定”按钮，进入该工具对话框，对各参数进行设置，如图 9-21 所示。

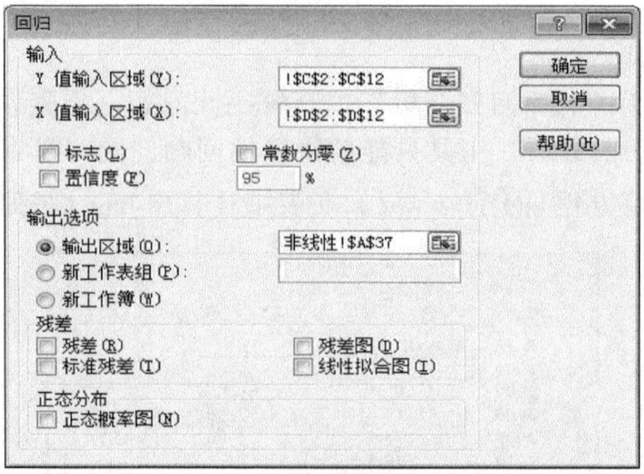


图 9-21　设置“回归”对话框

第五步，单击“确定”按钮，得到结果如图 9-22 所示。

| | A | B | C | D | E | F | G |
|---|---|---|---|---|---|---|---|
| 37 | SUMMARY OUTPUT | | | | | | |
| 38 | | | | | | | |
| 39 | 回归统计 | | | | | | |
| 40 | Multiple R | 0.999254957 | | | | | |
| 41 | R Square | 0.998510469 | | | | | |
| 42 | Adjusted R Squ | 0.998344965 | | | | | |
| 43 | 标准误差 | 0.038592952 | | | | | |
| 44 | 观测值 | 11 | | | | | |
| 45 | | | | | | | |
| 46 | 方差分析 | | | | | | |
| 47 | | df | SS | MS | F | Significance F | |
| 48 | 回归分析 | 1 | 8.98589766 | 8.98589766 | 6033.168736 | 4.91777E-14 | |
| 49 | 残差 | 9 | 0.013404743 | 0.001489416 | | | |
| 50 | 总计 | 10 | 8.999302403 | | | | |
| 51 | | | | | | | |
| 52 | | Coefficients | 标准误差 | t Stat | P-value | Lower 95% | Upper 95% |
| 53 | Intercept | 1.573306845 | 0.024956896 | 63.0409662 | 3.20809E-13 | 1.516850424 | 1.629763266 |
| 54 | X Variable 1 | 0.285814588 | 0.003679694 | 77.67347512 | 4.91777E-14 | 0.277490543 | 0.294138633 |

图 9-22　回归分析结果

得到线性趋势方程 $\ln(\hat{Y}_t)=1.57+0.29t$，可转化为 $\hat{Y}_t=4.80\times1.34^t$。

（2）函数法。

Excel 提供了专门用于描述指数曲线趋势的函数——LOGEST 函数，利用它也可以很方便地求出指数曲线方程，并做模型的检验，操作步骤如下。

第一步，选中一个两列五行空白单元格，本例为“E1:F5”，单击“插入函数”，打开函数对话框，如图 9-23 所示。

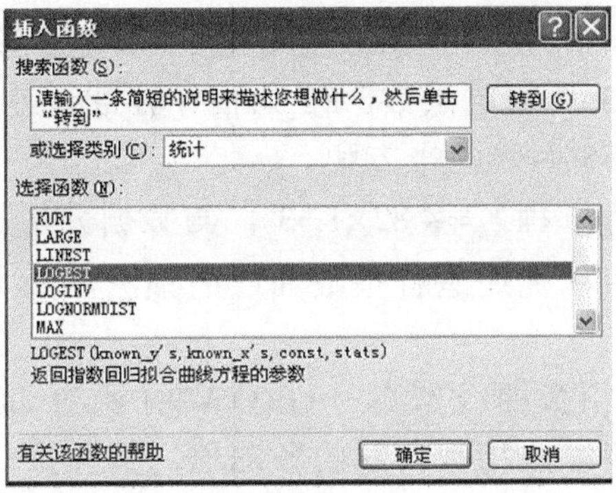


图 9-23 “插入函数”对话框

第二步，“或选择类别”选择“统计”，“选择函数”选择“LOGEST”，单击“确定”按钮，进入“LOGEST 函数”对话框，如图 9-24 所示。

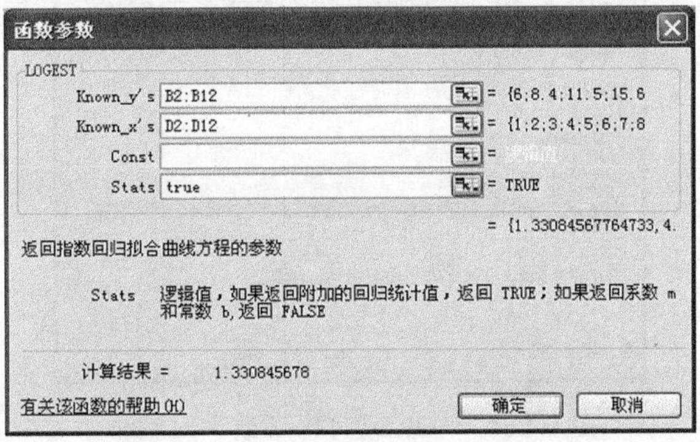


图 9-24 “LOGEST 函数”对话框

第三步，在 Known_y's 框输入应变量数据所在区域，本例为“B2:B12”。在 Known_x's 框输入自变量数据所在区域，本例为“D2:D12”。Const 框，要求输入逻辑值，输入“true”，或省略，则正常计算参数 $a$；输入“false”，则指定参数 $a$ 为 1，本例省略。Stats 框，要求输入逻辑值，输入“true”将给出相应的统计量；输入“false”，则省略统计量的输出，本例输入“true”。

完成对话框设置后，最后必须按 Ctrl+Shift+Enter 组合键结束操作，得到结果如图 9-25 所示。

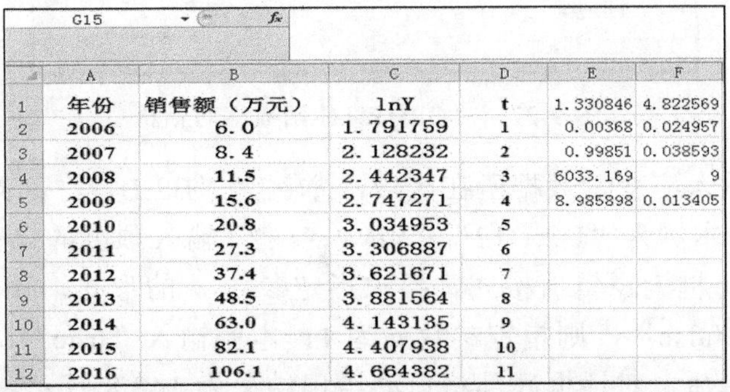

| | A | B | C | D | E | F |
|---|---|---|---|---|---|---|
| 1 | 年份 | 销售额（万元） | lnY | t | 1.330846 | 4.822569 |
| 2 | 2006 | 6.0 | 1.791759 | 1 | 0.00368 | 0.024957 |
| 3 | 2007 | 8.4 | 2.128232 | 2 | 0.99851 | 0.038593 |
| 4 | 2008 | 11.5 | 2.442347 | 3 | 6033.169 | 9 |
| 5 | 2009 | 15.6 | 2.747271 | 4 | 8.985898 | 0.013405 |
| 6 | 2010 | 20.8 | 3.034953 | 5 | | |
| 7 | 2011 | 27.3 | 3.306887 | 6 | | |
| 8 | 2012 | 37.4 | 3.621671 | 7 | | |
| 9 | 2013 | 48.5 | 3.881564 | 8 | | |
| 10 | 2014 | 63.0 | 4.143135 | 9 | | |
| 11 | 2015 | 82.1 | 4.407938 | 10 | | |
| 12 | 2016 | 106.1 | 4.664382 | 11 | | |

图 9-25 LOGEST 函数输出结果

E1 为参数 $b$ 的估计值，F1 为参数 $a$ 的估计值；E2 是参数 $b$ 估计值的标准差，F2 是参数 $a$ 估计值的标准差；E3 为判定系数，F3 为估计标准误差；E4 为 $F$ 统计量，F4 为自由度；E5 为回归平方和，F5 为残差平方和。

从中可以得到指数趋势方程 $\hat{Y}_t = 4.82 \times 1.33^t$，与数据分析工具得到的结果类似。

得到指数趋势方程后，往往还进行指数曲线的预测，如本例要预测 2017 年销售额能增长到多少。

Excel 提供了专门用于指数曲线预测的 GROWTH 函数，可以不建立指数曲线，直接用原始数据进行预测，直接给出指数曲线的预测值。具体操作如下。

第一步，单击任意空白单元格，单击“插入函数”打开函数对话框，“或选择类别”选择“统计”，“选择函数”选择“GROWTH”，如图 9-26 所示。

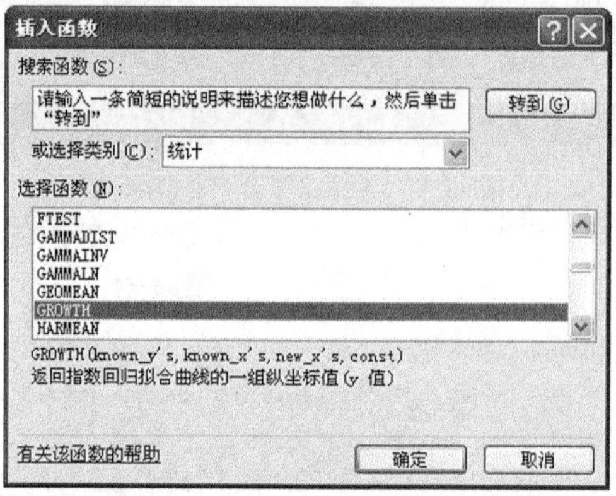


图 9-26 “GROWTH 函数”对话框

第二步，单击“确定”按钮，进入“GROWTH 函数”对话框，如图 9-27 所示。

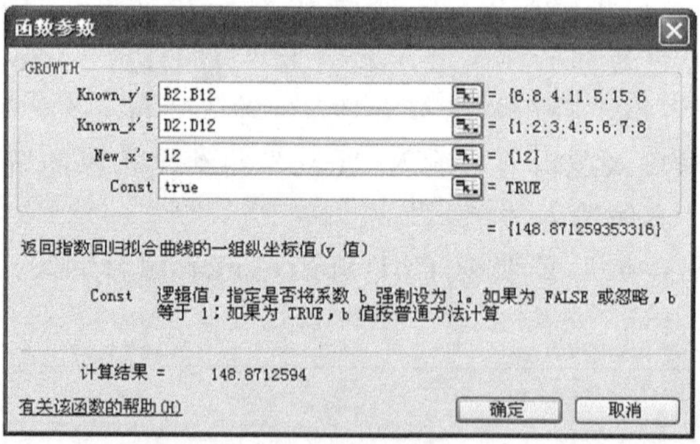


图 9-27 “GROWTH 函数”对话框

Known_y's 框输入应变量数据所在区域，本例为“B2:B12”；Known_x's 框输入自变量数据所在区域，本例为“D2:D12”；New_x's 框，输入预测的自变量值（时间编号），本例为“12”。Const 框为逻辑值格式，要求指定参数 $a$ 的形式，输入“true”，则正常计算参数 $a$；输入“false”，则指定参数 $a$ 为 1，本例输入“true”。

完成对话框设置后，对话框底部将自动给出结果为 148.8 万元。

# 下　　篇

# SPSS 在统计学中的应用

# 第十章

# SPSS 简介

SPSS 软件全称为 statistical product and service solutions，即“统计产品与服务解决方案”软件。SPSS 为 IBM 公司推出的一系列用于统计学分析运算、数据挖掘、预测分析和决策支持任务的软件产品及相关服务的总称，有 Windows 和 Mac OS X 等版本，其中 SPSS for Windows 使用 Windows 的窗口方式展示各种管理数据和分析方法的功能，使用对话框展示各种功能选择项，清晰、直观、易学易懂，涵盖面广。由于其操作简单，已经在我国的社会科学、自然科学的各个领域发挥了巨大作用。该软件还可以应用于经济学、数学、统计学、物流管理、生物学、心理学、地理学、医疗卫生、体育、农业、林业、商业等各个领域。SPSS 最新版本为 23.0，但是基础内容与 20.0 版本差别不大，本书软件操作内容基于 SPSS 20.0 版本，并兼顾 20.0 以下版本。

SPSS 软件主要有三种窗口，即数据编辑窗口、结果输出窗口和语法窗口，在 SPSS 的初级操纵中几乎不会涉及语法窗口，其他两个窗口会经常使用。

数据编辑窗口的外观结构与 Excel 窗口具有极高的相似性，窗口由菜单栏、工具栏、数据编辑栏和状态栏组成。窗口菜单栏由 11 个主菜单构成，除 SPSS 专有主菜单外，其他主菜单与 Excel 的主菜单功能也基本相似。如图 10-1 所示。

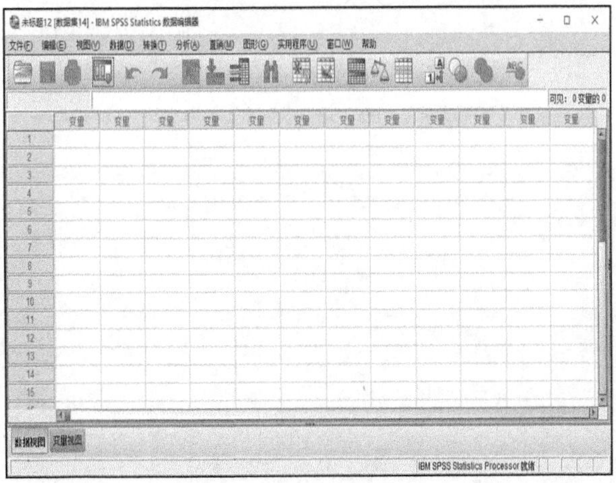


图 10-1　数据编辑窗口

SPSS 结果输出窗口主要用于显示统计分析结果、统计报告和统计图表等信息。此外，执行命令时产生的新变量的信息和运行产生错误时的警告信息也会在这里显示。

如图 10-2 所示。

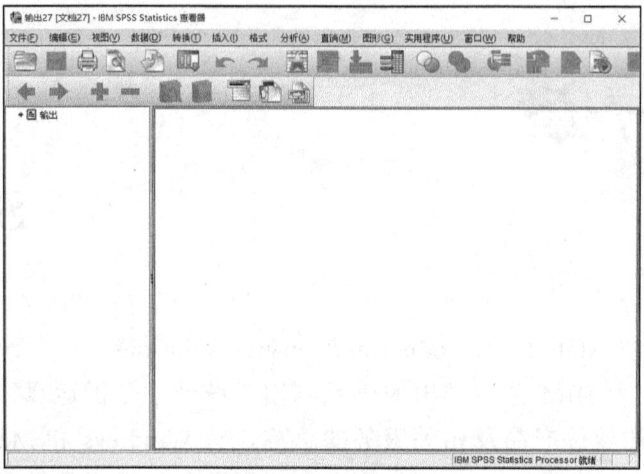


图 10-2　结果输出窗口

# 第十一章

# 数据的来源

在用SPSS进行各种数据分析之前，我们首先要做的工作就是数据的录入，包括SPSS如何导入数据和SPSS如何输入数据。

## 一、SPSS数据文件的建立

SPSS数据文件的建立过程分为三个主要内容：定义变量的属性特征、录入数据和保存数据。

第一步，打开SPSS主界面，选择主菜单“文件”—“新建”—“数据”，建立一个新数据文件。SPSS数据窗口分为两个窗口：“变量视图”和“数据视图”，分别用于变量定义和数据录入，如图11-1左下角所示。

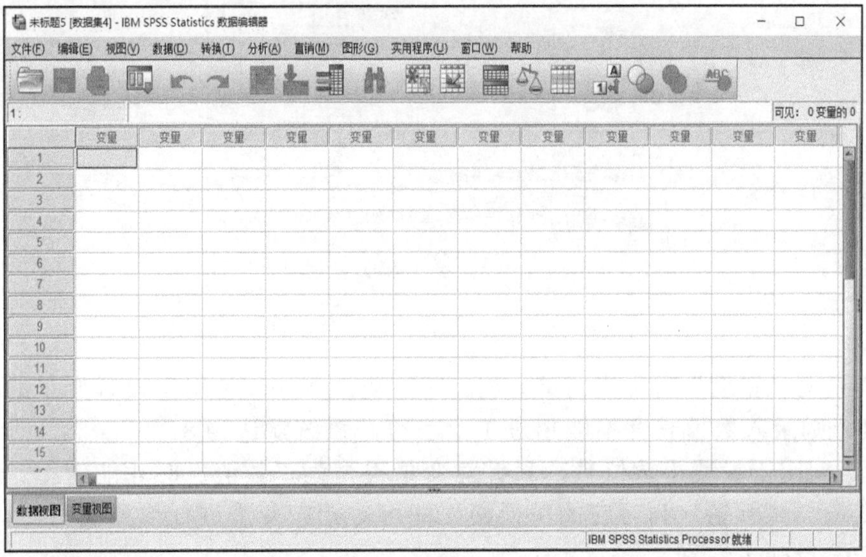


图11-1　SPSS数据窗口

第二步，定义变量属性特征，单击左下角“变量视图”，进入“变量视图”窗口，这里的每一行表示一个变量。定义变量属性特征，包括变量名、变量类型、变量标签、变量取值标签、缺失值、变量显示列宽、变量测度类型等方面，如图11-2所示。

单击变量与“名称”列相对应的单元格，即可录入变量名，如“XB”，当然也可以录入中文。

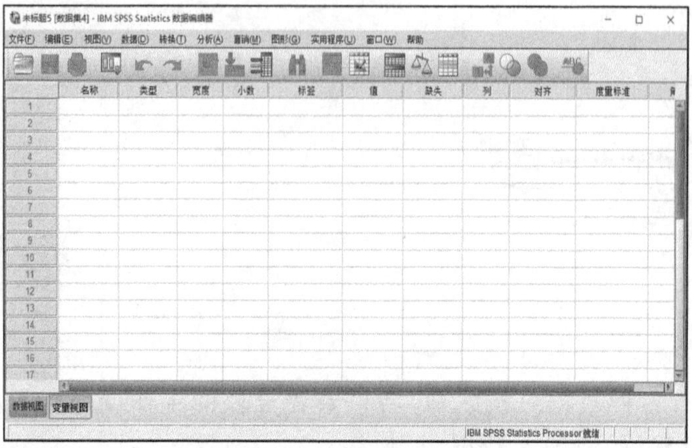


图 11-2 “变量视图”窗口

单击变量与“类型”列相对应的单元格，再单击右侧按钮，弹出“变量类型”对话框，即可重新定义变量的类型。这里所说的类型是指即将录入的变量的取值类型，可选字符、数值和日期等 9 种（图 11-3）。例如变量“*XB*”的取值为 0 和 1，则可以选“数值”。系统默认为“数值”。

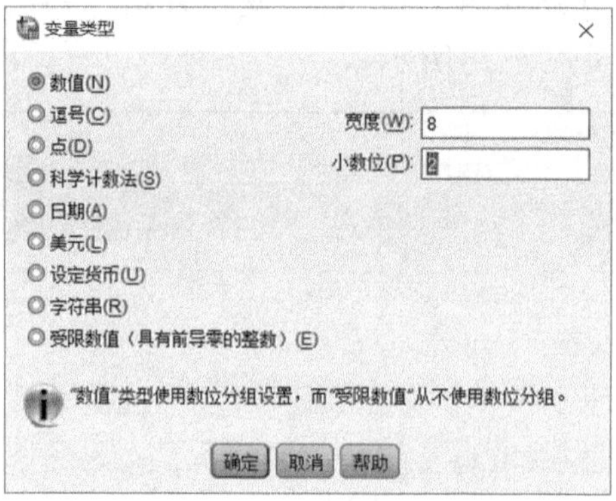


图 11-3 “变量类型”对话框

单击变量与“宽度”列对应的单元格，即可更改大小，是用于设置变量的取值长度，如设置为 1，则录入数值长度不能超过 1 个字符，系统默认为 8。

“小数”列用于设置小数位数，只针对变量类型为“数值”时才能使用。

双击变量与“标签”列对应的单元格，即可对相应变量进行注释说明，如“性别”，则表示该变量反映了性别。

单击变量与“值”列对应的单元格，再单击右侧按钮，弹出“值标签”对话框，即可对变量的取值设定标签，用于设置每一个变量取值的含义。例如反映性别的变量“*XB*”，其取值为 0 和 1，分别代表了男和女，如图 11-4 所示。

“缺失”列主要用于设置变量的缺失值。

“列”列主要用于设置变量在“数据视图”窗口中的显示列宽。

“对齐”列主要用于设置变量在“数据视图”窗口中的对齐方式。

“度量标准”列主要用于设置变量尺度类型，包含数值型变量、顺序型变量和名义型变量。例如反映性别的变量“*XB*”，应该设置为名义型变量，如图 11-5 所示。

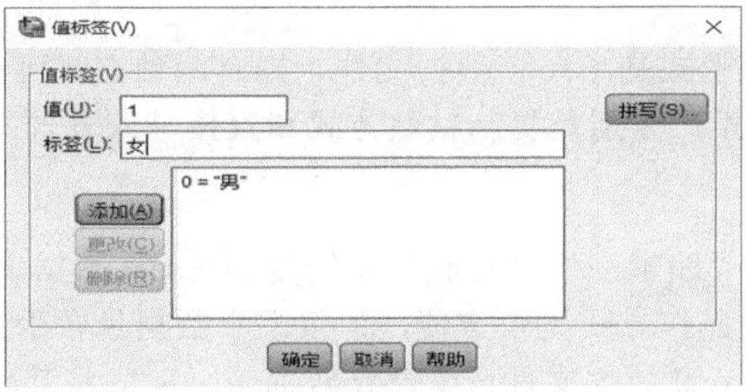


图 11-4　“值标签”对话框

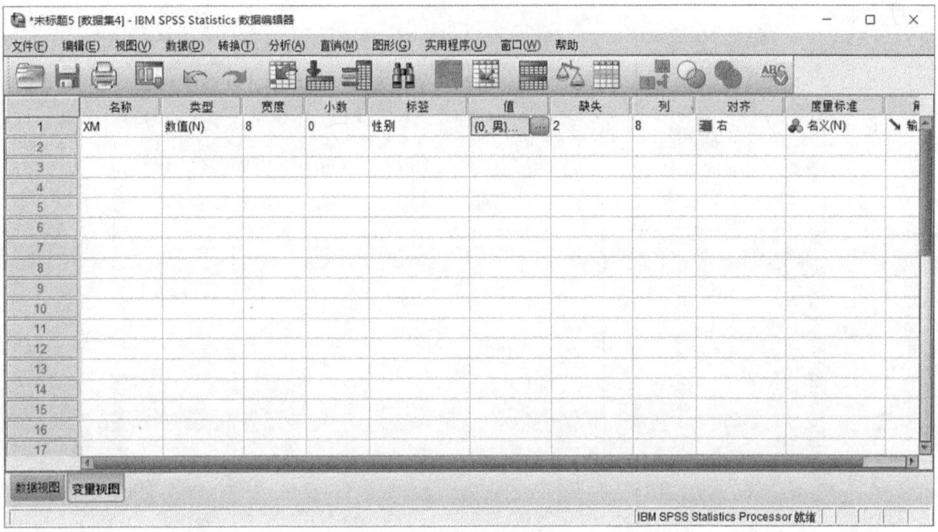


图 11-5　“变量视图”窗口

第三步，录入数据，单击左下角“数据视图”，这里的每一列表示一个变量，每一行表示每一个单位的记录。图 11-6 中的每一行表示每一个学生的记录，而每一列则表示一个变量。单击相应的单元格即可录入数据。

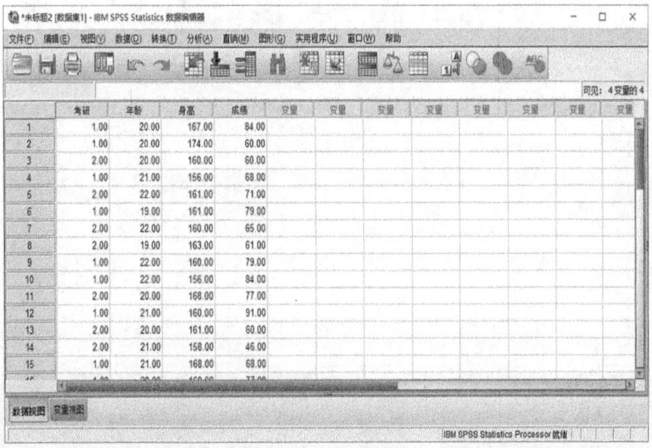


图 11-6　SPSS 数据窗口

## 二、读取 Excel 数据文件

如果已有数据保存形式是 Excel 数据文件，则有两种方式可以实现 Excel 数据文件向 SPSS 数据文件的转换，分别是复制粘贴方式和直接导入方式。

### 1. 复制粘贴方式

通过 Excel 主菜单“编辑”中“复制”功能复制 Excel 数据，然后直接粘贴到 SPSS 数据视图下即可。这种操作方式比较方便，但仅限于数据量较少的情况使用。

【例 1】已有一个 Excel 数据文件“调查数据-简化.xls”，将其转化为 SPSS 数据文件。

第一步，打开 Excel 数据，选择目标区域，使用“Ctrl+C”组合键或右键复制数据，如图 11-7 所示。

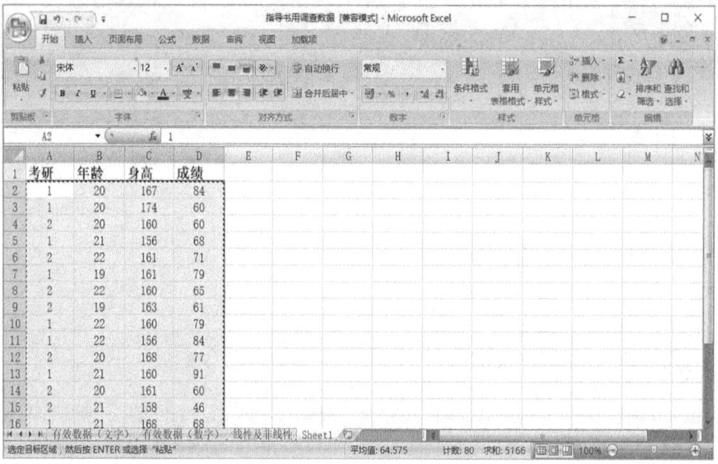


图 11-7 复制数据

第二步，打开 SPSS 主界面，切换到“数据视图”，左键单击左上角空白格，如图 11-8 所示。

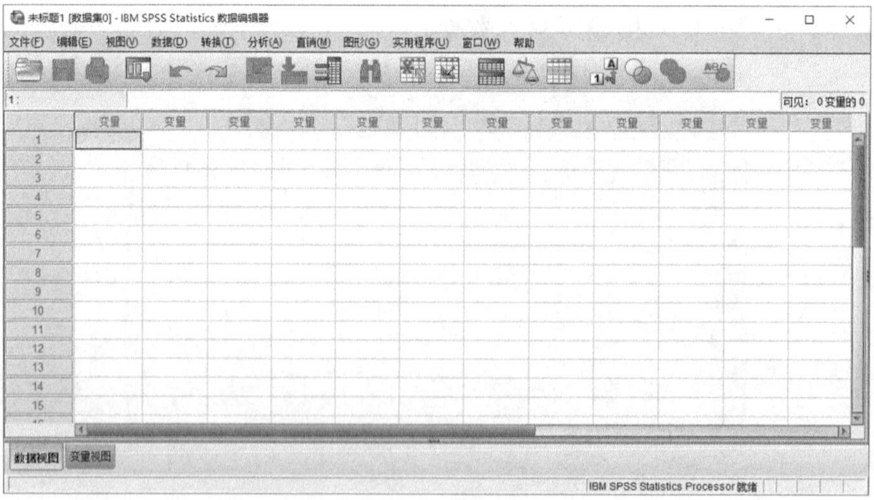


图 11-8 SPSS 数据窗口

第三步，使用“Ctrl+V”组合键或右键“粘贴”，粘贴刚才复制内容即可，系统默认变量名为“VAR00001”“VAR00002”“VAR00003”和“VAR00004”……如图 11-9 所示。

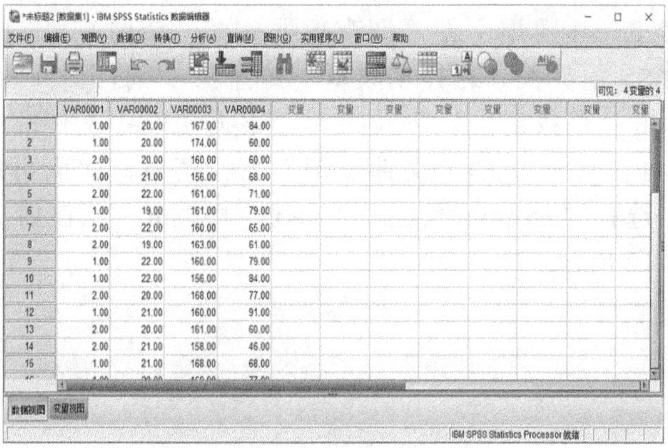

图 11-9 SPSS 数据窗口

第四步，单击左下角“变量视图”，进入变量视图更改变量属性，如图 11-10 所示。

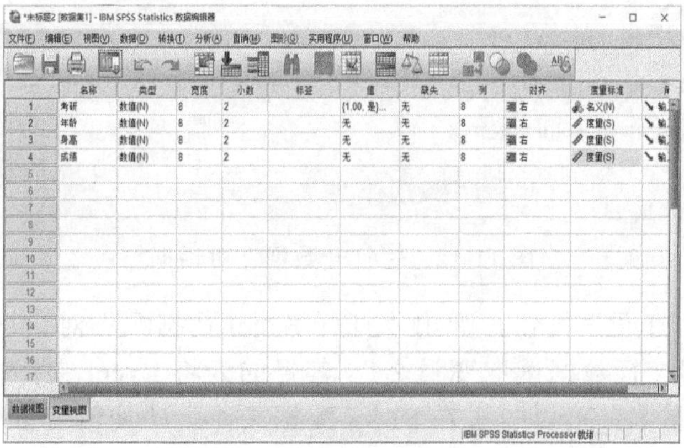

图 11-10 “变量视图”窗口

第五步，返回数据视图，数据导入完成，如图 11-11 所示。

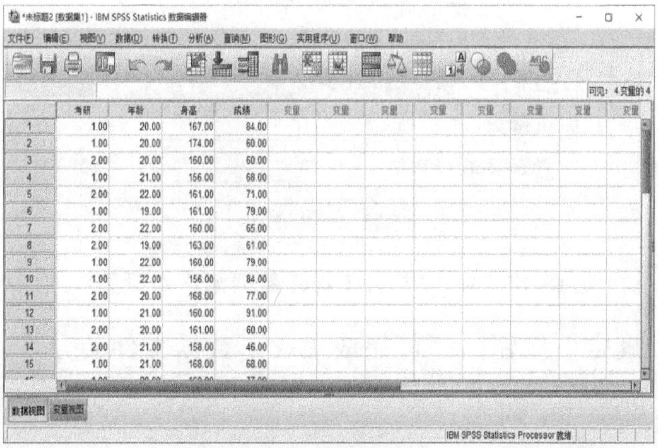

图 11-11 “数据视图”窗口

### 2. 直接导入方式

SPSS可以直接打开许多其他格式的数据文件,假设我们要打开一个Excel数据文件。

【例 2】已有一个 Excel 数据文件“调查数据.xls”,使用 SPSS 打开该数据文件。

第一步,打开 SPSS 主界面,选择主菜单“文件”—“打开”—“数据”,会弹出“打开数据”对话框。单击“查找范围”下拉菜单,根据 Excel 文件的路径,找到 Excel 文件所在的文件夹;单击对话框中的“文件类型”下拉菜单,里面可以看到能够直接打开的数据文件的格式,选择“Excel(*.xls,*.xlsx,*.xlsm)”,在窗口中选择需要打开的 Excel 文件。如图 11-12 所示。

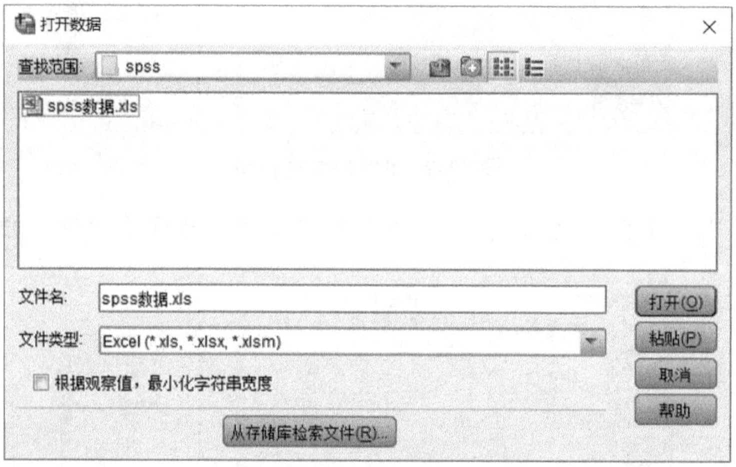


图 11-12 “打开数据”对话框

第二步,单击“打开”按钮,弹出“打开 Excel 数据源”对话框,如图 11-13 所示。系统默认勾选“从第一行数据读取变量名”,其目的为将 Excel 文件中的第一行直接作为 SPSS 数据文件的变量名,可以省去在 SPSS 数据文件手动编辑变量名的工作。单击“工作表”下拉菜单右侧下拉按钮,选择需要打开的 Excel 工作表。

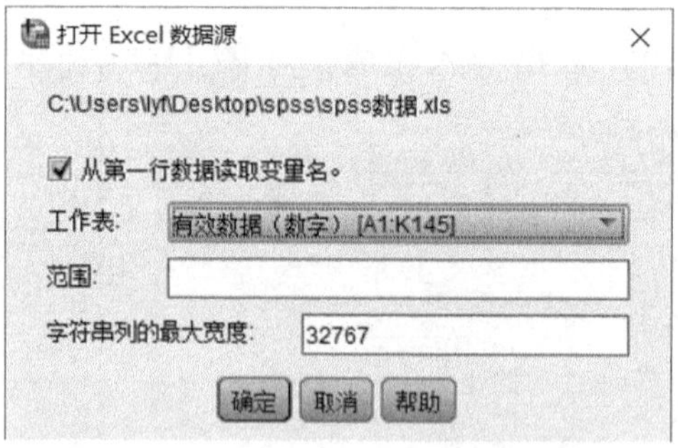


图 11-13 “打开 Excel 数据源”对话框

第三步,单击“确定”按钮,即可完成 Excel 数据文件的导入,如图 11-14 所示,保存即可。

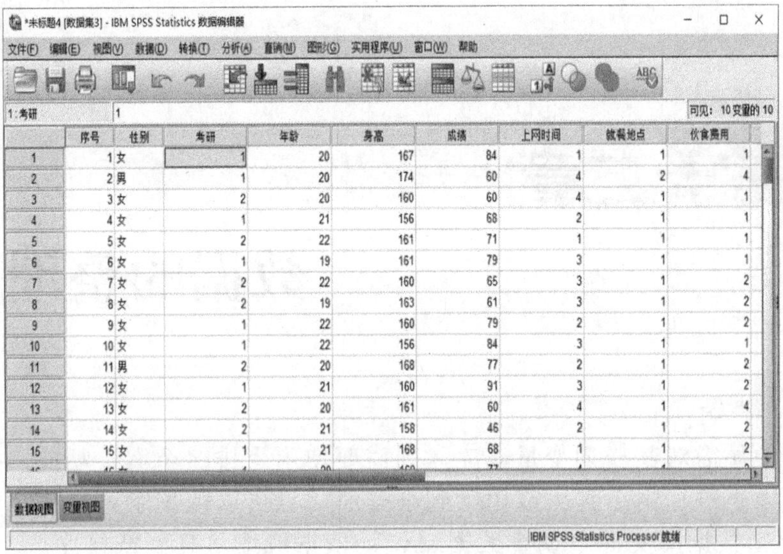


图 11-14　Excel 数据文件导入

# 第十二章

# 数据的整理与显示

## 实验一：排序

在 SPSS 中如需对某一列变量排序，则需要使用“排序个案”功能，排序方法可以依据变量数值大小进行由小到大或由大到小排序，也可以依据字符串的字母顺序排序。

【例 1】已知数据库文件“调查数据.sav”，依据成绩从高到低排序。

第一步，打开数据库文件“调查数据.sav”，选择主菜单“数据”—“排序个案”，弹出“排序个案”主对话框。在“排序个案”主对话框左侧窗口中选择变量“成绩”，单击中间转向箭头，选择“排列顺序”方法，如图 12-1 所示。

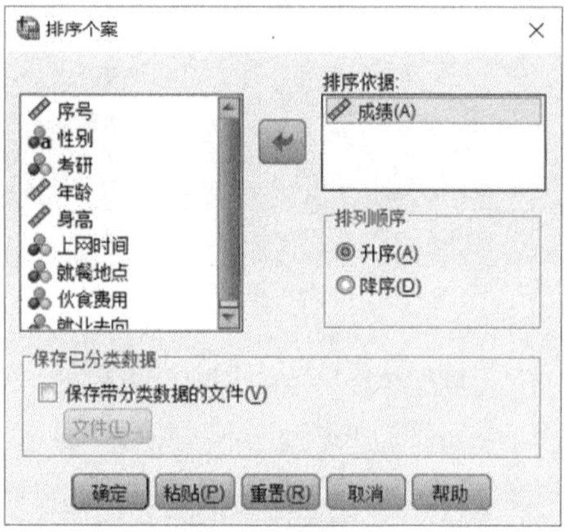


图 12-1 “排序个案”主对话框

第二步，单击“确定”按钮，即可完成排序，其结果如图 12-2 所示。

## 实验二：筛选

数据的筛选是指按照一定的准则删掉不需要的记录，或者提取满足条件的记录，SPSS 的“选择个案”功能可以找到满足特定条件的记录，为进一步的统计分析与作图做准备。

【例 2】已知数据库文件“调查数据.sav”，挑选出满足条件，身高在 160cm 至 170cm 之间的记录。

第一步，打开数据库文件“调查数据.sav”，选择主菜单“数据”—“选择个案”，弹出“选择个案”对话框，如图 12-3 所示。

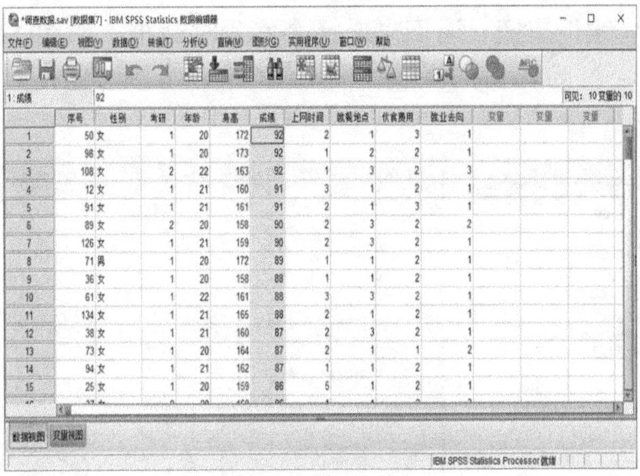


图 12-2　排序结果

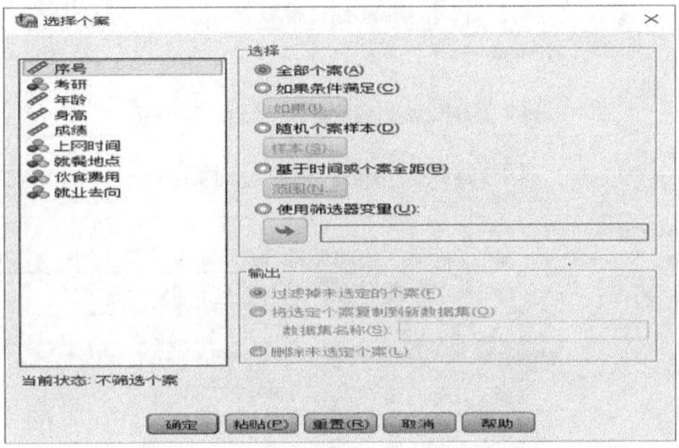


图 12-3　“选择个案”对话框

第二步，在右侧“选择”栏目下选择“如果条件满足（C）”，再单击如果(I)...，弹出“选择个案：if”对话框。在“选择个案：if”对话框左侧窗口，选择变量“身高”，单击中间转向箭头。在右上侧条件输入窗口中输入“身高 >160 & 身高 <170”，如图 12-4 所示。

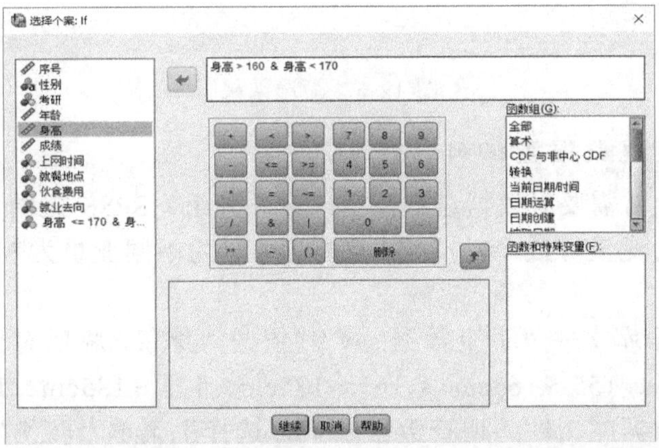


图 12-4　设置“选择个案：if”对话框

第三步，单击“继续”按钮，返回“选择个案”对话框，如图 12-5 所示。再单击“确定”按钮，即可得到经过筛选后的数据文件，如图 12-6 所示。

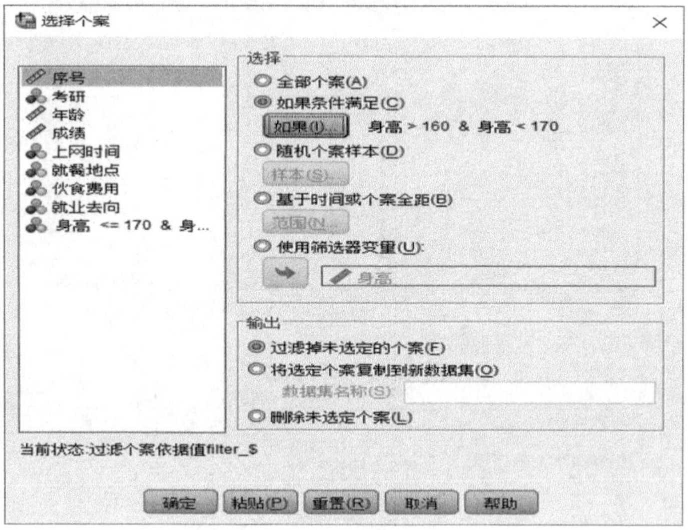


图 12-5 “选择个案”对话框

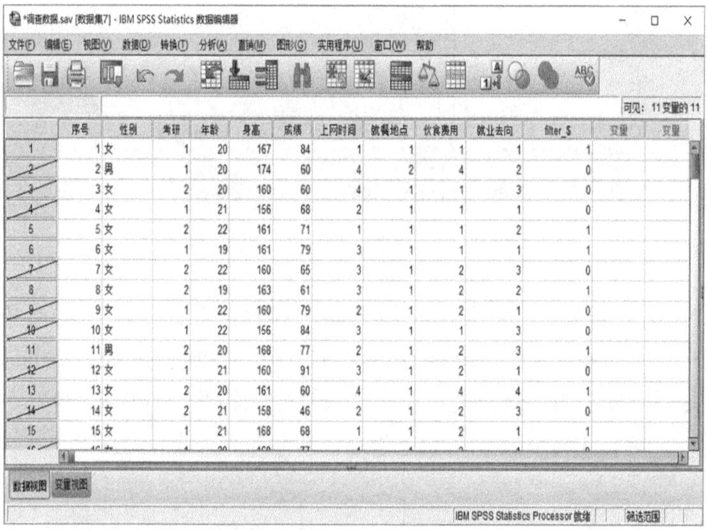


图 12-6 筛选结果

## 实验三：数值型数据重编码（分组）

在数据分析时经常需要对数据进行分组或合并分组，SPSS 提供了重新编码为相同变量和重新编码为不同变量等数个功能，现已重新编码为不同变量为例介绍如何利用 SPSS 进行分组。

【例 3】已知数据库文件“调查数据.sav”，依据“身高”将所有记录分为 5 组，分组标准为：155cm 以下、155～165cm 、165～175cm、175～185cm、185cm 以上。

第一步，打开数据库文件“调查数据.sav”，选择主菜单“转换”—“重新编码为不同变量”，弹出“重新编码为其他变量”主对话框。在“重新编码为其他变量”主对话框左侧窗口，选择变量“身高”，单击中间转向箭头，在“输出变量”栏，名称命名为“FZ”，标签备注为“分组结果”，单击“更改（H）”按钮，如图 12-7 所示。

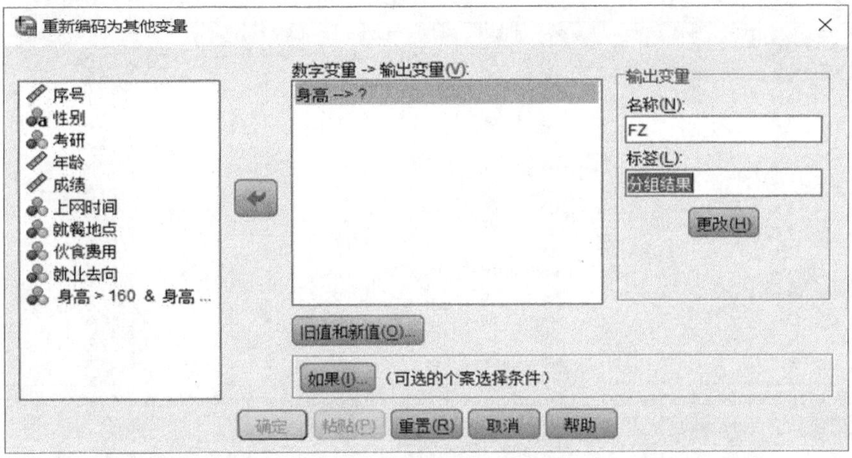


图 12-7　“重新编码为其他变量”主对话框

第二步，单击按钮，弹出“重新编码为其他变量：新值和旧值”对话框，在左侧“旧值”栏，选择“范围，从最低到值（G）”，输入 154.9，右侧“新值”栏，“值（L）”输入 1，单击“添加”按钮；在左侧“旧值”栏，选择“范围”，输入 155～164.9，右侧“新值”栏，“值（L）”输入 2，单击“添加”按钮；在左侧“旧值”栏，选择“范围”，输入 165～174.9，右侧“新值”栏，“值（L）”输入 3，单击“添加”按钮；在左侧“旧值”栏，选择“范围”，输入 175～184.9，右侧“新值”栏，“值（L）”输入 4，单击“添加”按钮；在左侧“旧值”栏，选择“范围，从值到最高（E）”，输入 185，右侧“新值”栏，“值（L）”输入 5，单击“添加”按钮。如图 12-8 所示。

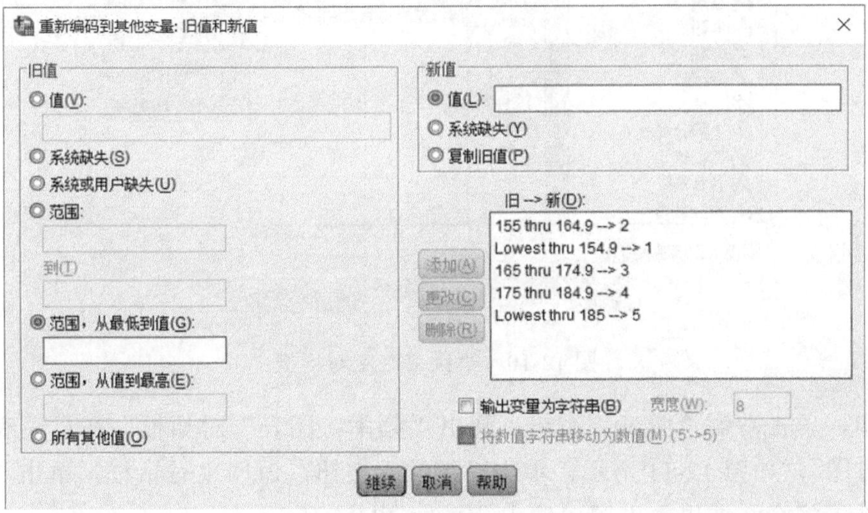


图 12-8　“重新编码为其他变量：新值和旧值”对话框

第三步，单击“继续”按钮，返回“重新编码为其他变量”主对话框，单击“确定”按钮，数据文件中即可得到新的分组变量 FZ，如图 12-9 所示。

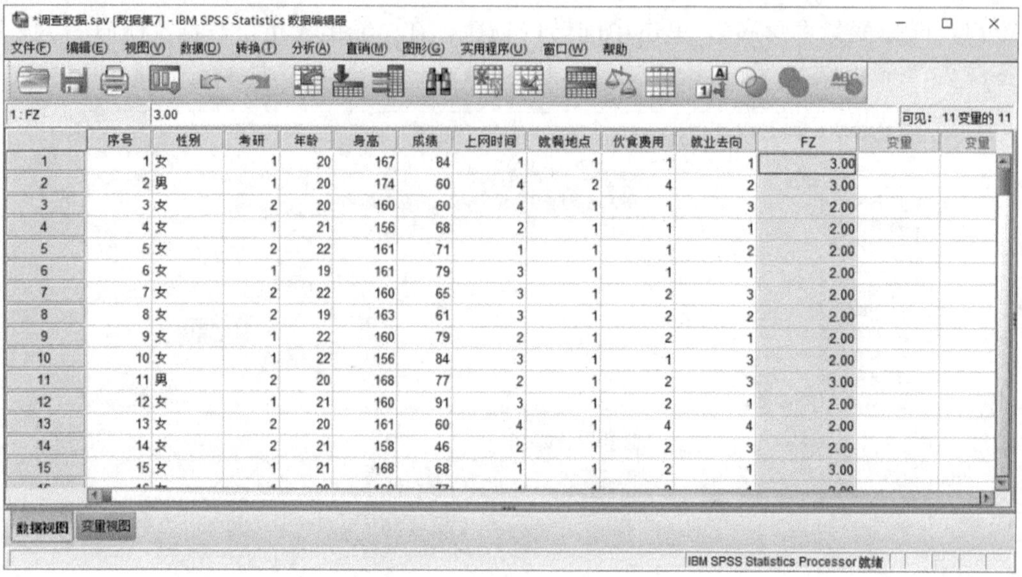

图 12-9 分组结果

**实验四：频数统计分析**

【例 4】根据【例 3】的分组结果，计算各组的频数。

第一步，打开数据库文件“调查数据.sav”，选择主菜单“分析”—“描述统计”—“频率”，弹出“频率”主对话框。在“频率”主对话框左侧窗口，选择变量“FZ”，单击中间转向箭头，如图 12-10 所示。

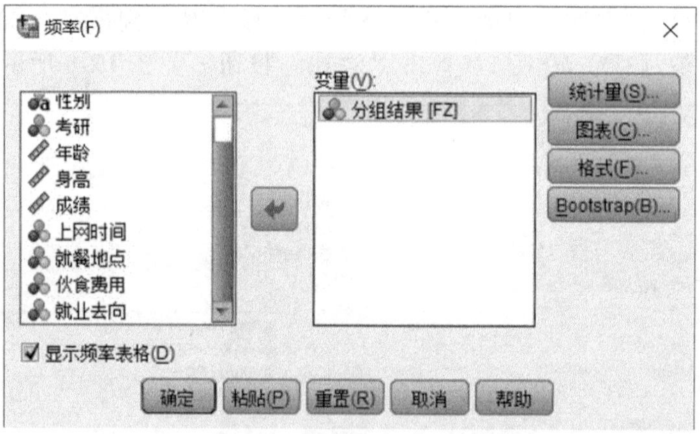


图 12-10 “频率”主对话框

第二步，单击右侧“图表”按钮，弹出“频率：图表”对话框，在“图表类型”栏选择“直方图”，如图 12-11 所示。单击“继续”按钮，返回主对话框，单击“确定”按钮，分析结果将会在结果输出窗口输出，如图 12-12 所示。

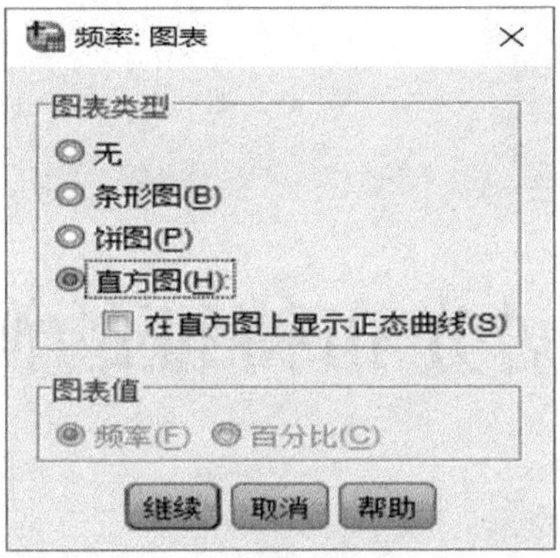


图 12-11 “频率：图表”对话框

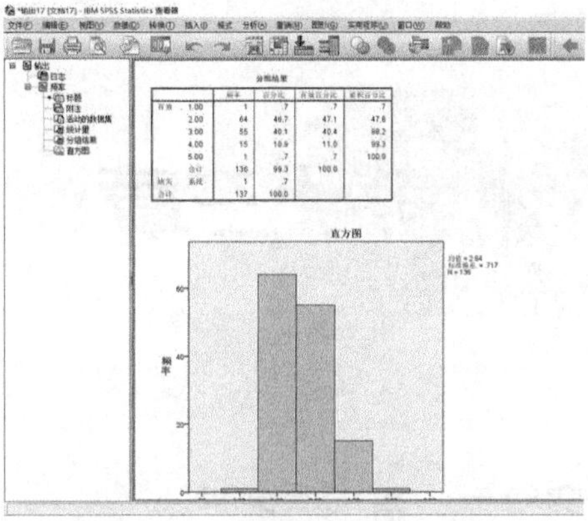


图 12-12 频数分析输出结果

# 第十三章

# 数据分布特征的测度

## 实验一：描述性分析

描述性分析过程的本质是计算并输出能够反映数据分布形态（中趋势、离散程度、偏态程度和陡峭程度等方面）的各种指标，用以描述数据的分布特征。另外，通过该过程还可以对原始数据进行标准化处理。

【例 1】已知数据库文件“调查数据.sav”，计算反映变量“年龄”数据分布特征的各类统计量。

第一步，打开数据库文件“调查数据.sav”，选择主菜单“分析”—“描述统计”—“描述”，弹出“描述”主对话框。在 “描述”主对话框左侧窗口，选择变量“年龄”，单击中间转向箭头，如图 13-1 所示。

第二步，单击右侧“选项（O）”按钮，弹出“描述：选项”对话框，选择需要输出的各种统计量，如图 13-2 所示。单击“继续”按钮，返回主对话框，单击“确定”按钮，将会在结果输出窗口输出最终分析结果（表 13-1）。

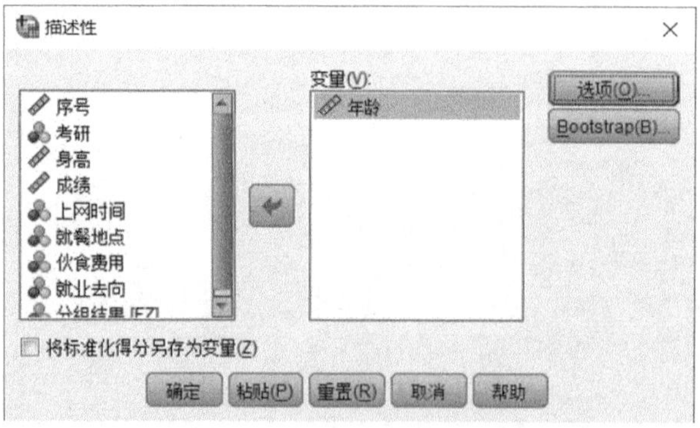


图 13-1　“描述”主对话框

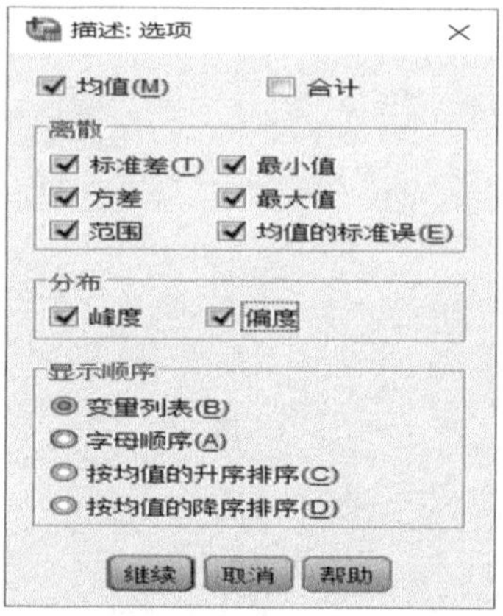


图 13-2　“描述：选项”对话框

表 13-1　描述统计输出结果表

| | $N$ | 全距 | 极小值 | 极大值 | 均值 | | 标准差 | 方差 | 偏度 | | 峰度 | |
|---|---|---|---|---|---|---|---|---|---|---|---|---|
| | 统计量 | 统计量 | 统计量 | 统计量 | 统计量 | 标准误 | 统计量 | 统计量 | 统计量 | 标准误 | 统计量 | 标准误 |
| 年龄 | 137 | 5 | 18 | 23 | 20.79 | 0.076 | 0.886 | 0.786 | 0.173 | 0.207 | 0.240 | 0.411 |
| 有效的 $N$ | 137 | | | | | | | | | | | |

**实验二：制图**

主菜单“图形”—“旧对话框”中，有条形图、茎叶图、线图、面积图、饼图、高低图、箱图、误差条形图、人口金字塔图、散点图和直方图，共 11 种类型。本部分重点介绍如何使用 SPSS 制作直方图、箱图和茎叶图。

【例 2】已知数据库文件“调查数据.sav”，绘制变量“年龄”的直方图、箱线图和茎叶图。

### 1. 直方图

第一步，打开数据库文件“调查数据.sav”，选择主菜单“图形”—“旧对话框”—“直方图”，弹出“直方图”主对话框。在“直方图”主对话框左侧窗口，选择变量“年龄”，单击中间转向箭头，导入变量窗口，同时勾选“显示正态曲线（D）”，如图 13-3 所示。

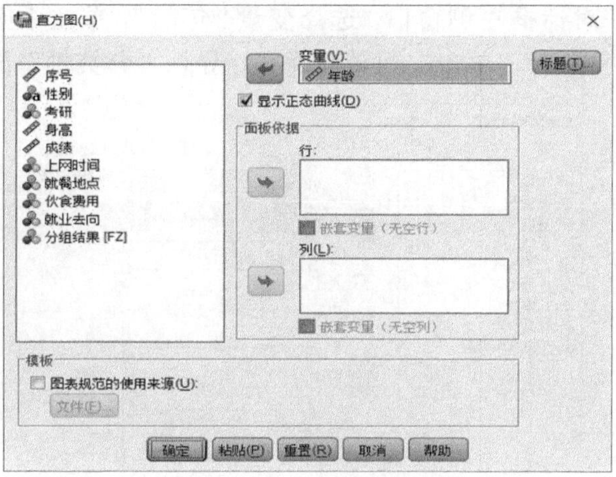


图 13-3　“直方图”主对话框

第二步，单击“确定”按钮，将会在结果输出窗口输出最终分析结果，如图 13-4 所示。

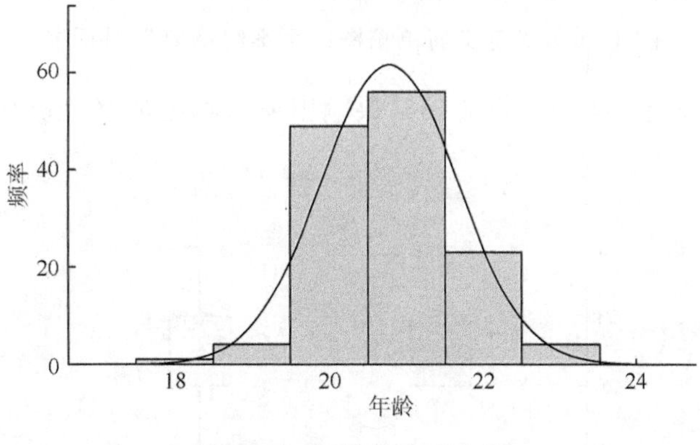


图 13-4　年龄分布直方图

### 2. 箱线图

第一步，打开数据库文件“调查数据.sav”，选择主菜单“图形”—“旧对话框”—“箱图”，弹出“箱图”主对话框。选择“简单”所对应的图形，如图 13-5 所示。

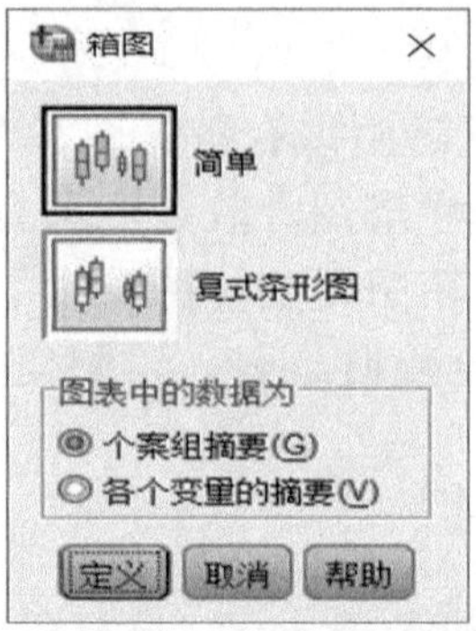


图 13-5 “箱图”主对话框

第二步，单击“定义”，弹出“定义简单箱图：个案组摘要”对话框。在“定义简单箱图：个案组摘要”对话框左侧窗口，选择变量“年龄”，单击中间转向箭头，导入“变量”窗口；选择变量“性别”，单击中间转向箭头，导入“分类轴”窗口，如图 13-6 所示。

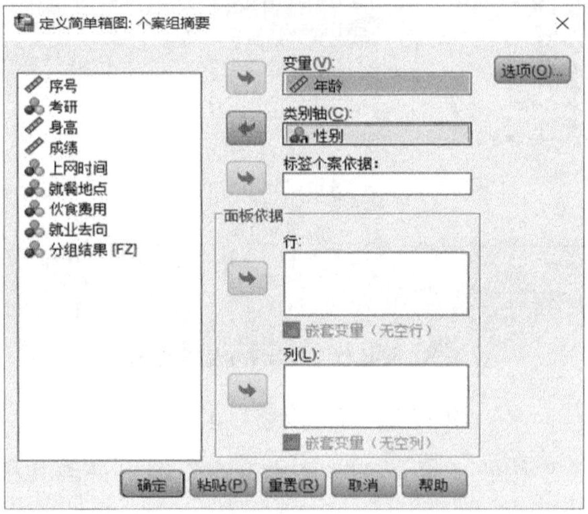


图 13-6 “定义简单箱图：个案组摘要”对话框

第三步，单击“确定”按钮，将会在结果输出窗口输出最终分析结果，如图 13-7 所示。

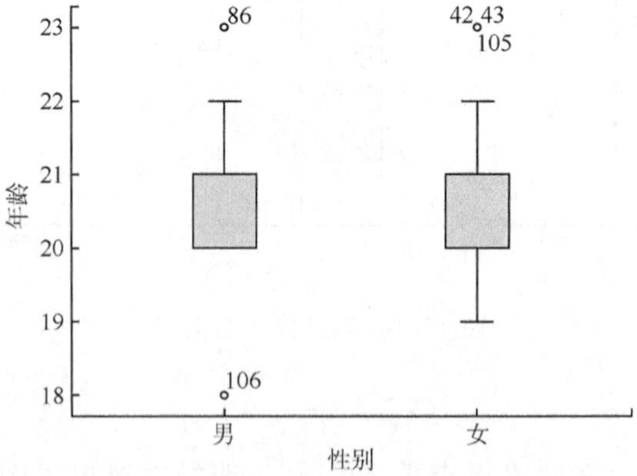


图 13-7 按性别分组的年龄分布箱线图

### 3. 茎叶图

第一步，打开数据库文件“调查数据.sav”，选择主菜单“分析”—“描述统计”—“探索”，弹出“探索”主对话框。在 “探索”主对话框左侧窗口，选择变量“年龄”，单击中间转向箭头，导入“因变量列表”窗口，如图 13-8 所示。

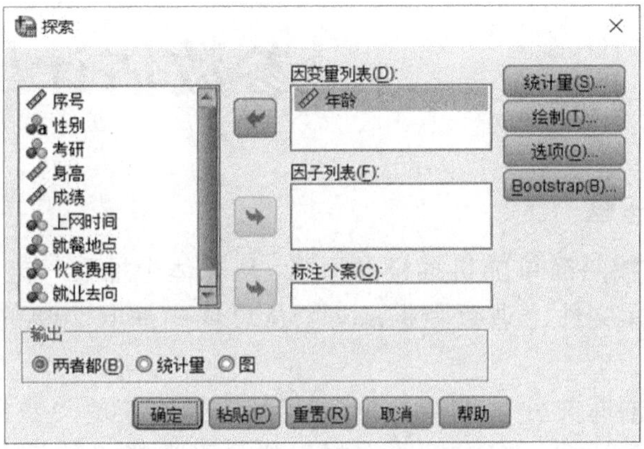


图 13-8 “探索”主对话框

第二步，单击“确定”按钮，将会在结果输出窗口输出最终分析结果，如图 13-9 所示。

```
Stem-and-Leaf Plot

Frequency    Stem &  Leaf

    1.00 Extremes    (=<18.0)
    4.00       19 .  0000
     .00       19 .
     .00       19 .
     .00       19 .
     .00       19 .
   49.00       20 .  0000000000000000000000000000000000000000000000000
     .00       20 .
     .00       20 .
     .00       20 .
     .00       20 .
   56.00       21 .  00000000000000000000000000000000000000000000000000000000
     .00       21 .
     .00       21 .
     .00       21 .
     .00       21 .
   23.00       22 .  00000000000000000000000
    4.00 Extremes    (>=23.0)

Stem width:          1
Each leaf:       1 case(s)
```

图 13-9 按年龄分布的茎叶图

# 第十四章 参数估计与假设检验

## 实验一：随机抽样

SPSS 中可以实现按照简单随机抽样的原则，从总体中抽取一定数目的个案作为样本。

【例 1】已知数据库文件“调查数据.sav”，从总体中抽取 20%的个案组成一个样本进行分析。

第一步，打开数据库文件“调查数据.sav”，选择主菜单“数据”—“选择个案”，弹出“选择个案”主对话框。在右侧“选择”栏目下选择“随机个案样本（D)”，如图 14-1 所示。再单击 样本(S)... ，弹出“选择个案：随机样本”对话框。

第二步，在“选择个案：随机样本”对话框中，在样本尺寸栏，选择第一项“大约（A）所有个案的%”，输入 20，如图 14-2 所示。单击“继续”按钮返回主对话框，单击“确定”按钮。样本选择完成结果如图 14-3 所示。

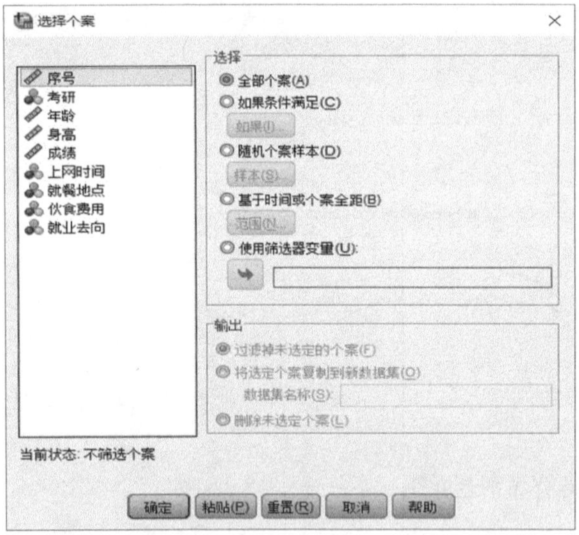


图 14-1 “选择个案”主对话框

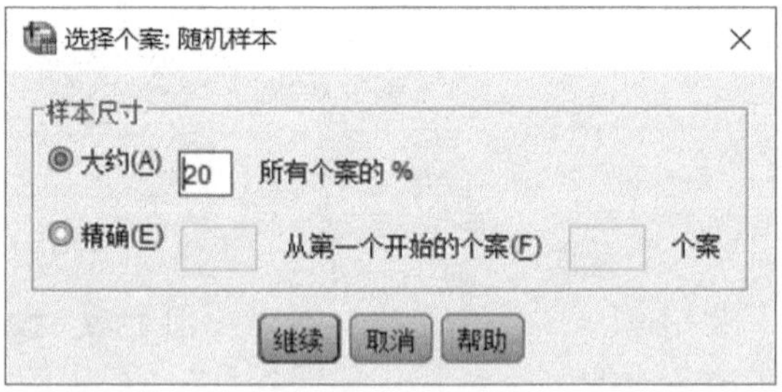


图 14-2 “选择个案：随机样本”对话框

## 实验二：参数估计

利用样本对总体特征进行统计推断，是统计学的基本任务之一，这种推断常常表现为对总体分布的未知参数进行估计，SPSS 中提供“探索”过程和“均值比较”过程就可以处理这一类问题，在总体方差未知的情况下，如需对单一总体的均值进行区间估计，可以通过“探索”过程来实现。

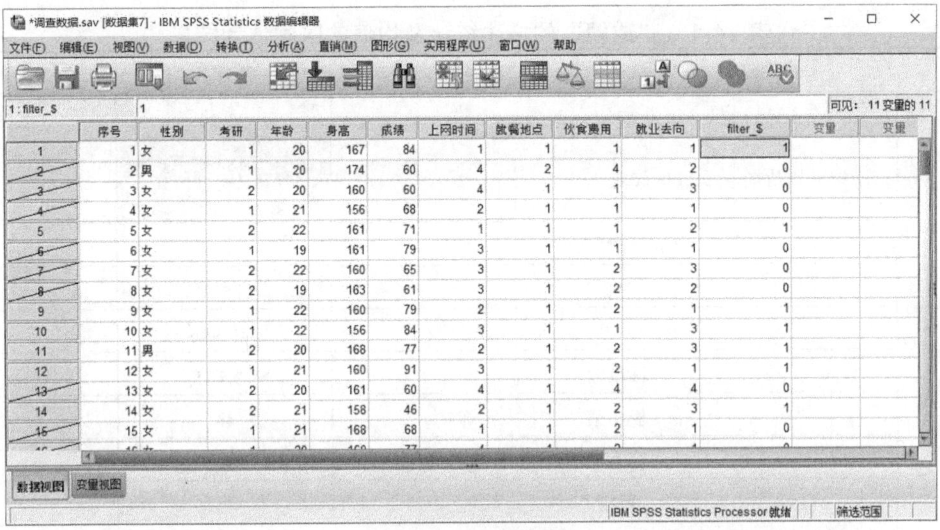


图 14-3　抽样结果

### 1. 单总体均值的区间估计（总体方差未知）

【例 2】通过【例 1】抽取的样本，现在利用该样本对总体“成绩”的集中趋势进行统计推断。

第一步，打开数据库文件“调查数据.sav”（注：该数据库已经进行了筛选处理），选择主菜单“分析”—“描述统计”—“探索”，弹出“探索”主对话框。在“探索”主对话框左侧窗口，选择变量“成绩”，单击中间转向箭头，导入“因变量列表”窗口，如图 14-4 所示。

第二步，单击“统计量（S）…”按钮，弹出“探索：统计量”对话框，勾选“描述性”，在“均值的置信区间”文本框，输入“95”，表示计算选择的置信区间，如图 14-5 所示。

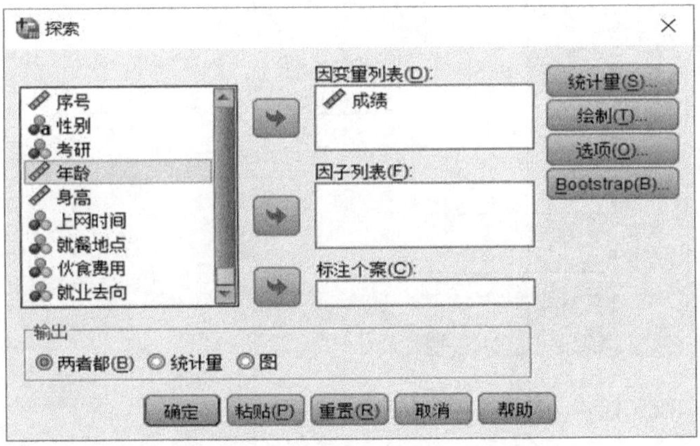


图 14-4　“探索”主对话框

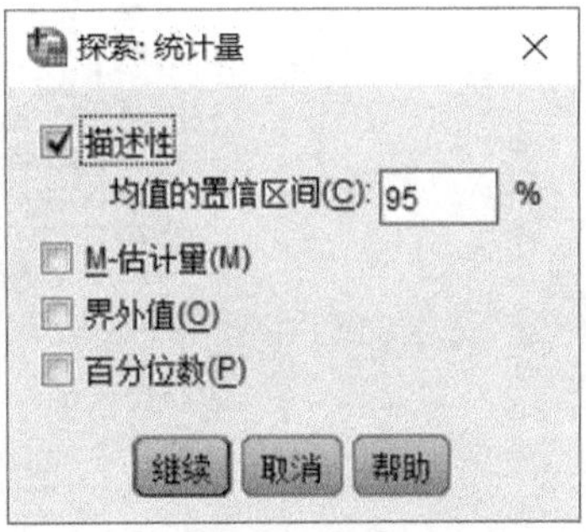


图 14-5　“探索：统计量”对话框

第三步，单击“继续”按钮，返回主对话框再单击“确定”按钮，将会在结果输出窗口输出最终分析结果（表 14-1）。

**表 14-1 “成绩”的描述统计及均值的区间估计结果**

| | | | 统计量 | 标准误 |
|---|---|---|---|---|
| 成绩 | 均值 | | 73.06 | 2.151 |
| | 均值的 95%置信区间 | 下限 | 68.68 | |
| | | 上限 | 77.45 | |
| | 5% 修整均值 | | 73.24 | |
| | 中值 | | 75.5 | |
| | 方差 | | 147.996 | |
| | 标准差 | | 12.165 | |
| | 极小值 | | 46 | |
| | 极大值 | | 92 | |
| | 范围 | | 46 | |
| | 四分位距 | | 24 | |
| | 偏度 | | –0.201 | 0.414 |
| | 峰度 | | –1.063 | 0.809 |

## 2. 两个总体均值差的区间估计（总体方差未知）

【例 3】通过【例 1】抽取的样本，现以“考研”作为分组变量，利用该样本考察“成绩”差异性的大小。

第一步，打开数据库文件“调查数据.sav”（注：该数据库已经进行了筛选处理），选择主菜单“分析”—“比较均值”—“独立样本 $t$ 检验”，弹出“独立样本 $t$ 检验”主对话框。在“独立样本 $t$ 检验”主对话框左侧窗口，选择变量“成绩”，单击中间转向箭头，导入“检验变量”窗口，如图 14-6 所示。

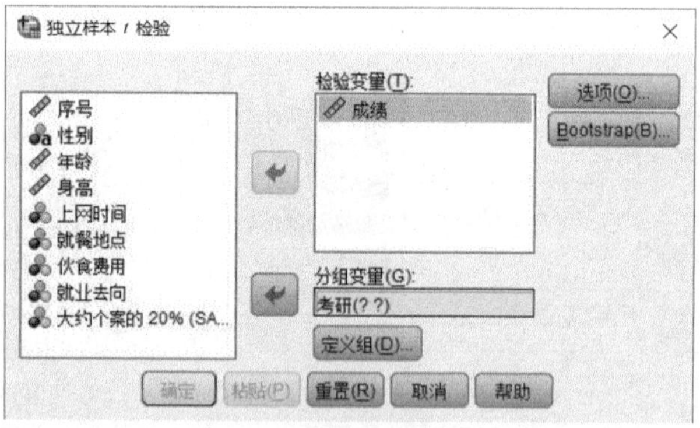


图 14-6 “独立样本 $t$ 检验”主对话框

第二步，在“独立样本 $t$ 检验”主对话框左侧窗口，选择变量“考研”，单击中间转向箭头，导入“分组变量”窗口，单击“定义组”按钮，弹出“定义组”对话框，在“定义组”对话框中输入 1 和 2，如图 14-7 所示。单击“继续”按钮，返回主对话框。

第三步，单击“选项”按钮，弹出“独立样本 $t$ 检验：选项”对话框，在“置信区间百分比（C）”处，输入 95，如图 14-8 所示，单击“继续”按钮，返回主对话框，再单击“确定”按钮，将会在结果输出窗口输出最终分析结果（表 14-2）。

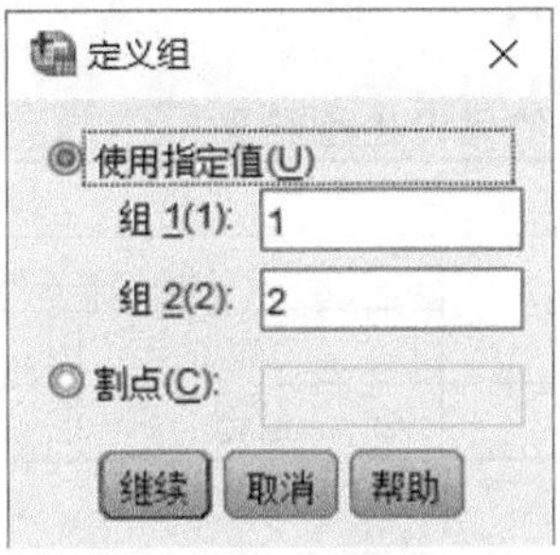


图 14-7　“定义组”对话框

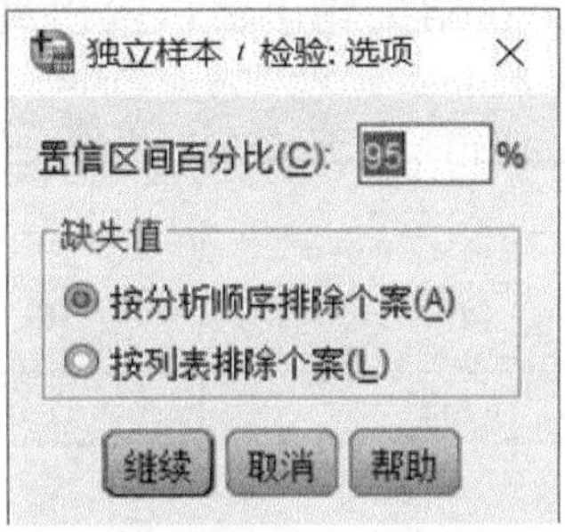


图 14-8　“独立样本 $t$ 检验：选项”对话框

**表 14-2　考研组与不考研组成绩差值的假设检验与区间估计结果**

| | | 方差方程的 Levene 检验 | | 均值方程的 $t$ 检验 | | | | | | |
|---|---|---|---|---|---|---|---|---|---|---|
| | | | | | | | | | 差分的 95%置信区间 | |
| | | $F$ | Sig. | $t$ | df | Sig.（双侧） | 均值差值 | 标准误差值 | 下限 | 上限 |
| 成绩 | 假设方差相等 | 0.267 | 0.609 | 3.702 | 30 | 0.001 | 13.435 | 3.63 | 6.023 | 20.848 |
| | 假设方差不相等 | | | 3.714 | 29.816 | 0.001 | 13.435 | 3.618 | 6.045 | 20.826 |

## 实验三：假设检验

统计推断的另一种表现形式就是假设检验，检验某一总体的均值是否等于某一常数，检验两个总体的均值是否相等等研究内容，SPSS 中提供的“均值比较”过程就可以处理这一类问题。

【例 4】通过【例 1】抽取的样本，现利用该样本试检验该总体“成绩”均值是否为 70。

### 1. 单正态总体均值检验

第一步，打开数据库文件“调查数据.sav”（注：该数据库已经进行了筛选处理），选择主菜单“分析”—“比较均值”—“单样本 $t$ 检验”，弹出“单样本 $t$ 检验”主对话框，如图 14-9 所示。

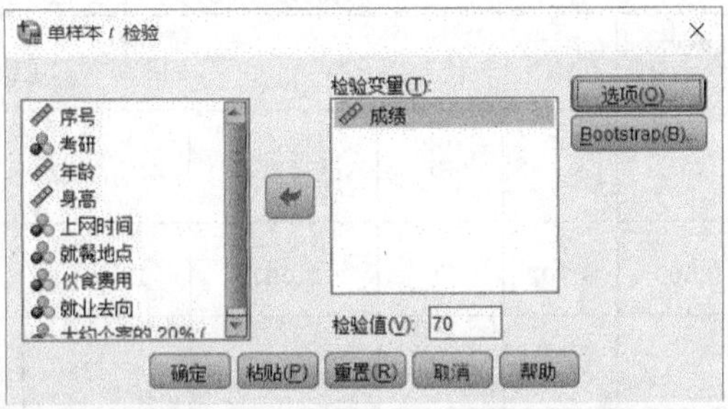


图 14-9　“单样本 $t$ 检验”主对话框

第二步，在“单样本 $t$ 检验”主对话框左侧窗口，选择变量“成绩”，单击中间转向箭头，导入“检验变量”窗口；在“检验值（V）”文本框中输入“70”，单击“确定”按钮，将会在结果输出窗口输出最终分析结果（表 14-3）。

**表 14-3 总体“成绩”均值是否为 70 分的假设检验结果**

| | 检验值=70 | | | | | |
|---|---|---|---|---|---|---|
| | $t$ | df | Sig.（双侧） | 均值差值 | 差分的 95%置信区间 | |
| | | | | | 下限 | 上限 |
| 成绩 | 1.424 | 31 | 0.164 | 3.063 | −1.32 | 7.45 |

### 2. 两个总体均值是否相同的检验（两总体方差相同但未知）

【例 5】通过【例 1】抽取的样本，现以“考研”作为分组变量，利用该样本检验考研的学生与不考研的学生“成绩”是否相等。

第一步，打开数据库文件“调查数据.sav”（注：该数据库已经进行了筛选处理），选择主菜单“分析”—“比较均值”—“独立样本 $t$ 检验”，弹出“独立样本 $t$ 检验”主对话框。在“独立样本 $t$ 检验”主对话框左侧窗口，选择变量“成绩”，单击中间转向箭头，导入“检验变量”窗口，如图 14-10 所示。

第二步，在“独立样本 $t$ 检验”主对话框左侧窗口，选择变量“考研”，单击中间转向箭头，导入“分组变量”窗口。单击“定义组”按钮，弹出“定义组”对话框，在“定义组”对话框中输入 1 和 2，如图 14-11 所示。单击“继续”按钮，返回主对话框，再单击“确定”按钮，将会在结果输出窗口输出最终分析结果（表 14-4）。

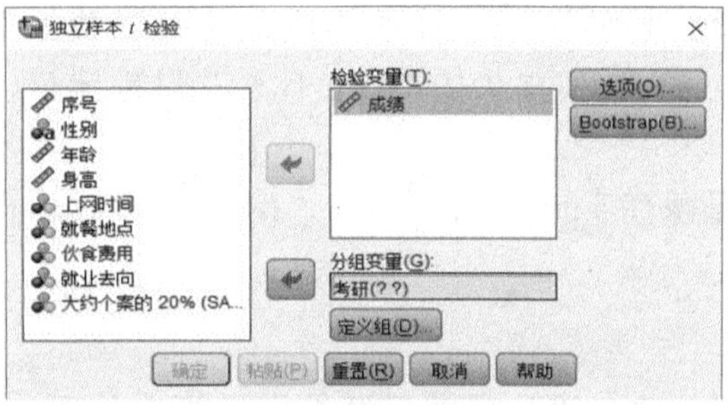


图 14-10 “独立 $t$ 样本检验”主对话框

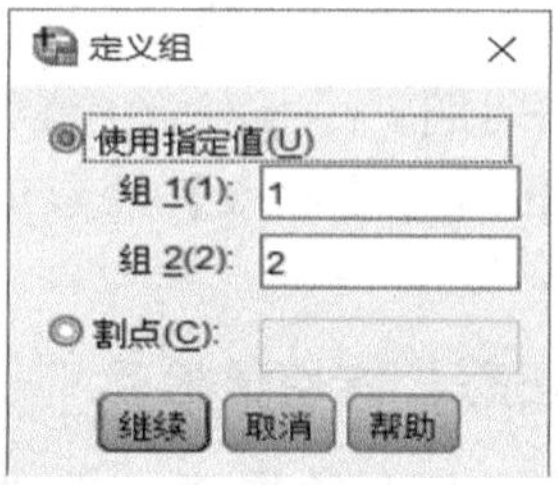


图 14-11 “定义组”对话框

**表 14-4 考研组与不考研组成绩差值的假设检验结果**

| | | 方差方程的 Levene 检验 | | 均值方程的 $t$ 检验 | | | | | | |
|---|---|---|---|---|---|---|---|---|---|---|
| | | $F$ | Sig. | $t$ | df | Sig.（双侧） | 均值差值 | 标准误差值 | 差分的 95%置信区间 | |
| | | | | | | | | | 下限 | 上限 |
| 成绩 | 假设方差相等 | 0.267 | 0.609 | 3.702 | 30 | 0.001 | 13.435 | 3.63 | 6.023 | 20.848 |
| | 假设方差不相等 | | | 3.714 | 29.816 | 0.001 | 13.435 | 3.618 | 6.045 | 20.826 |

# 第十五章

# 相关与回归分析

实际工作中经常会遇到讨论两个连续变量之间关系的问题，在统计学中，关于这类问题的分析主要采用相关分析和回归分析方法，SPSS 中提供了“相关”过程和“回归”过程，用以解决这类问题。

**实验一：相关分析**

目前可以采用多种方法计算两个变量之间的相关分析，如 Pearson 相关系数、Spearman 相关系数和 Kendall 相关系数等。相对而言，Pearson 相关系数具有一定局限性：大样本、正态分布和线性；而另外两种方法没有这方面的限制，实际使用却比较少；所以这里仅介绍 Pearson 相关系数。

【例 1】已知 2016 年全国城镇居民人均可支配收入和人均消费支出数据，见数据文件“回归分析数据.sav”，采用相关分析法研究城镇居民人均可支配收入和人均消费支出之间的关系。

第一步，打开数据库文件“回归分析数据.sav”，选择主菜单“分析”—“相关”—“双变量”，弹出“双变量相关”主对话框。在“双变量相关”主对话框左侧窗口，选择变量“城镇居民人均可支配收入”和“城镇居民人均消费支出”，单击中间转向箭头，导入“变量”窗口，如图 15-1 所示。

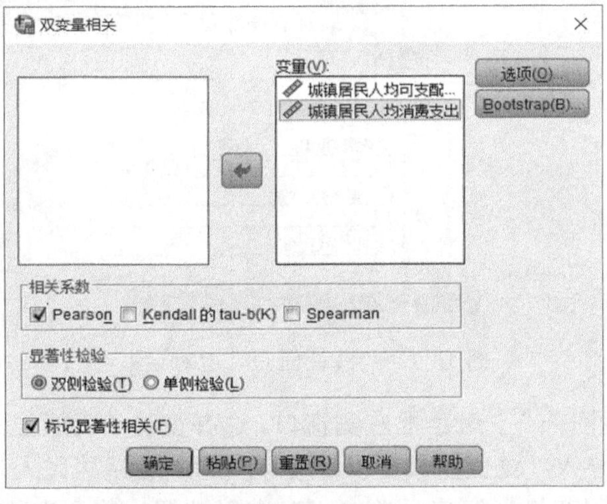


图 15-1 “双变量相关”主对话框

第二步，在“相关系数”栏，勾选“Pearson”；在“显著性检验”栏，选中“双侧检验（$t$）”；勾选“标记显著性相关（F）”，单击“确定”按钮，将会在结果输出窗口输出最终分析结果（表 15-1）。

表 15-1　城镇居民人均可支配收入与其人均消费支出相关分析结果

| | | 城镇居民人均可支配收入 | 城镇居民人均消费支出 |
|---|---|---|---|
| 城镇居民人均可支配收入 | Pearson 相关性 | 1 | 0.966** |
| | 显著性（双侧） | | 0.000 |
| | N | 31 | 31 |
| 城镇居民人均消费支出 | Pearson 相关性 | 0.966** | 1 |
| | 显著性（双侧） | 0.000 | |
| | N | 31 | 31 |

注：**. 在 .01 水平（双侧）上显著相关

**实验二：回归分析**

在两个变量存在相关性的前提下，可以进一步采用相关回归法研究两个变量的关系密切程度，以及一个变量对另一个变量影响程度。

【例 2】已知 2016 年全国城镇居民人均可支配收入和人均消费支出数据，见数据文件“回归分析数据.sav”，以城镇居民人均可支配收入为自变量，以城镇居民人均消费支出为因变量，研究镇居民人均可支配收入对城镇居民人均消费支出的影响。

第一步，打开数据库文件“回归分析数据.sav”，选择主菜单“分析”—“回归”—“线性”，弹出“线性回归”主对话框，如图 15-2 所示。

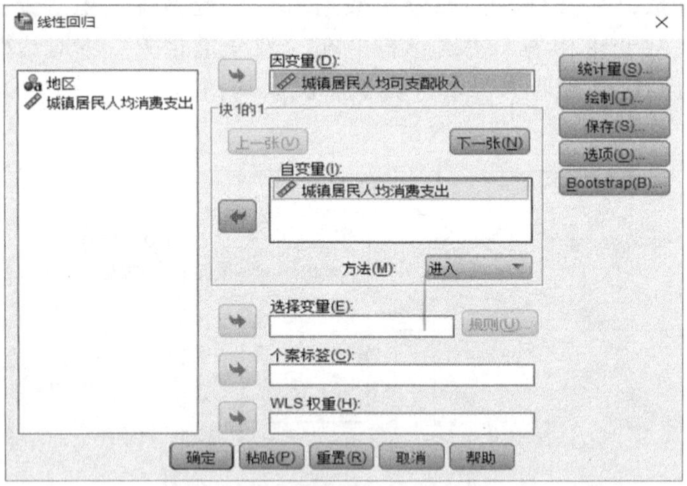


图 15-2　“线性回归”主对话框

第二步，在“线性回归”主对话框左侧窗口，选择变量“城镇居民人均可支配收入”，单击中间转向箭头，导入“自变量”窗口；选择变量“城镇居民人均消费支出”，单击中间转向箭头，导入“因变量”窗口。单击“确定”按钮，将会在结果输出窗口输出最终分析结果，如图 15-3 所示。

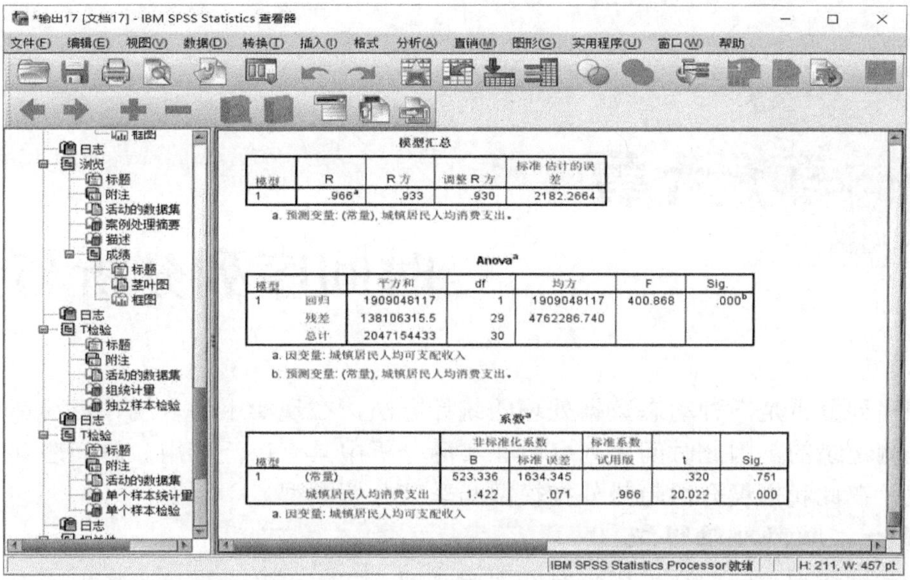


模型汇总

| 模型 | R | R 方 | 调整 R 方 | 标准 估计的误差 |
|---|---|---|---|---|
| 1 | .966[a] | .933 | .930 | 2182.2664 |

a. 预测变量: (常量), 城镇居民人均消费支出。

Anova[a]

| 模型 | | 平方和 | df | 均方 | F | Sig. |
|---|---|---|---|---|---|---|
| 1 | 回归 | 1909048117 | 1 | 1909048117 | 400.868 | .000[b] |
| | 残差 | 138106315.5 | 29 | 4762286.740 | | |
| | 总计 | 2047154433 | 30 | | | |

a. 因变量: 城镇居民人均可支配收入

b. 预测变量: (常量), 城镇居民人均消费支出。

系数[a]

| 模型 | | 非标准化系数 | | 标准系数 | t | Sig. |
|---|---|---|---|---|---|---|
| | | B | 标准 误差 | 试用版 | | |
| 1 | (常量) | 523.336 | 1634.345 | | .320 | .751 |
| | 城镇居民人均消费支出 | 1.422 | .071 | .966 | 20.022 | .000 |

a. 因变量: 城镇居民人均可支配收入

图 15-3　“线性回归”输出结果

# 第十六章

# 时间序列分析与预测

时间序列分析是一种动态数据处理的统计方法，在现实中许多统计资料都是按照时间进行观测记录的，因此时间序列分析在实际分析中具有广泛应用。时间序列方法体系非常庞大，在此我们仅介绍趋势外推模型和季节分解模型。

## 实验一：趋势外推模型

趋势外推模型与回归分析模型存在本质区别，其不以经济理论为依据，而是依据变量本身的变化规律，利用外推机制描述时间序列的变化趋势。趋势外推模型分为两类：线性模型和非线性模型，线性模型的操作方式与回归分析的操作基本一致，不同之处在于这里需要以时间 $t$ 为自变量，所以在此仅介绍非线性模型。

【例 1】已知化肥生产企业从 2006 年至 2016 年的化肥销售收入数据，见数据文件“时间序列分析数据-趋势.sav”，采用趋势外推法建立该企业化肥销售收入趋势模型，以便用于预测。

第一步，打开数据库文件“时间序列分析数据-趋势.sav”，选择主菜单“分析”—“回归”—“曲线估计”，弹出“曲线估计”主对话框，如图 16-1 所示。

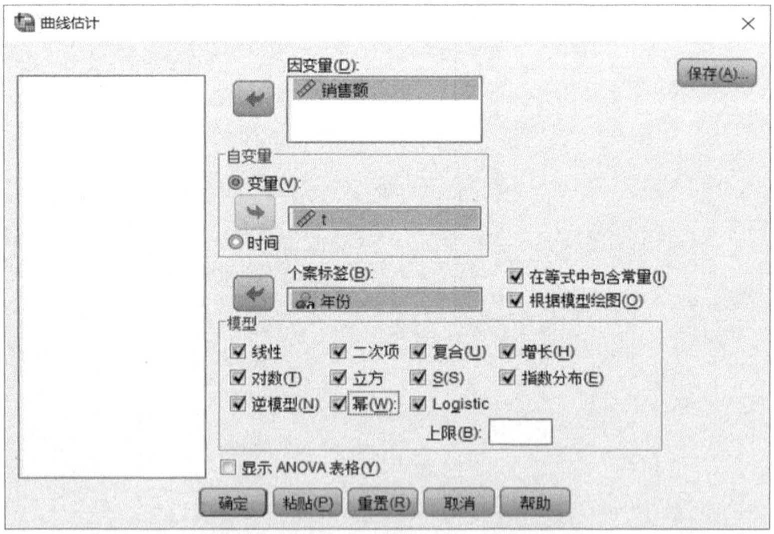


图 16-1 “曲线估计”主对话框

第二步，在“曲线估计”主对话框左侧窗口，选择变量“销售额”，单击上方转向箭头，导入“因变量”窗口；选择变量“$t$”，单击上方转向箭头，导入“自变量”窗口；

选择变量“年份”，单击上方转向箭头，导入“个案标签”窗口；在“模型”栏，勾选所有选项。单击“确定”按钮，将会在结果输出窗口输出最终分析结果（表 16-1、图 16-2）。

表 16-1 模型汇总和参数估计值

| 方程 | 模型汇总 | | | | | 参数估计值 | | | |
|---|---|---|---|---|---|---|---|---|---|
| | R 方 | F | df1 | df2 | Sig. | 常数 | b1 | b2 | b3 |
| 线性 | 0.895 | 76.476 | 1 | 9 | 0.000 | −17.511 | 9.384 | | |
| 对数 | 0.659 | 17.414 | 1 | 9 | 0.002 | −18.257 | 35.854 | | |
| 倒数 | 0.373 | 5.349 | 1 | 9 | 0.046 | 59.218 | −74.406 | | |
| 二次 | 0.996 | 929.189 | 2 | 8 | 0.000 | 11.841 | −4.163 | 1.129 | |
| 三次 | 1.000 | 16 390.860 | 3 | 7 | 0.000 | 2.535 | 3.523 | −0.405 | 0.085 |
| 复合 | 0.999 | 6 033.169 | 1 | 9 | 0.000 | 4.823 | 1.331 | | |
| 幂 | 0.921 | 104.451 | 1 | 9 | 0.000 | 3.836 | 1.222 | | |
| S | 0.664 | 17.793 | 1 | 9 | 0.002 | 4.074 | −2.863 | | |
| 增长 | 0.999 | 6 033.169 | 1 | 9 | 0.000 | 1.573 | 0.286 | | |
| 指数 | 0.999 | 6 033.169 | 1 | 9 | 0.000 | 4.823 | 0.286 | | |
| Logistic | 0.999 | 6 033.169 | 1 | 9 | 0.000 | 0.207 | 0.751 | | |

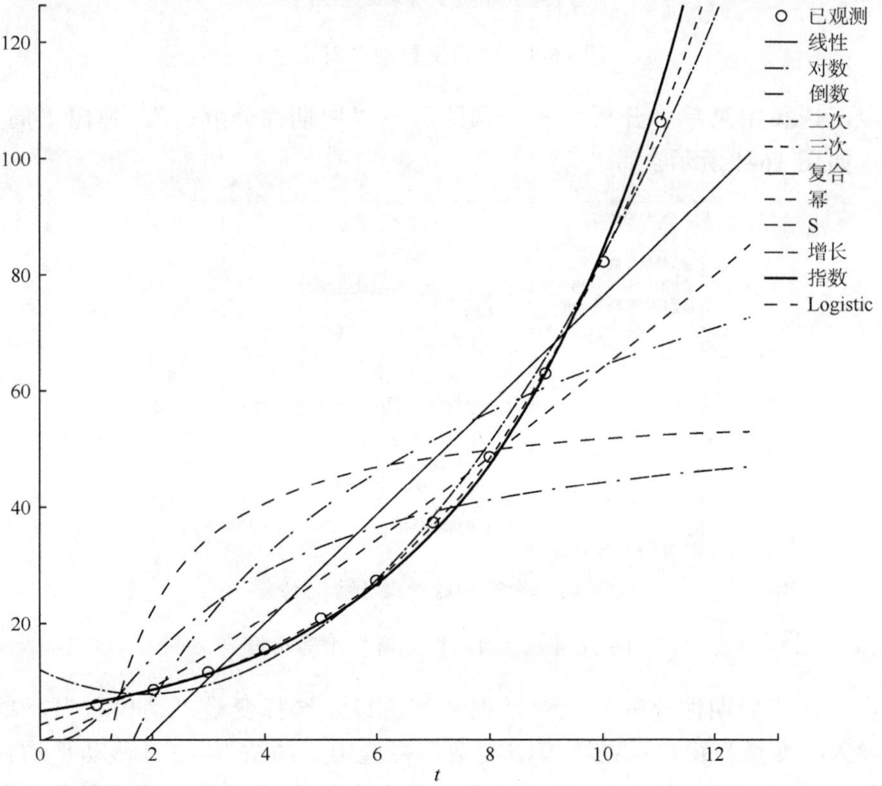


图 16-2 拟合图形

## 实验二：季节分解模型

季节变动是时间序列变动的重要组成部分之一，所谓季节变动是指由于季节因素导致的时间序列的有规则变动。

【例 2】已知某公司最近五年的季节销售量数据，见数据文件“时间序列分析数据-季节.sav”，采用季节变动法分析该公司季节变动情况，以便用于预测。

第一步，打开数据库文件“时间序列分析数据-季节.sav”，选择主菜单“数据”—“定义日期”，弹出“定义日期”对话框，在左侧“个案为”选择“年份、季度”，在右侧“第一个个案为”栏，“年”输入“2012”，“季度”输入“1”。单击“确定”按钮，如图 16-3 所示。

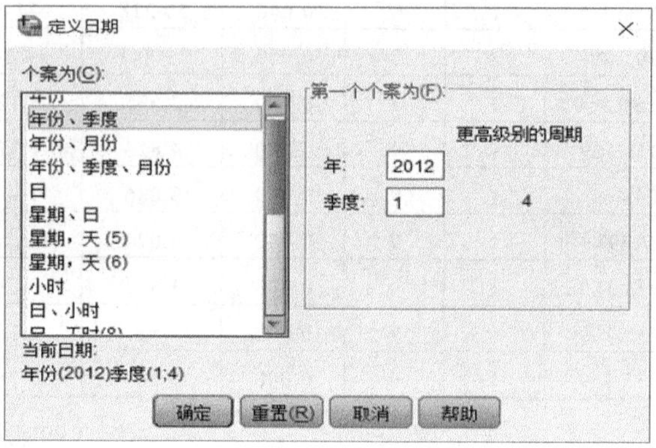


图 16-3 “定义日期”对话框

第二步，选择主菜单“分析”—“预测”—“周期性分解…”，弹出“周期性分解”主对话框，如图 16-4 所示。

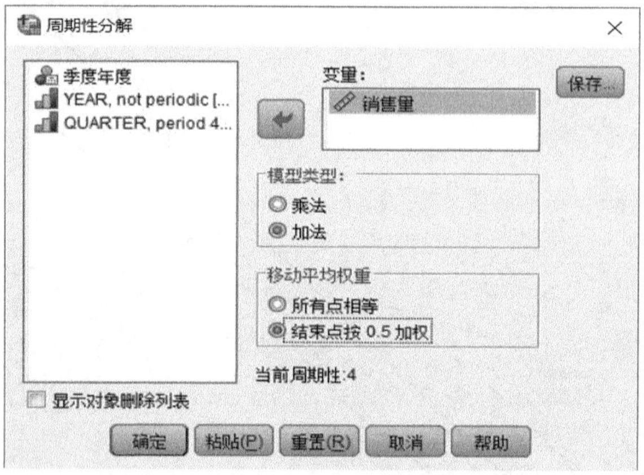


图 16-4 “周期性分解”主对话框

第三步，在“周期性分解”主对话框左侧窗口，选择变量“销售量”，单击上方转向箭头，导入“变量”窗口；在“模型类型”栏选中“加法”；在“移动平均权重”栏选中“结束点按 0.5 加权”。单击“确定”按钮，将会在结果输出窗口输出最终分析结果（表 16-2）。

表 16-2　季节变动预测值

| 期间 | 季节性因素 |
| --- | --- |
| 1 | –1.3195 |
| 2 | 0.2086 |
| 3 | 1.7273 |
| 4 | –0.6164 |

在数据视图窗口中会生成新的 4 列数据，图 16-5 中，ERR_1 为不规则变动序列，SAS_1 为剔除季节变动后的序列，SAF_1 表示季节变动序列，STC_1 表示趋势与循环变动序列。

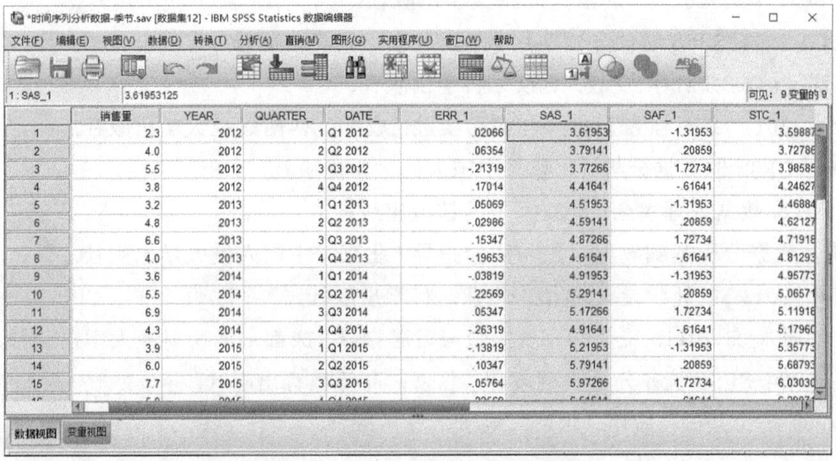


| | 销售量 | YEAR_ | QUARTER_ | DATE_ | ERR_1 | SAS_1 | SAF_1 | STC_1 |
| --- | --- | --- | --- | --- | --- | --- | --- | --- |
| 1 | 2.3 | 2012 | 1 | Q1 2012 | .02066 | 3.61953 | -1.31953 | 3.59887 |
| 2 | 4.0 | 2012 | 2 | Q2 2012 | .06354 | 3.79141 | .20859 | 3.72786 |
| 3 | 5.5 | 2012 | 3 | Q3 2012 | -.21319 | 3.77266 | 1.72734 | 3.98585 |
| 4 | 3.8 | 2012 | 4 | Q4 2012 | .17014 | 4.41641 | -.61641 | 4.24627 |
| 5 | 3.2 | 2013 | 1 | Q1 2013 | .05069 | 4.51953 | -1.31953 | 4.46884 |
| 6 | 4.8 | 2013 | 2 | Q2 2013 | -.02986 | 4.59141 | .20859 | 4.62127 |
| 7 | 6.6 | 2013 | 3 | Q3 2013 | .15347 | 4.87266 | 1.72734 | 4.71918 |
| 8 | 4.0 | 2013 | 4 | Q4 2013 | -.19653 | 4.61641 | -.61641 | 4.81293 |
| 9 | 3.6 | 2014 | 1 | Q1 2014 | -.03819 | 4.91953 | -1.31953 | 4.95773 |
| 10 | 5.5 | 2014 | 2 | Q2 2014 | .22569 | 5.29141 | .20859 | 5.06571 |
| 11 | 6.9 | 2014 | 3 | Q3 2014 | .05347 | 5.17266 | 1.72734 | 5.11918 |
| 12 | 4.3 | 2014 | 4 | Q4 2014 | -.26319 | 4.91641 | -.61641 | 5.17960 |
| 13 | 3.9 | 2015 | 1 | Q1 2015 | -.13819 | 5.21953 | -1.31953 | 5.35773 |
| 14 | 6.0 | 2015 | 2 | Q2 2015 | .10347 | 5.79141 | .20859 | 5.68793 |
| 15 | 7.7 | 2015 | 3 | Q3 2015 | -.05764 | 5.97266 | 1.72734 | 6.03030 |

图 16-5　时间序列数据分解结果

# 参 考 文 献


陈欢歌，薛微. 2012. 基于 Excel 的统计应用. 2 版. 北京：中国人民大学出版社.

韩兆洲，王斌会. 2011. 《统计学原理》学习指导及 Excel 数据统计分析. 2 版. 广州：暨南大学出版社.

杰拉德·凯勒. 2012. 统计学：在经济和管理中的应用. 李君，冯丽君，等译. 北京：中国人民大学出版社.

李合龙，李妍，郑雪仪. 2015. SPSS 统计学实验教程. 北京：清华大学出版社.

卢小广. 2015. SPSS20 与经济管理实务教程. 北京：清华大学出版社.

裘雨明. 2013. 统计学实验教程. 北京：北京大学出版社.

谭荣波，梅晓仁. 2007. SPSS 统计分析实用教程. 北京：科学出版社.

吴风庆，王艳明. 2016. 统计学. 3 版. 北京：科学出版社.

向蓉美，王青华. 2011. 统计学学习指导与应用实践. 成都：西南财经大学出版社.

薛薇. 2006. 基于 SPSS 的数据分析. 北京：中国人民大学出版社.

杨小丽. 2013. Excel 数据处理大全. 北京：中国铁道出版社.

叶向. 2011. 统计数据分析基础教程习题与实验指导. 北京：中国人民大学出版社.

曾五一，肖红叶. 2013. 统计学导论. 2 版. 北京：科学出版社.

张宏亮，龙林，周永红. 2011. 统计学——实验与习题指导. 成都：西南财经大学出版社.

张文彤，闫洁. 2004. SPSS 统计分析基础教程. 北京：高等教育出版社.

庄君. 2013. Excel 统计分析与应用. 北京：电子工业出版社.